돌봄 사회 건설을 위한 통화시스템

– 현대화폐이론의 통화정책론 –

Making Money Work for Us: How MMT Can Save America

L. 랜덜 레이(L. Randall Wray) **지음**

전용복 **옮김**

진인진

목차

. . . .

서문

1980년대 초 나는 하이먼 민스키 교수님 수하에서 공부했다. 당시 그는 그 유명한 1986년의 책을[1] 집필하고 있었다. 그가 강의 시간에 언급했던 말 중 나는 두 구절을 기억하는데, 이 책에도 들어 있다.

> 통화는 누구나 창조할 수 있다. 문제는 그것을 사람들이 [통화로-역자] 받아들이도록 하는 일이다.
> 사람들이 세금을 내야 한다는 말은, 납세 수단을 얻기 위해 일하고 생산해야 함을 의미한다.

첫 번째 말은 누가 화폐를 창조하는지(누구나)에 관한 언급이고, 두 번째 말은 왜 사람들이 그 화폐를 원하는지에 관한 언급이다.

내가 박사학위를 받은 후 10여 년 동안, 화폐에 관한 내 연구의 대부분은 위 첫 번째 문제에 천착했다. 크게 보면, 민간 통화 시스템에 관한 연구들이다. 이 체제에서 정부는 주로 은행을 규제하고, 중앙은행을 통해 민간은행에 지급준비금을 공급하는 주체이다. 우리는 이를 신용통화 시스템

---

1 Hyman P. Minsky, *Stabilizing an Unstable Economy*, Yale University Press, New Haven and London, 1986, pp.228 and 231. (한국어판 : 김대근 역, 2023, 『민스키의 금융과 자본주의 : 불안정 경제의 안정화 전략』, 서울: 카오스북)

이라 부를 수 있다. 즉, 어떻게 해서 은행이 대출하면, 민간 통화가 창조되는지에 관한 연구이다. 내 첫 번째 저서인 Money and Credit in Capitalist Economies(『자본주의 경제에서 화폐와 신용』, 1990)에서[2] 이에 관한 상세한 설명을 제시했다. 이후에도 이 분야에 관한 내 연구는 계속됐고, 1980년대 저축대부조합 사태와 2007년 글로벌 금융위기를 초래한 원인을 탐구했다. 그것은 민스키가 통화 관리자 자본주의(money manager capitalism)라 부른 것이다. 이에 대해서는 후에 내가 쓴 책 Why Minsky Matters(『왜 민스키 이론이 중요한가』, 2015)에서[3] 분석했다.

하지만, 나는 그가 제시한 또 하나의 주장을 절대 잊지 않고 있다. 우리는 **정부의 통화**를 얻기 위해 열심히 일하는데, 그것으로 세금을 내야 하기 때문이라는 지적이 그것이다. 이 지적으로 인해, 나는 1986년 이탈리아 볼로냐에서 박사학위 논문을 작성하면서 케인스의 『화폐론』과[4] G.F. Knapp의 State Theory of Money(『국정화폐론』)으로[5] 이끌리게 되었다.

나의 1990년 책은 차탈리즘(chartalism, 증표주의 화폐론) 혹은 **국정 화폐**(state money) 이론을 다루고 있긴 하지만, 너무 짧게 다루었다. 이 책은 민간 부문에서 신용통화가 수행하는 역할에 집중하고 있었기 때문이다. 하지만, 나는 1990년 중반 통화 시스템에서 국가가 수행하는 역할이란 문제로 되돌아갔다. 이때 나는 A. Mitchell Innes가 1913년과 1914년에 발표

2 L. Randall Wray, *Money and Credit in Capitalist Economies: The Endogenous Money Approach*, Edward Elgar, Aldershot, 1990.

3 L. Randall Wray, *Why Minsky Matters: An Introduction to the Work of a Maverick Economist*, Princeton University Press, Princeton and Oxford, 2015.

4 John Maynard Keynes, *A Treatise on Money,* Volumes I and II, Harcourt, Brace, New York, 1930.

5 Georg Friedrich Knapp, *The State Theory of Money*, Clifton, NY, Augustus M. Kelly, 1924 (1973).

한 두 편의 논문을 발견했는데, 지금까지 발표된 화폐에 관한 연구 중 단연 최고의 논문이라 믿는다. 케인스도 첫 번째 논문을 검토한 후, 사소한 몇 가지 문제를 제외하면 Innes의 주장이 모두 옳다고 선언했다. 하지만, 불행히도, 내가 2004년에 엮어 펴낸 『신용화폐론과 국정화폐론』(Credit and State Theories of Money)에[6] 재수록하기 전까지 이 논문들은 크게 주목받지 못했다.

이 논문들이 국정화폐론과 신용화폐론을 통합했다는 점이 내게는 큰 충격이었다. 케인스가 "현대의 화폐"라 불렀던 것, 즉 우리가 현재 사용하는 통화를 이해하려면, 이 두 가지 이론 모두가 필요하다. 그렇지 않으면, 비유하자면, 우리는 왕자 없는 햄릿 [주인공이 빠진 연극-역자]을 보는 것과 같다.

처음에는 뉴욕의 레비 연구소(Levy Institute)에서, 그리고 후에는 미주리주립대학교 캔사스시 캠퍼스에서 우리 연구팀이 꾸려져 이 문제를 더 깊이 파고들었다. 물론 Warren Mosler, Bill Mitchell, Charles Goodhart 등 여러 외부 연구자들도 이 일에 기여했다. 이 연구는 점차 발전하여, 오늘날 현대화폐이론(MMT)(Modern Money Theory, MMT)이라 불리는 조류가 형성되었다. 내가 1998년에 출판한 책 『현대화폐이론(MMT)의 이해』(Understanding Modern Money)는[7] 이 이론들을 탐구한 최초의 학술서였다. 이 책의 대중서 버전도 2012년에 출판했다.[8]

현대화폐이론(MMT)은 2019년부터 끊임없이 뉴스에 등장해 왔다. 이 이론의 주장은 처음에는 위험한 "미친 헛소리"로 조롱받았지만, 여러 나라

---

6 L. Randall Wray (ed.), *Credit and State Theories of Money: The Contributions of A. Mitchell Innes*, Edward Elgar, Cheltenham, 2004.

7 L. Randall Wray, *Understanding Modern Money: The Key to Full Employment and Price Stability*, Edward Elgar, Cheltenham, 1998.

8 업데이트된 제2판이 출간되어 있다. L. Randall Wray, *Modern Money Theory: A Primer on Macroeconomics for Sovereign Monetary Systems*, Palgrave Macmillan, Basingstoke, 2015 (홍기빈 역, 2017. 『균형재정론은 틀렸다: 화폐의 비밀과 현대화폐이론(MMT)』, 서울: 책담).

정부가 전 세계적인 COVID-19 팬데믹에 대처하기 위해 지출을 증가시키면서, 점차 수용되었다.

우리가 화폐에 대해 완전히 독자적이고 새로운 이론을 개발했다고 많은 사람이 생각한다. 이는 사실이 아니다. 우리는 **거인의 어깨**(내가 민스키로부터 빌린 세 번째 구절)에 서 있을 뿐이다. 즉, 현대화폐이론(MMT)에 완전히 새로운 것은 아무것도 없다. 현대화폐이론(MMT)은 앞서 인용한 민스키의 두 가지 쟁점을 통합한 이론이다. 우리가 주장하는바, 이 통합적 접근법은 주권으로 독자적 통화를 보유하는 국가(sovereign currency nations)에서 시행하는 통화 및 재정 정책을 분석하기 위한 새로운 틀을 제시한다. 이 분석틀의 구체적인 사항은 우리가 저술한 『거시경제학』에서[9] 상세히 설명했다. 이 책은 현대화폐이론(MMT)에 기반한 교과서이다.

"주권 정부는 실제로 어떻게 지출하는가?" 지난 25년에 걸쳐 우리는 이 질문에 답하는 데 중요한 모든 세부 사항을 탐구해 왔다. 미국의 중앙은행(이하 연준)과 재무부에는 [재정 정책의-역자] 구체적인 운영 방식을 이해하는 경제학자들이 존재했다고 나는 확신한다. 하지만, 경제학계 혹은 정책 집단에서 이는 잘 이해되지 않고 있었다. 지금도 거의 그렇다.

하지만, 현대화폐이론(MMT)이 부상했다. 실제로, 블로그 영역에서 독자적인 생명을 얻었다. 현대화폐이론(MMT)은 많은 사람의 사랑을 받고 있고, 아마도 더 많은 사람이 혐오한다. 이 책은 입문서와 학술서 사이에 위치한다. 이미 현대화폐이론(MMT)의 기초는 알고 있지만, 더 깊이 탐구하고자 하는 사람들을 위한 책이다.

내가 강의하는 화폐론 수업에 참여하는 대학원 학생 중 한 명이 있었다. 그는 다른 학생들에 비해 훨씬 나이가 많았는데, 학기 말에 발표해야만

---

9 William Mitchell, L. Randall Wray, and Martin Watts, *Macroeconomics,* Red Globe Press, London, 2019.

했다. 그 학생은 이 발표에 세상을 왜곡하여 보이게 하는 우스꽝스러운 안경을 한 가방 가득 가져와, 동료 학생들에게 하나씩 착용하게 한 후 이야기를 시작했다. 그는 내 화폐론 강의를 수강하기 전까지 그에게 세상이 어떻게 보였는지를 설명했다. 즉, 세상이 지금 우스꽝스러운 안경을 쓰고 보는 것처럼 '왜곡'되어 보였다는 것이다. 우리의 시각이 손상되어 세상은 흐릿하고 거의 이해하기 어렵게 보였다. 그러고 나서 그는, 우리는 우리 눈을 왜곡하는 안경을 벗고 세상을 새롭게 보아야 한다고 주장했다. 우리가 그랬던 것처럼, 그는 절대 다시는 같은 방식으로 세상을 바라봐서는 안 된다고 말했다. 이것이 그가 현대화폐이론(MMT)을 발견한 후 받은 느낌이었다. 그의 시야를 왜곡해 온 온갖 낡은 거미줄이 깨끗이 치워지고, 그는 화폐의 세상을 실제 있는 그대로 볼 준비가 됐던 것이다.

이 책을 읽는 독자 또한 비슷한 경험을 할 것이다.

· · · ·

현대화폐이론 개요

현대화폐이론은 오늘날 현실에서 화폐가 실제로 작동하는 방식을 묘사한다. 화폐는 무서운 주제이기도 하고, 다소 복잡하기도 하다. 잠시만 인내심을 갖자.

우리가 화폐의 "본질"(nature)이라 부를 수도 있는 것에 관한 논의로 시작하자. 우리가 화폐라 부르는 물건이란 도대체 무엇인가? 우리가 이 용어를 사용하면, 사람들 대부분은 반짝반짝 빛나는 동전이나 종이 "지폐" 혹은 "수표" 등, 원하는 물건을 사는 데 사용하는 손에 잡히는 어떤 사물을 떠올린다. 하지만, 오늘날 무언가를 사고 값을 치르는 데 동전이나 지폐는 거의 사용하지 않는다.

어떤 사람은 또한 이상적인 과거, 즉 화폐가 금이나 은 등의 "귀금속"으로 "뒷받침"되어 [돈을 은행이나 발행자에게 가져가면 약속한 금이나 은으로 바꿔주던 때를 말한다-역자], "실질적" 가치를 가졌던 때를 떠올릴 것이다. 그들은 현대의 화폐가 아무런 실질적이거나 영원한 가치를 갖지 않는 것처럼 보인다고 한탄한다. 즉, 많은 사람들이 "불환 화폐"라 부르는 것 말이다. 또 어떤 사람은 금본위제의 세상으로 돌아가자는 론 폴(Ron Paul)[텍사스 출신의 전 하원의원으로, 금본위제로 돌아가자는 주장으로 유명하다-역자]의 주장에 귀를 기울이기조차 한다.

또한, 21세기 첫 10년의 후반기에 세계 경제가 거의 붕괴한 이후, 많은 이들은 화폐에 무언가 문제가 있다고 생각한다. 올바른 생각이다. 이들

은 우리의 통화 시스템을 개혁하길 원한다.[1]

하지만, 현재의 통화 시스템을 개혁하려면, 그것을 제대로 이해할 필요가 있다.

이 책은 우리의 민간 통화와 정부 통화 모두를 이해하는 데 도움이 될 것이다. 즉, 화폐란 진정 무엇인지, 어디에서 생겨나는지, 그리고 어떻게 작동하는지 등에 관해 설명한다. 이 과정을 통해 우리는 이 책이 제시하는 새로운 관점이 개혁에 어떤 시사점을 주는지를 알 수 있을 것이다. 즉, 화폐가 **우리 모두**를 위해 더 잘 기능하도록 하려면, 현재의 통화 시스템을 어떻게 변화시킬 수 있을까? 이 질문에 답하려면 화폐에 관한 수많은 잘못된 이해를 걷어 내야 한다.

1. 현대화폐이론의 충격적인 결론

현대화폐이론은 일반적 통념을 들어온 많은 이들에게는 충격적인 결론에 다다랐다. 가장 중요한 점으로, 정부의 재정 운영 방식, 통화정책, 소위 인플레이션과 실업률 사이의 상충관계, 고정 환율제에 관한 통념, 경상수지

---

1 [역주] 원서의 'money'는, 얼핏 보기와는 달리, 우리말로 옮기기가 매우 까다롭다. 이 역서에서는 'money'를 세 가지 우리말로 구분하여 번역했다. 첫째, 가장 추상적인 수준에서 money 일반을 의미하는 경우 **화폐**로 번역했다. '화폐의 본질', '화폐의 유래', '화폐의 기능' 등이 용례이다. 둘째, **통화**로 번역하기도 했다. 구체적 계산 단위를 갖고 현실에서 사용하는 money를 지칭할 때 통화로 번역했다(원서에서 사용하는 currency가 통화의 더 정확한 영어식 표현이겠지만, money도 문맥상 이와 유사하게 사용하면 통화로 옮겼다). 이에 따라, 'monetary system'을 '통화 시스템'으로 옮겼다. 왜냐하면, 시스템은 국가마다 다소 구별되는 구체적인 제도적 배열을 의미하므로, 자국 통화를 발행하는 국가에서 이미 사용하고 있는 다양하고 구체적인 money를 전제하기 때문이다. 셋째, **돈**으로 번역하기도 했다. 이때는 일상생활에서 흔히 사용하는 용례가 적합한 경우이다. '돈으로 매수한 정치인', '돈이 없어서 못하는 일은 없다' 등이 용례이다.

흑자를 위한 노력이 얼마나 어리석은지 등에 관한 주류 경제학의 관념에 이의를 제기한다(이런 쟁점들에 관해 잘 알지 못하는 사람이라도, 걱정할 필요는 없다. 어쩌면 모르는 편이 앞으로의 논의를 이해하기 더 쉽게 할 수도 있다!).

현대화폐이론은 주권 정부의 재정은 가계와 기업의 재정 관리와는 전혀 다르다고 주장한다. 이것이 사람들 대부분에게 가장 충격적인 결론이다. "미국 정부가 재정을 운영하는 방식으로 우리 가족의 재정을 운영한다면, 우리 가족은 파산할 것이다. 그러므로, 정부 적자를 억제해야 한다." 우리는 언제 어디서나 항상 이런 말을 들으며 살아가고 있다. 이렇게 정부의 재정을 가계의 재정에 비유하여 설명하는 방식이 완전히 틀렸다는 것이 현대화폐이론의 주장이다.

당연히, 가계와 기업은 빚을 너무 많이 지면 파산할 수 있고, 그렇게 되기도 한다. 하지만, 주권이 있고, 통화(currency)를 발행하는 정부는 통화를 사용하기만 하는 가계와 기업과는 **전혀 다르다**[다른 말로, 정부는 발권력이 있고, 가계와 기업은 발권력이 없다-역자]. 주권 정부는 자신이 발행한 통화로 진 빚을 부도낼 수 없다. 정부는 자신이 발행하는 통화로 진 빚의 만기가 돌아오더라도, 항상 모두 상환할 수 있다.

정부는 지출을 먼저 하고, 후에 세금을 징수한다. 이 말은 정부 지출을 위해 세금을 걷을 필요가 없음을 의미한다. 세금이 중요하지 않다는 뜻이 아니다. 세금은 다른 목적에 유용한 역할을 한다. 하지만, 한 나라의 정부는 자신이 발행하는 통화로 지출하기에 앞서 그 통화를 걷을 필요가 없다. 실제로, 정부가 자신이 발행한 통화를 지출하지 않는다면, 그 통화를 걷을 수도 없다.

주권 정부는 재정 지출을 위해 자신이 발행하는 통화를 "빌릴" 필요가 없다는 점이 현대화폐이론이 내린 또 하나의 결론이다. 사실상, 정부가 자신이 발행하는 통화를 이미 지출하지 않았다면, 그 통화를 빌릴 수도 없다![부연하여 설명하자면, 정부가 세금을 걷거나 국채를 발행하여 민간에 팔 때 사용하는 통화는 소위 '지급준비금'이다. 그런데, 이 지급준비금은 중앙은행을 통해 정부만 발행하고 지출할 수 있고, 그래야만 시중에 지급준비금이 존재하게 된다. 따라서, 논리적으로, 정부 지출이 선행해서 이루어져야 시중에 세금을 납부하거나 국채를 사는 데 필요한 지급준비금이 존재하게 된다. 물론, 지급준비금 관리는 중앙은행의 기능이라는 반론이 있을 수 있다. 이하에서 보듯, 정부의 재정 지출과 징세는 필연적으로 중앙은행이 관리하는 지급준비금의 변화를 수반할 수밖에 없다. 다른 말로, 통념과 달리, 중앙은행은 정부와 독립적이지 않고, 필연적으로 서로 엮여 있다-역자]

이것이 현대화폐이론이 주권 정부의 국채 판매를 차입과 완전히 다른 것으로 보는 이유이다. 즉, 국채 매각은 통화정책의 일부로서 중앙은행의 기준금리 관리를 도와준다. 정부는 자신이 발행하는 통화를 빌릴 필요가 없다! 차차 설명하듯, 정부는 우선 자신의 통화를 지출하고, 그것을 다시 세금으로 거둬들인다.

우리는 뒤에서 이 주장을 다시 다룰 것이다. 지금 중요한 점은 정부의 지출이 세금 수입이나 국채 매입을 거부할 수 있는 "국채 자경단"에 제약되는 일은 절대 없다는 사실을 현대화폐이론이 인식하고 있다는 점이다['국채 자경단'이란 정부가 국채를 방만하게 발행할 경우, 매입을 거부하는 방식으로 정부를 규율하는 역할을 지칭하는 은유적 표현이다. 시장 참가자들이 국채 매입을 거부하면 국채 금리가 치솟고, 금융시장을 불안정하게 만든다. 이는 경제와 금융시장의 안정적 관리에 매우 중대한 위협이므로, 정부는 국채 자경단의 반응을 살피게 되고, 결국 스스로 과도한 국채 발행을 자제한다-역자]. 최대한 간단하게 말하자면, 오늘날 정부는 "키보드를 두드려" 지출하고, 이는 결코 고갈될 수 없다.

민간 은행도 이와 비슷하게 운영된다는 말을 들으면 사람들 대부분은 놀란다. 은행이 스스로 예금을 창조하여 대출하고, 그 결과 고객의 계좌에 예금으로 나타난다. 은행은 또한 고객의 이 예금을 대출에 대한 상환금으로 받는다. 이상하게 들리겠지만, 이것이 진실이다! [이를 달리 표현하면, 대출이란 은행이 키보드를 두드려 고객의 예금 계좌에 숫자를 입력해 주는 행위이다. 즉, 은행은 다른 누군가의 예금을 또 다른 누군가에게 빌려주는 것이 아니라, 새로운 예금을 창조하여 대출한다. 대출을 받은 고객은 자신의 계좌에 있는 돈, 즉 은행이 창조한 예금으로 상환한다. 앞의 설명처럼, 정부는 스스로 새로운 통화를 발행해 지출하고, 그렇게 지출되어 시중에 존재하게 된 통화를 세금으로 징수한다. 유사하게, 은행도 스스로 새로운 예금을 창조하여 대출하고, 그 예금을 상환금으로 수용한다ー역자].

　　100년 전에는 은행이 대출할 때 자신만의 고유한 은행권(bank notes)을 발행했을 것이다[민간 은행이 자체적으로 제작해 유통시킨 지폐를 말한다. 민간 은행권이 등장하던 초기에는 발행 은행이 자사의 은행권을 제시하면 금이나 은 등 귀금속으로 교환해 주겠다고 '태환'을 약속했지만, 점차 이 태환 약속이 없는 은행권으로 진화했다. 현대에는 모든 은행권(지폐)은 중앙은행만이 독점적으로 발행하고, 그 무엇으로도 교환해 주지 않는다. 이런 성격의 통화를 불태환 화폐(fiat money)라 부른다ー역자]. 반대로, 이 은행에서 돈을 빌린 사람은 그 은행이 발행한 은행권으로 대출을 상환했다. 이로부터 명백한 것처럼, 채무자가 해당 은행이 발행한 은행권으로 대출을 상환할 수 있으려면, 그 전에 그 은행이 해당 은행권을 우선 발행했어야만 한다.

　　하지만, 은행은 점차 은행권을 발행하는 대신 예금을 취급하는 방향으로 영업을 전환해 왔다. 오늘날 미국에서 연방준비제도(줄여서, '연준', 미국 정부의 은행)만이 은행권, 즉 초록색의 지폐를 발행한다. 민간 은행들은 예금만 발행한다.

　　이제 민간 은행은 대출할 때, 은행권이 아니라 예금을 창조한다. 채무자는 은행 예금으로 대출을 상환한다(물론, 미국 내 어느 은행에 예치된 예금으로 또 다른 은행의 대출을 상환할 수 있다)[한 은행이 다른 은행이 발행한 예금을 상환금으로 받는 이유는 은행 간 거래에는 지급준비금을 사용하고, 이를 중앙은행이 보장하기 때문이다ー역자]. 거의 모든 은행 대출이 이런 방식, 즉 은행 예금을 차감하는 방식으로 상환된다. 그리고, 이러한 운영 원리는, 은행으로부터 돈을 빌린 사람이 그 빚을 상환할 수 있으려면, 그 전에 이미 [은행이ー역자] 예금을 창조해야만 한다는 사실을 의미한다.

그 결과, 여기에서 하나의 대칭적 관계를 발견할 수 있다. 주권을 가진 정부는 자신의 통화(이를 중앙은행 '지급준비금'이라 부르는데, 뒤에서 자세히 설명한다)를 발행하여 지출하고, 그러면 해당 통화가 시중에 존재하게 된다. 정부가 이렇게 지출한 후, 사람들은 세금을 내는 데 이 통화(지급준비금)를 사용한다. 민간 은행은 자신의 예금을 발행(창조)하여 대출하고, 그러면 시중에 은행 예금이 존재하게 된다. 이렇게 은행이 예금을 대출한 후, 채무자는 이 예금을 대출을 상환하는 데 사용한다.

화폐는 항상 "허공에서" 창조된다. 즉, 정부가 지출할 때나 은행이 대출할 때 통화가 창조된다. 이론적으로, 정부가 자신의 돈(통화(currency)와 지급준비금)을 창조할 수 있는 능력에는 한계가 없다. 민간 은행 또한 은행통화(예금)를 창조할 수 있는 능력에 제한이 없다. 이는 충격적이고, 어쩌면 무시무시한 발견이다. 이 책은 화폐가 어떻게 창조되는지를 설명한다. 또한 우리의 경제가 더 잘 기능하게 하는 데 이 지식을 어떻게 활용할 수 있을지도 검토한다.

우리의 주장은 이렇다. 우리가 직면하는 진짜 제약은 실물 자원의 제약과 우리 지식의 한계이다. 우리가 무언가를 어떻게 하는지를 알고, 그에 필요한 실물 자원(노동, 천연자원, 생산성 등)을 보유하고 있다면, 이를 실행하는 데 필요한 비용을 마련하는 방법을 찾을 수 있다[즉, 어떤 정책을 실행하는 데 필요한 실물 자원만 존재한다면, 그것을 구매하여 활용하는 데 필요한 '돈' 혹은 '예산'은 쉽게 마련할 수 있다. 오늘날 모든 화폐는 키보드를 두드려 창조할 수 있기 때문이다–역자]. 예를 들어, 활용되지 않는 자원(가장 중요한 자원으로 노동)이 있다면, 고용하고 급여를 지급하는 방법을 찾을 수 있다. 버려져 있는 공장이나 설비가 있다면, 이들을 가동하기 위한 자금을 조달하는 방법을 찾을 수도 있다. 더 중요하게, 기후 재앙으로부터 지구를 구하는 데 필요한 자원과 기술이 있다면, 돈이 없어서 이를 활용하지 못하는 일은 없다.

이 주장이 정부에게는 아무런 제약도 없다는 뜻은 아니다. 정부는, 예산에 제약된 것이 아니라, 실물 자원의 제약과 정치적 제약에 직면해 있다. 정치인은 "정부 예산이 어디에서 나오는지"에 관해서는 문제 삼지 않는다고 하더라도, 그 돈을 어디에 쓸 것인지에 관해서는 신경을 많이 쓴다. 즉, 정치인은 정부가 무엇을 해야 하는지에 관한 선호를 갖고 있다. 더 나아가, 정부 정책은 종종 자원의 활용을 두고 민간 부문과 경쟁에 빠지기도 한다. 경제에 수많은 실업자와 가동되지 않고 있는 설비가 존재하더라도, 새로운 정책이 즉시 활용 가능한 자원을 모두 고용하리라 보장하기 어려울 수 있다. 이런 경우, 정부가 민간을 대신해 그런 실물 자원을 고용할 수 있다. 다른 말로, 민간이 덜 사용하면 공공이 더 많이 사용하는 등의 실물 자원의 상충 관계가 있을 수 있다. 정부는 민간 부문이 직면하는 것과 같은 재정적 제약이 없으므로, 민간 부문과의 경쟁에서 이길 수 있다. 정부가 실물 자원을 고용할 뿐만 아니라, 이 경쟁이 물가를 높일 수 있다. 결과는 인플레이션일 수 있다.

특별한 경우를 제외하면, 공공 프로그램에 동원할 수 있는 미활용 실물 자원은 여전히 존재한다. 정부가 정치적 제약만 극복할 수 있다면, 미활용 자원을 공공의 이익에 기여하도록 동원하는 데 필요한 예산은 항상 마련할 수 있다. 돈은 문제가 아니란 말이다.

궁극적으로, 이런 결론은 두려운 것이 아니라 우리를 편안하게 한다. 통화가 실제로 작동하는 방식을 이해하면, 우리는 정치적 제약, 실물 자원 제약, 기술적 노하우 제약, 인플레이션 등 실물적 걸림돌에 집중할 수 있다. 다가오는 미래에 우리는 수많은 도전 과제에 직면할 것이다. 어떤 이는, 인류가 아프리카로부터 최초 출현한 이후 지금까지 겪어야 했던 것보다 훨씬 거대한 실존적 위협에 직면할지도 모른다고 주장한다. 조직된 인류 문명 같은 것의 생존이 시험대에 올라와 있다. 하지만, 과학자들의 주장에 따르면, 우리는 그런 위협을 극복할 수 있는 노하우 대부분을 알고 있다. 현대화폐이론은 그에 필요한 재원을 마련할 능력이 있다고 주장한다. 우리는 인류가 직면한 도전 과제를 극복하는 데 필요한 자금을 조달할 수 있다. [통화와 정부 재정에 관한-역자] 잘못된 이해와 정치적 제약을 일소하고 자원을 동원할 수 있다면, 우리는 승리할 수 있다.

우리는 권력을 가진 사람이 인류를 위해 더 안전하고 더 나은 세상으로 만드는 데 필요한 일을 하도록 압력을 행사해야 한다. 이 책이 독자들에게 그런 동기를 유발해 주길 희망한다.

이 책이 다루는 주제들

이 책은 현대화폐이론에서 중요한 다음의 몇 가지 주제를 개략적으로 논의한다.

- 화폐의 본질은 무엇인가?
- 민간 통화가 어떻게 경제에 유입되는가?
- 정부가 발행하는 통화가 어떻게 경제에 유입되는가?
- 정부가 지출하는 실제 방식은 무엇인가?
- 정부가 빚을 많이 지면 파산으로 내몰릴 수 있나?
- 우리가 직면한 진짜 제약 조건은 무엇인가?
- 상충관계란들이란 무엇인가?
- 경제학은 제로섬 게임이라고 하는데, 사실인가?
- 금융위기의 발생에서 통화 창조는 무슨 역할을 하나?
- 경제와 금융의 안정성을 개선하기 위해 우리는 무엇을 할 수 있을까?

이 책의 1-4장에서 이 쟁점들을 구체적으로 다룬다. 제1장은 "화폐"(money)라 부르는 것의 의미를 고찰한다. 제2장은 통화가 어떻게 경제에 들어가는지 살펴본다. 제3장은 "경제에 너무 많은 통화", 즉 통화가 너무 많아서 물가가 급등할 수 있는지를 탐구한다. 제4장은 통화적 "균형"에 관한 이해를 발전시킨다.

이 책의 후반부에서는 정책 이슈들을 다룬다. 제5장은 상충관계들, 제로섬 경제학, 정책 입안자들이 활용할 수 있는 잠재적 공짜 점심 등을 살펴본다. 제6장은 통화를 둘러싼 이슈들을 다룰 때 어떤 관점에서 접근해야 하는지를 검토한다. 통화는 정책 입안자와 대중 모두에게 두려운 주제일 수 있다. 공공의 이익에 봉사하는 정책에 대한 우리의 소망을 뒷받침하기 위해서는 적절한 분석 틀을 제시할 필요가 있다.

제7장은 정부 지출과 조세, 인플레이션, 재정적자 등 다양한 정책 이슈에 관한 현대화폐이론의 접근법을 구체적으로 설명한다. 여기서 현대화폐이론의 근본을 구성하는 세 가지 정책, 즉 통화의 국내 가치를 안정시키기 위한 일자리 보장제(job guarantee), 통화정책의 주요 도구로서 금리 목표제(interest rate targeting), 그리고 국내의 정책 여력을 확보하기 위한 변동환율제를 탐구한다. 마지막으로, 워싱턴의 정책 입안자들 사이에서 현대화폐이론이 어떤 역할을 하고 있는지를 논의하며 이 책을 마무리한다.

제1장

화폐란 무엇인가?

1. 화폐란 화폐가 수행하는 기능이다?

화폐란 무엇인가? 이 질문에 여러분은 아마 "화폐란 내가 이런저런 물건을 살 때 사용하는 것"이라고 답할지 모른다.

이 답은 화폐를 그 기능으로 정의하는 방식으로, 매우 그럴듯하다. 이 기능을 "교환의 매개" 기능이라 부른다. 즉, 우리가 사고자 하는 무언가를 **화폐**와 **교환**한다.

조금 더 생각한 후 우리는 이런 답을 더할 것이다. "우리는 가치를 저장하는 데에도 화폐를 이용한다. 가치를 저장하면 나중에 무언가를 살 수 있다." 이는 돈을 저축할 수 있는 어떤 것으로 지칭하는 답변이다. 다른 말로, 스크루지 영감은 아닐지라도, 가치를 저장함으로써, 우리는 미래에 무엇을 구매할지 확신할 수 없을지라도, 지출 계획을 세울 수 있다. 돈을 쥐고 있으면, 현재의 지출을 미래로 미룰 수 있다.

우리는 또한 빚을 갚는데 화폐를 사용한다는 답을 제시할 수 있다. 돈의 이 기능을 "지불수단"이라 부른다. 화폐는 우리를 빚에서 벗어나게 해준다.

여러분은 또한 화폐를 화폐의 (혹은 "명목"(norminal))[1] 가치를 계산하기

---

1 "명목"(nominal)이란 말은 라틴어 nomen과 nominalis(이름)에서 유래했고, 돈을 뜻하는 그

위한 측정 단위로 사용된다고 말할 수도 있다. "내 생각에, 그 그림은 수천 달러의 가치가 있다" 혹은 "테일러 스위프트(Taylor Swift)의 콘서트는 350달러를 지불할 가치가 있다고 나는 생각하지 않는다". 이런 것들이 계산단위로 기능하는 화폐의 사례이다. 거리를 측정하는 데 야드나 미터를 사용하고, 무게를 측정하는 데 쿼트(quart)나 리터를 사용하는 것과 비슷하다.

하지만, 조금 더 깊이 생각해 보자. 화폐란 무엇인가? 물건을 사고, 가치를 저장하고, 빚을 갚는 데 사용하는 그것이 무엇인지 묘사할 수 있는가?

우선 종이돈을 떠올릴 것이다. 미국에서라면, 앞면에는 조지 워싱턴의 초상화와 미국 재무부 회계 담당자와 장관의 서명이 새겨져 있는 녹색의 달러 지폐가 그것이다. 1달러짜리 지폐의 뒷면에는 ONE이란 글자 위에 "우리가 신뢰하는 신 안에서"(IN GOD WE TRUST)라고 새겨져 있다. 또한, 꼭대기에 눈이 올려져 있는 피라미드의 신기한 그림과 이해하기 어려운 (라틴어) 문구도 들어 있다.

더 자세히 들여다보면 다음의 문구를 발견할 수 있다. "이 은행권은 공적이든 사적이든 모든 채무를 위한 법정 통화이다"(THIS IS LEGAL TENDER FOR ALL DEBTS, PUBLIC AND PRIVATE)이라고 적혀 있다. 이런 문구는 앞서 말한 사실을 명시적으로 확인해 준다. 즉, 우리는 이를 통해 우리의 (사적) 채무를 변제할 수 있다(또한, 공적 채무-그것이 무엇을 의미하든-도 마찬가지다. 이 점에 대해서는 뒤에서 더 자세히 탐구한다).

그렇다면, 종이가 화폐인가? 종이 대부분은 화폐가 아님은 명백하다. 덧붙여, 모든 화폐가 종이도 **아니다**. 우리 주머니에 25센트짜리 동전이 있

리스어 nomisma와 관련이 있다. 경제학 이외의 분야에서 "명목"이란 말은 중요하지 않은 가치를 가진 어떤 것이나 "실질적"이지 않은 것을 지칭하는 데 사용되어, 다소 경멸적인 의미로 사용되는 것이 보통이다. 예를 들어, 대중에 잘 알려진 콜린스 사전은 이를 이렇게 정의한다. "명목 가격 혹은 돈의 합계는 거래되는 물건의 실질적 비용 또는 가치 대비 매우 작다." https://www.collinsdictionary.com/us/dictionary/english/nominal 하지만, 이 책에서 강조하듯, "실물" 경제의 세계에서 돈으로 평가한 가치("명목" 가치)는 매우 중요하다.

지 않은가(흥미롭게도, 일상에서 가장 많이 사용하는 25센트짜리 동전이 선진국 대부분과 비교해서 그렇게 작은 가치를 갖고 있다는 점에서 미국은 예외적이다). 이 동전은 가장자리가 깔쭉깔쭉하게 가공된 금속으로 만들어졌고, 앞면에는 친애하는 조지(George) 사진과 신에 대한 믿음(Trusts In God)이란 문구가, 뒷면에는 독수리 혹은 (최신판에는) 50개 주(state) 중 하나의 상징이 새겨져 있다. 그럼 화폐는 금속인가? 당연히 그렇지 않다. 이 특별한 스탬프가 찍힌 동전만이 화폐의 자격을 갖췄다. 금속 대부분이, 심지어는 값비싼 귀금속도 화폐가 아니다.

하지만, 우리가 실제로 **지출**하는 것은 무엇인가? 그저 특별한 종이나 금속의 조각인가? 조금만 생각해 보면, 우리가 결제 [원문의 'payment'란 물건을 사고 돈을 건네거나 세금을 내는 등 돈을 건네는 것을 지칭하는 용어로, 우리말로는 '지불' 혹은 '지급'이 더 적당할 것이다. 더구나, '결제'라는 용어는 영어로 settlement로, payment와는 전혀 다른 의미이다. 양자 사이의 차이에 관해서는 이 책의 제2장에서 자세히 설명한다. 하지만, 우리나라 사람들은 대개 물건값을 치를 때 '결제'라는 용어를 사용한다. 이를 고려하고 최대한 대중적 용어를 선택하고자, 당분간은 '결제'라는 용어를 사용한다-역자] 대부분은 지폐나 금속을 사용하지 않는다. 많은 경우, (개인 혹은 기업의) 수표에 "수취인"과 금액, 그리고 서명을 한 수표를 이용해 결제한다. 수취인이 이 수표를 자신의 거래 은행으로 가져가면, 수표로 결제한 측의 은행 계좌에서 돈이 인출되어 수표 수취인의 계좌로 들어간다. 그렇다면, 수표는 화폐인가? 수표는 물건을 사고, 가치를 저장하고, 빚을 갚는 등 분명히 화폐의 기능을 수행한다.

은행이 여러분의 이름이 적힌 서랍을 만들어, 그 안에 조지 워싱턴의 초상화가 인쇄된 지폐와 금속 동전을 채워 두고 있을까? 그래서, 여러분이 개인 수표를 쓰면, 은행이 여러분의 서랍을 열어 돈을 꺼낸 다음, 그 돈을 수표 수취자의 서랍에 넣는 것일까? 글쎄, 이는 너무 많은 작업이 필요한 일이다. 현금으로 가득 찬 수억 개의 은행 계좌 서랍이 있고, 어쩌면 일주일에 수조 번의 거래가 이루어질 텐데, 이 은행 요정들은 너무 바쁘겠다! 아니다. 은행 업무는 이런 식으로 이루어지지 않는다. 여러분은 은행의 금고 내부를 한 번쯤 들여다본 경험이 있을 것이다. 그것은 은행 고객의 모든 예금을 현금으로 보관할 만큼 크지 않다.

점점 더 많은 결제가 이상한 숫자로 구성된 암호를 입력하는 전자 이체를 통한 온라인으로 이루어지고 있다. 은행은 여러분의 계좌에서 지폐와 동전을 꺼내서, 모든 컴퓨터를 연결하는 광섬유 케이블을 통해 해당 계좌로 정확히 흘려보낼 수 있을까? 그렇지 않음은 너무나 명확하다. 여러분의 컴퓨터 키보드가 은행에게 "전자" 결제를 지시하는 신호를 보낸다. 그렇다면, 인터넷을 통해 빛의 속도로 이동하는 그런 광자가 화폐일까? 화폐가 진정 그런 것인가? 그저 광자?

마지막으로 생각해 볼 수 있는 것으로, 여러분과 어쩌면 사람들 대부분이 마트에서 카드(신용카드 또는 직불카드)를 카드 단말기에 꽂아 계산했음을 기억할 것이다. **화폐가 플라스틱이라고?** 화폐가 카드에 저장되어 있다가 물건을 살 때 카드 단말기가 끄집어낸다는 말일까? 그럴 것 같지는 않다. 하지만, 이것이 진정 화폐란 말인가? **신용**카드를 사용하면, 후에 (여러분의 은행 계좌에서 인출하거나 수표를 써서 신용카드 회사로 보내는 방식으로) 대금을 지불해야 한다는 점을 들어, 이에 반론을 제기할 수 있다. 하지만, 카드 대금은 물건을 산 **마트**가 아니라, 그 카드를 발급한 **은행**에 납부한다. 카드 회사는 여러분을 대신해 마트에 지불하고, 여러분의 거래 은행은 여러분의 계좌에서 인출하거나 수표를 받아 카드 회사에 지불한다.

화폐는 두려운 존재일 뿐 아니라 복잡하기도 하다! 그것은 종이이고, 금속이고, 플라스틱이고, 순간적으로 이동하는 광자에 지나지 않기도 한다! 결국, 화폐를 그 기능이라는 관점으로 접근하는 설명은 좋은 설명이 아니다. 매우 다양한 "화폐들"이 화폐의 기능을 수행하는 것처럼 보이기 때문이다.

2. 나는 당신에게, 당신은 나에게, 빚졌다

화폐란 무엇인가란 질문에 더 직접적으로 답해보자. 화폐로 기능하는 이 모든 것들(그렇게 부를 수 있다면)이 가진 공통점은 무엇인가? 조지 워싱턴의 초상화가 새겨진 종이쪽지는 미국의 중앙은행, 즉 연준이 발행한다. 기술적으로 말해, 이것은 연준의 "부채", 즉 채무증서(I Owe You: IOUs)이다. 수시 입출식 예금[흔히 '요구불예금'(demand deposit)으로 불리지만, 직관적으로 이해하기 쉬운 용어는 '수시로 입금하고 출금할 수 있는 예금'이다-역자]은 은행의 부채이다. 마트가 받는 신용카드 부채는 카드를 발행한 은행의 채무증서이다(소비자에게 결제의 "편의"를 제공하는 대가로 마트는 결제액의 2~3%를 수수료로 지불한다). 물론, 여러분은 신용카드 회사에 빚을 졌고, 여러분의 카드 대금 납부 약속은 카드 회사의 자산이 된다. 이 약속은 여러분의 은행 예금에서 인출하여 이행된다. 여기서 여러분의 예금은 여러분의 자산이고 은행의 부채이다.

　　이 모든 [자산과 부채-역자] 항목들은 채무증서의 네트워크를 통해 하나로 결합되어 있다. 여기서 복잡한 회계를 다루고 싶지는 않지만, 모든 경제 주체(개인, 가계, 기업, 자선 단체, 금융 기관, 정부 등)는 대차대조표를 갖고 있다(그들이 알든 모르든!). 우리는 이 대차대조표를 두 열을 갖고 있어서 알파벳 T 자처럼 생긴 표(전문적으로, 'T-계정'이라 부른다)로 생각할 수 있다. T-계정에서 왼쪽 열은 "자산"(asset)이고 오른쪽 열은 "부채"(liability)라 부른다. 한 가지 단순한 사례로, 아래 T-계정은 어느 가계가 주택을 매입할 때 나타나는 관련 경제 주체들의 대차대조표의 변화를 보여준다.

주택 구매자		은행	
자산	부채	자산	부채
(+)주택	(+)주택담보대출금	(+)주택담보대출채권	(+)예금

주택 판매자	
자산	부채
(-)주택	
(+)예금	

예를 들어, 여러분이 은행에서 주택담보대출을 받아 주택을 매입했다고 하자. 그러면 여러분의 자산은 "(+)주택"만큼 증가하고, 부채는 "(+)주택담보대출금"만큼 증가한 것으로 표시할 수 있다. 여러분은 주택담보대출의 부채를 졌고, 매달 원리금을 상환할 것이다. 은행의 자산은 여러분의 대출금만큼 증가한다(달리 말하면, 은행은 여러분에게 집을 살 돈을 빌려줬다. 여러분이 갚아야 할 빚이 은행에는 자산이다). 은행의 부채 또한 집을 사는 데 쓴 돈의 양만큼 증가했다[주택 구매자가 대출을 받으면, 그 대출금은 우선 대출자의 통장에 예금으로 찍힌다. 이 예금이 주택 판매자에게 송금되고, 판매자의 통장에 예금으로 나타난다. 전체적으로 은행 예금이 증가했고, 예금은 은행에게는 부채이다. 즉, 은행 대출이 증가하면 은행의 부채도 그만큼 증가한다는 말이다. 이 단순한 예시는 주택 구매자와 판매자가 같은 은행을 이용한다고 암묵적으로 가정하고 있다. 이 경우 예금의 주인은 바뀌었지만, 은행 입장에서 예금이라는 부채는 일정하다. 주택 거래 양방이 같은 은행을 이용한다는 가정을 완화는 방법은 은행을 '은행 전체'로 보는 것이다. 이렇게 생각하면, 주택 거래 양방이 각기 다른 은행을 이용할 수 있지만, 은행 전체의 예금은 일정하게 유지된다. 요컨대, 이 논의의 핵심은 은행이 대출하면, 예금이 창조되고, 그것이 은행의 부채로 나타난다는 점이다. 물론, 이후 논의하겠지만, 이 예금이 현대 경제에서 통화량 대부분(약 95% 내외)을 차지하며, 화폐의 거의 모든 기능을 수행한다-역자]. 은행에게 예금은 예금자에게 진 빚이므로, 예금은 항상 은행의 부채이다. 은행이 무엇을 빚졌나? 예금자가 그 예금을 인출하거나 송금할 수 있는 권리를 빚졌다.

이제 이 예금은 주택 판매자가 소유하게 되고, 그의 대차대조표에 "(+)예금"이 자산으로 나타난다. 반면, 그는 주택을 잃었으므로, 그의 자산에서 주택을 차감한다("(-)주택"). 주의할 점으로, 우리는 이 논의를 가능한 한 단순하게 하면서, 대차대조표의 여러 항목들을 무시했고, 주택 구매 자금 전액을 대출로만 충당한다고 가정하여 계약금 등 주택 매입 대금 중 일부를 빌리지 않고 대금을 지급할 수 있다는 사실을 무시했고, 주택 판매자가 구매자와 같은 은행을 이용한다고 가정했다. 이 모든 단순화 가정은 쉽게 완화할 수 있지만, 그렇게 한다고 해도 여기서 제시하는 중요한 요점에는 영향을 미치지 못한다. 설명만 복잡하게 만들 뿐이다.

제2차 세계대전 이후 미국의 표준적인 주택담보대출은 30년 만기의 고정금리를 채택해 왔다.[2] 여러분은 원리금으로 매달 1,000달러씩 상환하겠다고 약속하는 "대출 약정서"에 서명한다. 여러분의 대차대조표에서 주택은 자산이고 대출 약정서는 부채이다(여러분의 거래 은행은 이 약정서를 자산으로 보유한다). 30년 후 마지막 원리금을 상환할 때, 마침내 완납의 날이 온다. 그날, 은행은 여러분이 서명한 대출 약정서를 돌려주고, 여러분은 "약정서 불태우기 파티"(note burning party)에 주변 이웃을 모두 초대할 것이다.[3] 할렐루야!

연준이 조지 워싱턴의 초상화를 새겨 발행하는 "은행권"(note)은 연준의 부채이다. 어떤 사람이 납부 수단으로 이 은행권을 연준에 제출하면, 연준도 어쩌면 '은행권 태우기 파티'(note burning party)를 벌일 수 있다(현실에서는, 연준은 이 은행권을 종이 분쇄기로 파쇄한다. 여러분이 지역 연준을 견학 방문하게 되면, 이 파쇄된 은행권 꾸러미를 기념품으로 얻을 수 있다). 혹은 상태가 좋은 은행권은 나중에 재사용을 위해 저장될 수 있다. 하지만, 연준의 창고에 쌓여있는 은행권은 연준의 부채에 포함되지 않는다. 그것은 그저 종이 더미일 뿐이다.[4]

2　오늘날 주택담보대출은 증권화되면서 훨씬 다양해졌다. 하지만, 우리는 여기서 단순한 사례를 고수하고자 한다.

3　대출 약정서 태우기 파티는 점점 사라져 가고 있다. 요즘 미국인들은 주택담보대출을 완납하기 전에 죽기 때문이다. 하지만, 20세기 중반까지만 해도 이런 파티는 흔했다. 위키페디아: "모기지 태우기 파티"는 1975년의 TV 시트콤 All In The Family의 'Mike Makes His Move'(마이크가 움직이다)편을 통해 영생을 얻었다. 모기지 태우기는 또한 1977년의 TV 시트콤 Eight Is Enough의 'Mortgage Burnin' Blues'(모기지 태우기의 블루스)편과 1982년 M*A*S*H의 'Settling Debts'(빚청산)편의 소재가 되기도 했다."

4　이와 비슷하게, 은행이 여러분에게 주택담보대출 약정서를 돌려주면, 여러분은 그것을 태우는 것이 아니라 액자에 넣어 걸어둘 수도 있다. 그것을 여러분이 보유하는 한, 그것은 여러분의 부채가

금속 동전은 어떨까? 동전은 보통 재무부가 발행한다. 오늘날 미국에서 동전은 재무부만 발행할 수 있다. 과거 한때는 지폐도 발행할 수 있었지만 말이다 [이는 미국만의 독특한 특징이다. 우리나라를 비롯하여 세계 대부분은 나라에서 지폐와 동전 모두 중앙은행이 발행한다-역자]. 지폐와 마찬가지로, 동전 또한 발행자에게는 부채이다.[5] 재무부는 단기 국채(bill)(이는 보통 30일 만기를 가진 단기 국채이다. 우리는 여전히 녹색 종이쪽지(green paper note)[달러 지폐-역자]를 "달러 증서"(dollar bills)라 부르고 있는데, 만기가 매우 짧은(사실상 제로 만기) 채무증서(IOUs: I owe you)임을 나타낸다)와 다양한 만기(최대 30년 또는 그 이상)를 가진 장기 국채 또한 발행한다. 이들 또한 재무부의 부채이지만, 동전과 지폐와 달리 이자 지급이 약속되어 있다. 이는 장기 주택담보대출 약정서(mortgage note)와 유사하다.

앞서 우리는 무언가 구매하기 위해 은행 계좌를 활용한다는 점을 설명했다. 여러분의 예금은 여러분의 자산이지만, 은행에게는 부채이다. 통상적으로 은행은 두 가지 종류의 예금 계좌를 운영한다. 하나는 수시 입출식 예금 계좌("인출 요구"가 있을 때 즉시 예금을 인출할 수 있는 자금)이고, 또 하나는 장기 저축 계좌(예금 인출 이전에 사전 통보가 필요한 예금)[6]이다. 여러분은 수표

아니다. 여러분은 또한 한 뭉치의 채무증서를 작성하여 옷장에 넣어 둘 수는 있다. 하지만, 그런 채무증서는 다른 사람에게 발행했을 때만 당신의 부채가 된다. 당신의 채무증서 뭉치를 누군가 훔친 후, 이행을 요구하며 법원에 소송을 걸 수 있다는 위험이 따른다. 부채[주택담보대출 약정서, 중앙은행권 등-역자]가 발행자에게 돌아왔을 때, 그것을 태우거나 분쇄하는 한 가지 이유가 이런 위험을 피하기 위함이다.

5 동전 발행에 관해 미국 재무부의 대차대조표는 연준의 회계처리 방식을 따르지 않는다. 즉, 재무부는 동전을 '부채'가 아니라 '자기자본'으로 계상한다. 하지만, 자기자본 또한 대차대조표의 대변(부채)에 기록하므로, 이 기이한 관행은 중요한 사안이 아니다.

6 1930년부터 1980년대 초반까지 "규정 Q(Regulation Q)"으로 알려진 규제에 따라, 미국의 은행들은 수시 입출식 예금에 대해서는 이자 지급이 금지되었다. 그 취지는 이러했다. 은행들이 예금 유치를 위해 경쟁하면 예금에 지급하는 금리가 상승하고, 그 결과 은행들은 수익을 높이기 위해 [즉,

나 직불카드, 또는 계좌 이체를 통해 결제할 때 은행의 부채를 이용한다. 여러분의 계좌에서 예금이 감소하고, 송금을 받는 측의 계좌(어쩌면 다른 은행의 계좌일 수 있다)에는 잔고가 증가한다. 이때 중앙은행이 두 은행 계좌를 "정산"(clear)한다[즉, 두 은행 사이에 오가는 돈은 해당 은행들이 각자 중앙은행에 개설해둔 계좌에서 가감된다. 이때 오가는 돈은 '지급준비금'이지, 은행이 창조한 은행 통화, 즉 은행 예금이 아니다. 이하에서 보게 되겠지만, 지급준비금과 은행통화(예금)의 구분은 매우 중요한 의미를 갖는다-역자]. 앞서 언급한 것처럼, 여러분이 "플라스틱"(신용카드)을 이용해 결제하면, 카드를 발행한 은행이 여러분을 대신하여 돈을 지불한다. 이후 신용카드 채무는 여러분의 예금(종종 타은행 계좌)에서 인출되어 상환된다. 직불카드를 이용하는 경우를 생각해 보면, 더 단순하다. 예를 들어, 마트에서 장을 보고 직불카드로 계산하면, 여러분이 이용하는 은행은 여러분의 계좌에 있는 예금를 차감하고, 마트에 여러분 대신 결제해 준다.

기업 또한 납품 대금이나 직원 임금을 지급하는 데 상업은행을 이용한다. 통상적으로 상업은행은 기업에게 이러한 목적의 자금을 단기로 대출한다. 이는 기업의 수시 입출식 계좌의 예금을 늘려주는 방식으로 이루어진다. 이 대출은 은행에게는 자산으로, 기업에게는 부채로 계상된다. 기업의 수시 입출식 예금은 은행의 부채이고 기업의 자산이다. 기업이 임금을 지급하면, 기업의 예금이 감소한다. 노동자가 받은 임금을 은행에 입금하면, 해당 노동자의 예금이 증가한다(만일 노동자와 기업이 같은 은행을 이용하면, 은행

예금에 대한 이자 지급 증가에 따른 비용 상승을 상쇄하기 위해-역자] 더 위험한 행태에 빠져들 수 있다. 하지만, 문제는 여타의 금융 기관들이 "예금과 유사"하지만 이자를 지급하는 금융상품을 출시하는 혁신을 이룩했다는 점이었다. 이러한 불공정 경쟁은 "금융 중개 이탈"을 낳았다. 예금자들이 규제되는 은행에서 자금을 인출하여 규제받지 않는 "비은행 금융기관"(이제는 '그림자 은행'으로 불린다)에 예치하고 이자 수입을 올리려 했기 때문이다. 규정 Q의 폐지는 공정한 경쟁 환경을 만들어, 은행도 [수시 입출식 예금에 대해-역자] 이자를 지급할 수 있도록 하기 위함이었다.

은 단지 기업의 계좌에서 인출하여 노동자의 계좌로 입금하면 된다. 만일 노동자가 다른 은행에 계좌를 두고 있다면, 이 과정은 지급준비금의 정산 절차(reserve clearing process)를 수반하게 되어 다소 복잡해진다).

더 많은 예를 제시할 수 있지만, 이 모든 종류의 화폐가 보여주는 공통적인 특징 하나를 기억할 필요가 있다. 화폐는 발행자에게는 부채이고 보유자에게는 자산이란 점이다. 앞의 예들을 요약해 보자. 지폐와 동전은 그것을 발행한 미국 재무부 또는 연준의 부채이고, 그것을 보유하는 개인과 주체의 자산이다. 은행 예금은 은행의 부채이고, 예금주의 자산이다.

(90일 만기의 양도성예금증서(CD)와 같은) 장기 저축은 어떠한가? 앞서와 같이, 이것은 발행한 은행 혹은 저축기관의 부채이고, 보유자의 자산이다. 회사채는 어떤가? 이 또한 발행한 회사의 부채이고, 보유자의 자산이다. 정부 채권은? 마찬가지로 정부의 부채이고 보유자의 자산이다. 기업의 상업용 대출은 기업에게는 부채이고, 돈을 빌려준 은행에게는 자산이다. 여러분은 이제 큰 그림을 이해할 수 있다. 즉, 금융 및 비금융 기업은 부채를 발행하고, 다른 한편에서 이것을 금융자산으로 보유한다.

여러분의 신용카드 빚은 카드를 발행한 은행의 자산이고, 여러분에게는 부채이다. 여러분이 받은 장기 주택담보대출은 여러분의 부채이고, 은행 또는 금융기관 혹은 그것을 유동화한 펀드사의 자산이다.[7] 여러분이 자동

---

7 장기 주택담보대출과 마찬가지로, 신용카드 부채도 유동화된다. 실제로, 학자금 대출과 자동차 리스 등 모든 대출 채권(debts)이 유동화된다. 유동화란 여러 대출 채권을 하나의 패키지로 묶고, 이를 기초로 "증권"(security)을 발행한 후, 투자자에게 판매하는 금융기법을 말한다. 대출 채권으로부터 들어오는 상환금(예를 들어, 주택담보대출이나 신용카드 부채로부터 매달 들어오는 원리금 납부액)은 이 증권을 보유한 투자자에게 지급된다. 이 유동화 증권은 겉으로는 안전한 것처럼 보인다. 만일 소수의 채무자가 원리금을 상환하지 않을지라도, 채무자 대다수는 그렇지 않을 것이어서, 유동화 증권 보유자에게 최소한은 지급할 수 있기 때문이라는 것이다. 실질적으로, 대출 채권은 이 유동화 증권의 담보로 기능하고, 그 대출 채권으로부터 들어오는 원리금이 유동화 증권 보유자의 수입이 된다. 유동화 증권을 발행하는 금융기관은 대출 채권으로부터 나오는 원리금을 수수하지 않는다. 은

차를 사기 위해 받은 대출은 여러분의 부채이고, 그것을 보유한 기관의 자산이다(이 또한 점점 더 많은 부분이 유동화되고 있다).

이 모든 것을 화폐라 부를 수 있을까? 이 모든 예들은 몇 가지 공통점을 갖는다. 이들은 발행자에게는 부채이고, 보유자에게는 **금융** 자산이다. 이들은 **계산 화폐**(money of account)(미국에서는 달러, 영국에서는 파운드, 호주에서는 호주달러, 일본에서는 엔 등)로 가치가 표시된다. 모두 부채는 아니지만, 부채 중 일부가 공유하는 특징이 몇 가지 더 있다.

부채 중 **일부**(동전, 지폐, 수시 입출식 예금, 신용카드)는 결제에 즉시 사용할 수 있다. 또한 일부 부채(채권, 연체된 카드 부채, 주택담보대출, 상업용 대출)는 이자를 지급해야 한다.

부채 중 **일부**(동전과 지폐, 개인 수표 등)는 손으로 만질 수 있지만, 많은 종류의 부채(신용카드 빚, 상업용 대출, 대부분의 정부 채권)는 전산화된 대차대조표에 기록된 전산 기록에 지나지 않는다.

모든 부채가 공유하지만 어쩌면 덜 분명한 특징도 있다. 모든 부채는 두 가지 의미 중 적어도 하나의 의미에서 **반환**(redeemed)될 수 있다는 사실이 그것이다. 이것이 무엇인지 알아보기 위해, "반환"(redemption)이란 용어의 의미를 자세히 살펴보자.

3. 반환(Redemption)

이 말의 가장 공통적인 의미부터 살펴보자. 앞서 "완납일"(redemption day)에 관해 언급할 때 그 의미가 이미 암시되었다. 여러분이 주택담보대출, 자

행들은 종종 자신의 대출 채권을 증권화하여 대출금을 즉시 회수한다. 그 결과 대출자가 원리금을 상환할지 걱정하지 않는다. 즉, 유동화 증권 투자자에게 위험을 떠넘긴다.

동차 구입 대출, 학자금 대출 등을 받을 때, 정기적으로 원리금을 납부하기로 약속한다. 여러분은 이 원리금을 부채(보통은 은행의 부채[예금-역자] 또는 '현금'(정부의 부채))로 상환한다. 여기서 주의할 점이 있는데, 여러분이 스스로 발급한 채무증서(IOU)로 여러분 자신의 빚을 상환할 수는 없다. 이는 너무나 명백하다. 만약 여러분이 또 하나의 채무증서에 서명한다면, 여러분은 여전히 빚을 진 상태에 머물러 있게 된다. 반대로, 여러분이 은행으로부터 대출을 받는다면, 여러분은 이 은행 계좌에서 지급되는 수표를 써서 빚을 갚을 수 있다. 여기서 은행으로부터 받은 대출은 "제2자 당사자"의 채무증서이다. 즉, 은행은 제2자이고, 여러분은 제1자 당사자이다. 여러분은 여러분 자신이 발급한 "제1자" 채무증서로는 빚을 완전히 갚을 수 없다. 그렇게 하더라도, 여러분의 빚은 여전히 남게 된다.

그러나, 채무를 상환하는 데 가장 빈번히 이용하는 방법은 제3자 채무증서를 이용하는 방법이다. 예를 들어, 여러분이 자동차 금융회사(가령, 현대캐피탈)[원문에는 GM Financial로 되어 있지만, 더 쉬운 이해를 위해 우리나라의 자동차 금융회사 이름을 이용한다-역자]에 빚진 자동차 할부금은 여러분의 은행 계좌에서 빠져나가는 수표를 써서 갚을 수 있다. 따라서, 일상적으로 여러분은, 여러분 자신(제1자)이 발급한 채무증서나 여러분의 채권자(제2자)가 발행한 채무증서가 아니라, "제3자"가 발행하는 채무증서로만 채무를 상환할 수 있다[여기서 저자는 여러분의 은행 예금을 제3자가 발행한 채무증서(IOU)라 말하고 있다. 앞서 반복해서 언급한 것처럼, 여러분의 은행 예금이 은행에게는 부채란 점을 이해하면, 왜 은행 예금을 채무증서라 부르는지 이해할 수 있다-역자]. 여러분이 모든 상환 의무를 완료하면, 더 이상 빚을 지지 않게 된다. 여러분은 빚을 상환(redeem)했고, 여러분이 서명한 "대출 약정서"(note)(주택담보대출 약정서 또는 자동차 할부 약정서 등)는 여러분에게 되돌아온다(여러분은 이를 찢어버리거나 불태우거나, 어쩌면 액자에 넣어 걸어둘지도 모른다!).

어쩌면 여러분은 마트의 쿠폰을 "가져가 제시"(present for redemption)

하고 할인을 받은 적이 있을 것이다. 어떤 마트가 헤어스프레이 할인쿠폰을 발행(또는 피자 가게는 무료 피자 쿠폰을 발행하기도 한다)할 때, 그 마트는 사실상 부채를 발행하는 것이다. 마트는 그 쿠폰이 모두 회수될(presented for redemption) 때까지 부채를 진 상태가 된다. 쿠폰은 되돌아오면 폐기된다. 물론, 쿠폰 대부분은 돌아오지 않는다. 대부분은 사용 기한을 정해 두는데, 그 이후로 발행자[마트-역자]는 쿠폰을 수용할 의무가 없다(즉, 마트의 "부채"가 소멸한다). 쿠폰을 발행하는 마트는 이렇게 예상할 것이다. 만약 10만 달러어치 쿠폰을 인쇄한다면, 이 쿠폰이 나타내는 실제 부채[할인 총액-역자]는 할인 판매 매출[할인 이벤트를 통해 '증가한' 매출 총액-역자]의 작은 부분에 지나지 않을 것이라고

여러분이 어떤 부채(무료 피자 쿠폰이든, 회사채든, 어쩌면 미국 재무부가 발행하는 동전이든)를 보유하면, 여러분은 채권자가 된다. "화폐"를 보유하면 발행자의 채권자가 된다는 식으로 생각하는 사람은 거의 없을 것이다. 채권자로서 여러분은 그 부채를 발행자에게 가져가 "반환"(redeem)할 수 있다. 여러분은 무료 피자 쿠폰을 "반환"(redeem)한다. 이로써 여러분의 무료 피자에 대한 청구권(claim) 또는 채권(credit)이 소멸한다. 이를 통해 피자 가게의 부채 또한 소멸한다. 즉, 피자 가게는 더 이상 여러분에게 피자를 빚지지 않게 된다. 피자 가게의 부채 또한 "반환되어 청산되었다"(redeemed).

"반환"(redemption)과 관련된 또 하나의 용법이 있다. 오래전 일이지만 많은 사람들이 아직도 추억하는 과거가 있다. 정부가 발행한 통화(currency)를 "반환하면"(redeem) 금으로 바꿀 수 있었던 시절 말이다. 이를 종종 "태환"(convertibility)이라 부르곤 한다. 예를 들어, 1971년 닉슨 대통령이 "금 창구"를 폐쇄할 때까지, 미국 정부는 금 1온스당 35달러로 교환해 주기로 약속했다. 흥미롭게도, 미국 사람에게는 금으로 교환하기 위해 달러를 "반환"하는 일이 허용되지 않았다. 오직 외국의 달러 보유자들만이 달러 부채

(미국 재무부와 연준이 발행한 지폐와 지급준비금)를 반환할 수 있었다.[8] 외국인이 보유한 달러는 여러분이 가지고 있는 피자 쿠폰과 비슷했다. 쿠폰을 피자로 교환해 주었을 때 비로소 피자 가게의 쿠폰 부채가 소멸하듯, 미국 정부는 달러를 금으로 교환해 주어야 달러 부채를 소멸시킬 수 있었다. 채무증서를 그 발행자에게 되돌려주는 행위를 "반환"(redemption)으로 정의할 때, 그 의미가 이것이다. 피자 청구권 쿠폰이든 금으로 교환할 수 있는 달러든 마찬가지다.

반환(redemption)이라는 용어의 더 일반적인 의미로 되돌아가 보자. 여러분은 거래 은행의 채권자이기도 하고 동시에 채무자일 수도 있다. 예를 들어, 여러분은 수시 입출식 예금이 있고, 동시에 같은 은행에서 자동차 대출을 받았을 수 있다. 여러분은 은행의 부채(여러분의 예금)로 은행에 진 빚(자동차 대출)을 갚을 수 있다. 여기서 두 가지 반환 행위가 발생함에 주목해야 한다. 여러분의 부채가 "반환되었고"(redeemed)(여러분이 자동차 대출을 모두 상환했기에, 더 이상 은행에 빚을 지지 않게 되었다), 은행의 부채도 "청산되었다"(redeemed)(은행도 여러분의 예금—여러분의 채무를 변제하는 데 사용한—이라는 부채를 더 이상 갖고 있지 않게 되었다)는 점이다 [한마디로 요약하면, 채권자가 발행한 채무증서(은행 대출의 경우 예금)를 돌려주면(redeem), 채무-채권 관계가 소멸한다. 이것이 화폐의 기원을 설명하는 핵심이다-역자]

반환(redemption)은 이렇게 상호적이고 동시적이다, 할렐루야!

더 일반적으로 말해, 오랫동안 이해되어 온 신용의 원리는 다음과 같다. 여러분이 누군가에게 빚을 졌다면, 그 채권자가 발행한 부채를 제시하면 빚에서 벗어날 수 있다 [지금까지의 논의를 정리하여 결론부터 미리 살펴보면, 이

---

8 1934년 루즈벨트 대통령 재임 시절 제정된 준비금법(Gold Reserve Act)에 따라, 미국 사람은 금괴 또한 보유할 수 없었다. 1974년 포드 대통령이 이 법을 수정하여, 미국인이 금을 소유할 수 있게 되었다. 하지만, 이 시기에 미국 달러는 더 이상 금으로 태환되지 않았다.

하의 논의를 이해하는 데 도움이 될 것이다. 우리가 은행에 빚을 졌다고 하자. 이 빚은 어떻게 갚을 수 있을까? 당연히, 은행 예금으로 상환한다(현금으로 불리는 지폐로 상환하는 사람은 소수이며, 현금도 우선 은행 예금이 있어야 인출할 수 있다. 예금이 있다면, 그것으로 즉시 상환할 수 있는데, 굳이 현금으로 바꿔서 은행 대출을 갚으려는 사람은 거의 없다). 여기서, 은행이 채권자이고 동시에 은행 예금은 은행 자신이 발행한 부채이다. 즉, '은행에 진 빚은 채권자인 은행 자신이 발행한 부채(예금)로 상환할 수 있다'는 의미이다. 역자의 대중 강연 경험에 비추어, 이 말이 잘 이해되지 않는다면, **은행 예금이 은행이 스스로 발행한 부채**임을 이해하지 못해서일 가능성이 크다. 이는 이하에서 더 자세히 설명한다-역자]. 우리 대부분이 빚을 지고 있는 어떤 주체―한 사회의 주요 채권자―가 있다고 상상해 보자. 또한, 이 채권자가 엄청나게 많은 채무증서를 발행한다고 가정하자. 방금 논의한 대로, 반환 가능성(redeemability)이란 일반 원리에 따라, 우리는 이 채권자가 발행하는 채무증서로 그 채권자에 진 빚을 갚을 수 있다. 사람들 대부분이 그 채권자에 빚을 지고 있으므로, 모두가 이 채권자가 발행한 채무증서를 얻으려 노력한다. 그래야 빚에서 벗어날 수 있기 때문이다. 이 채권자가 채무증서를 자신의 채권액에 비해 상대적으로 적게 유지하는 한, 그 채무증서에 대한 수요는 항상 충분히 유지될 수 있다.

　　나아가, 정부가 그런 주요 채권자의 역할을 담당한다고 상상해 보자. 시민 대부분(혹은 군주의 백성)은 정부에 세금 납부 의무를 진다. 대중은 세금이라는 부채를 납부하기 위해 정부의 채무증서를 구하려 한다. 이 경우, 정부는 자신을 채권자로 규정하고 대중에게 납세 의무를 부과할 수 있다. 부과된 세금은 정부가 발행하는 통화로 납부할 수 있다[정부가 발행하는 통화는 정부의 부채이다-역자]. 정부는 자신의 통화로 지출하고, 대중은 그것을 수용한다. 세금을 그 통화로 납부해야 하기 때문이다. 정부는 세금을 거둠으로써 자신의 통화를 "환수"(redeem)한다. 앞서 말한 것처럼, 세금을 내는 대중과 정부 모두 동시에 [부채가-역자] 청산된다. 세금으로 받은 통화는 불태워

지거나, 녹여지거나, 후에 재사용을 위해 창고에 보관된다.

미국(1776년 독립선언 이전)의 아메리카 식민지 주들은 이를 매우 잘 이해하고 있었다.[9] 이들은 당시까지 영국의 지배를 받고 있었는데, 통화 주조를 금지당했다. 하지만, 식민지 정부들은 도로와 같은 인프라를 건설하고, 특히 아메리카 원주민, 프랑스, 캐나다 등과의 크고 작은 군사적 충돌에 대응하기 위해 통화가 필요했다.

영국이 발행한 주화가 항상 부족했던 상황에서, 미국의 식민지 정부들은 "반환세"(redemption tax)를 부과하고, 대중이 세금 납부에 사용할 지폐(paper note)를 발행할 수 있다는 사실을 발견했다. 이것이 서구에서 종이돈(paper money)이 널리 사용된 첫 번째 사례가 되었다(중국에서 종이돈은 훨씬 이전부터 사용되었다). 식민지 정착민들은 세금을 내야 했기 때문에, 식민지 정부가, 가령, 민병대 보급품 매입 대금으로 지급한 종이돈(paper note)을 받아들였다. 애덤 스미스(경제학의 "아버지"로 알려진 경제학자)는 이러한 아메리카 식민지를 연구하여, 미국 식민지 정부 중 일부가 (금으로 뒷받침되지 않는) 종이돈(paper money)을 발행했고, 너무 많은 양이 발행되지만 않는 한 그 가치가 유지되었음에 주목했다.[10]

더 나아가서 그는 가설적 예시를 제시했다. 애덤 스미스에 따르면, 왕자는 종이돈을 발행할 수 있고, 백성들이 그 돈으로 세금을 낼 수 있다면, 대중은 그 종이돈을 수용할 것이다. 종이돈의 발행을 승인한 모든 식민지

---

9 Farley Grubb, "Colonial Virginia's Paper Money Regime, 1755 – 1774: A Forensic Accounting Reconstruction of the Data," Working Paper No. 2015-11, University of Delaware Alfred Lerner College of Business and Economics, 2015.
https://moodle.bard.edu/pluginßile.php/156053/mod_resourc e/content/1/farley%20 grubb%20on%20colonial%20paper% 20money.pdf

10 Adam Smith, *The Wealth of Nations*, The Cannan Edition, Modern Library, New York, 1937, p. 312.

정부의 법률이 동시에 반환세 또한 부과한 이유가 이것이었다. 통화 발행이 증가하면 세금도 더 많이 걷고, 그만큼 정부의 수입도 증가하도록 계획되었다. 여러분이 버지니아 식민지 주의 주지사라면, 여러분은 1만 버지니아 파운드의 세금을 징수할 수 있도록 세금을 부과한 후, 1만 버지니아 파운드의 종이돈을 인쇄해서 지출할 것이다(당시 아메리카 식민지는 영국 파운드 단위를 사용하고 있었는데, 독립선언 이후부터 통화 단위를 달러로 전환했다. 이는 당시 스페인 통화에 기초한 것으로, 영국을 모욕하려는 의도였다). 납세자가 세금을 내면, 종이돈 대부분이 정부로 되돌아왔다. 약 1/4 정도가 유통에 남아 사적 거래에 사용되었다.

　　세금 수입으로 정부는 무엇을 했을까? 그것을 다시 지출했을까? 그렇지 않다. 돌아온 종이돈은 불태워졌다. 남김없이. 식민지 정부들은 정부 수입 모두를 불태웠음을 보여주기 위해 이를 세세히 기록하기까지 했다! 세금은 반환(redemption)을 위한 수단이었지, [정부 지출을 위한-역자] 재정 수입이 아니었다. 식민지 정부들에게 [지출을 위한-역자] 세금 수입은 필요하지 않았다. 식민지 정부는 통화를 시중에 주입했고, 회수해 불태우기 위해 세금을 부과했다. 세금의 진짜 목적은 종이돈에 대한 수요를 창출하기 위함이었다. 그렇게, 세금 징수는 정부와 세금을 빚진 사람들 모두의 부채를 "청산"(redeemed)하도록 보장했다. 세금을 납부한 납세자는 더 이상 세금 부채를 지지 않게 되었으니 "청산"되었고, 종이돈이 나타내는 정부의 부채가 불태워졌으니 정부 또한 "청산"되었다. 반환(redemption)은 상호적이고 동시적이었다.

　　이는 식민지 미국에서만 벌어진 기이한 일이 아니었다. 앞으로 보는 것처럼, 역사에는 유사한 사례들로 넘쳐난다. 통화를 지출하면 그 돈이 세상에 존재하게 되고, 이후 그것을 세금으로 회수한 다음, 이 정부 수입은 폐기되었다. 세금 징수는 정부 지출을 위한 재원을 마련하는 수단이 아니다.

　　제2차 세계대전 말기에 뉴욕 연준(연방준비제도에서 가장 중요한 지역 연준) 의장 베어드슬리 러믈(Beardsley Ruml)도 "재정을 위한 세금은 낡은 것이다"라는[11] 제목의 논설에서 똑같이 주장했다. 세금은 다른 목적(뒤에서 다룬다)을 위해 중요할 수 있지만, 정부가 지출하기 위해 "정부 수입"이 필요하지 않다.

그리고, 아메리카 식민지인들은 1776년[독립선언을 발표한 해-역자] 이전에 이를 이해하고 있었음이 분명하다. 심지어 이를 법률로 명시하고 있다. 당시 세금을 **반환세(redemption tax)**라 부르고 있지 않나! 이 세금은 인쇄해서 지출한 종이돈(notes)을 회수하기 위한 목적으로 부과되었다.

명심하자: 세금은 정부 재정을 위한 것이 아니라, 반환(redemption)를 위한 것이다.

"반환"(redemption)이란 말에는 종교적 의미도 있다. 이는 4,000년 전 바빌로니아 신전에서 유래한 화폐의 역사적 기원을 반영한다. 부채를 진 죄인들(sinners)은 구원(redemption)을 갈망했다. 당시의 고대 성직자들은 계산단위(unit of account)를 발명하고, 이 단위로 바빌로니아 "죄인들"(즉, 채무자들)의 부채를 기록했다. 이 채무 기록들은 점토판에 상형문자로 새겨 보관되었다. 채무자들은 죄에서 벗어나기 위해 자신의 방식대로 지불했다. 이에 대해서는 제4장에서 더 자세히 살펴볼 것이다. 여기서 핵심은 화폐(money)가 장부 기록(record-keeping)에 사용하기 위해 창조되었다는 사실이다. 부채를 상환할 때, 채무자는 구원되었다(redeemed).

요약하면, 세금은 통화에 대한 수요를 만들어 내고, 이 수요가 통화에 가치를 부여한다. 이를 확장해서 생각하면, 오늘날 미국 달러가 가치를 갖는 이유는, 그것을 금으로 교환할 수 있어서가 아니라, 세금을 내기 위해서 달러가 필요하기 때문이다. 즉, 국세청의 눈으로 볼 때, 여러분은 달러를 통

---

11 Beardsley Ruml, "Taxes for Revenue Are Obsolete," *American Affairs*, vol. 8, no. 1 (January 1946), pp. 35 –9.

해 세금 부채를 상환(redeem)할 수 있다. (반환세와 비교하여) 너무 많이 찍어내지 않는 한, 금으로 교환되지 않는 종이돈이 가치를 유지할 것이라는 애덤 스미스의 언급은 정확히 이를 의미했다.

여기서 생각해 볼 만한 질문이 떠오를 것이다. 정부는 균형재정을 유지해야만 할까? 다른 말로, 조세 "수입"은 정부가 지출한 종이돈의 양과 꼭 일치해야만 할까? 전혀 그렇지 않다! 아메리카 식민지에서도 약 25%의 종이돈은 회수되지 않고 유통에 남겨졌다. 사람들이 상업적 거래에서 영국 왕의 주화보다 이를 더 선호했다. 약 3/4의 종이돈만이 세금으로 회수되어 불태워졌다. 따라서 종이돈 발행량이 조세를 통해 회수한 양보다 많았다. 사람들이 종이돈 일부를 보유하고 싶어 했기 때문이다. 통화를 저축하려는 욕구가 있었기 때문에, 정부는 세금으로 회수하는 것보다 더 많은 종이돈을 지출했다. 이로써 사람들은 종이돈의 형태로 저축할 수 있었다.

잠시 멈춰보자. 앞으로 우리는 정부가 세금보다 더 많이 지출하는 것—이를 재정적자라 부른다—이 왜 너무나 정상적인지를 살펴볼 것이다. 재정적자는 사람들이 정부의 부채를 저축으로 축적하길 원했기 때문에 나타나는 결과이다. 정부가 세금 수입보다 더 많이 지출함으로써, 우리는 소득보다 덜 지출할 수 있게 된다. 우리는 이를 "저축"이라 부른다.

반환세를 부과하여 통화를 유통시키는 메커니즘은 식민지 정부들만의 새로운 발견이 아니었다. 그 이전 수백 년 동안 유럽의 군주들과 여타 지배세력(성직자와 봉건 영주 등)은 백성들에게 수수료, 벌금, 세금, 지대, 조공, 십일조 등의 납세 의무를 지웠다. 그런 다음, 그들은 자신의 부채를 발행하여 노동 등 공물을 매입하고, 세금을 통해 자신의 부채를 회수했다.

4. 화폐 단위로 장부에 기록하기

중세 시대 내내 영국에서 사용된 공통 통화는 나무로 만든 엄대(tally stick)였다.[12] 정부가 지출하고 세금으로 걷는 데 사용한 수단 대부분은 주화가 아니라, 개암나무로 만든 나무 조각(엄대)이었다. 왕실의 재무관은 우선 개암나무 막대기에 명목 액수를 나타내는 표식을 새긴 후(표식이 클수록 더 큰 액수를 나타냈다), 길게 쪼개 "스톡"(stock)과 "스텁"(stub)으로 나누었다. 채권자는 스톡을, 채무자는 스텁을 각각 보관했다. 이렇게 나누어 가짐으로써, 스톡에 더 많은 표식을 추가해 가치를 높이는 조작이 불가능하게 된다.[13] 스톡과 스텁이라는 용어는 록 콘서트와 야구 경기에 아직 사용되고 있다. 또한, 월스트리트에서 팔리는 주식도 여전히 스톡(해당 기업에 대한 지분권 (equity claim)을 나타내는 증거)이라 불린다.

왜 사람들은 나무 막대기를 거래 대금으로 받았을까? 왕실 재무부에 엄대 반쪽을 제시하여 왕에 대한 세금을 납부할 수 있었기 때문이다. 재무관은 스톡과 스텁이 일치하는지 확인하여 위조 여부를 판단했다. 양쪽의 표식이 일치하면, 세금 납부가 완료된다.

어떤 의무라도 부과하면 화폐로 유통시킬 수 있다. 꼭 세금일 필요는

12　엄대는 원래 영수증으로 만들어졌지만, 14세기가 되면 영국 재무부가 채권자에게 직접 발행했다[즉, 왕실 재정을 담당한 재무부가 돈을 빌리고, 그 증거로 민간 채권자에게 엄대를 만들어 주었다는 의미-역자]. 14-15세기 동안 엄대는 영국 왕실 수입의 대부분을 차지했다. Desan은 아메리카 식민지의 종이돈 사용을 영국의 이러한 경험과 연결하여 논의하고 있다. Christine Desan, *Making Money: Coin, Currency, and the Coming of Capitalism*, Oxford University Press, Oxford, 2014.

13　엄대에 새긴 "금"(score)이 가장 흔한 표식으로, 한 개의 금이 20파운드를 나타냈다. 이 용어는 오늘날에도 사용되는데, 게임이나 시험에서 얻은 점수를 나타내거나, 나무에 상처를 내거나 표시를 하는 일, 혹은 (덜 보편적이지만) 20개 한 세트를 지칭한다(링컨은 게티스버그(Gettysburg) 연설에서 87년을 지칭하면서 "4스코어 7년"이라는 표현을 사용했다).

없다. 수수료, 벌금, 조공, 십일조 등을 이용할 수도 있다. 사람들은 부과된 의무를 완료, 즉 상환(redemption)을 위해 화폐를 사용한다. 할렐루야! 최소한 (부채로부터) 해방 아닌가!

엄대, 또는 종이돈, 또는 금화는 무엇인가? 이들은 모두 발행자의 부채 기록(발행자가 빚을 졌다거나 어떤 의무를 진다는)일 뿐이다. 이들은 상환될 때 발행자[채무자-역자]에게 되돌아간다. 이것이 신용의 근본 법칙이라 불리는 것이다. 즉, 채무증서의 발행자는 그것을 상환 수단으로 받아들여야 한다. 만일 채무자가 자신이 발행한 채무증서를 거부하면, 그 반환(redemption) 약속을 부도내는 것이다.[14]

엄대의 양쪽 조각을 맞춰보고 또 그 액수가 부채의 양과 일치하면, 채무자는 부채를 상환한 것이 된다. 왕이 마차를 구매하는 경우, 판매자[대장장이 백성-역자]는 채권자가 되어 엄대 스톡을 받고, 납세일에 왕의 재무관에게 그 엄대 스톡을 세금으로 납부한다. 놀랍게도, 이 나무 엄대가 중세 유럽 금융의 기초였다. 또한, 그것은 19세기 초까지도 영국 왕실의 재정을 관리하는 데 사용되었다.[15]

그렇다면, 그 나무 막대기들은 화폐인가? 아니면, 왕의 부채를 측정하고 기록하기 위해 사용된 도구에 지나지 않는가? 아니면, 양자 모두일까?

---

14 참고로, 영국의 왕이 자신이 발행한 엄대를 부도내자 아무도 왕의 채무증서 [엄대-역자]를 받으려 하지 않았기 때문에 영란은행(Bank of England)이 건립되었다. 당시 의회는 이를 해결할 특별한 은행(영란은행)을 만들어야만 했다. 이것이 중앙은행의 원래 목적이었다. 즉, 신뢰를 상실한 국왕(sovereign)의 채무를 수용하기 위해.

15 영국 왕실은 1826년까지 엄대를 발행했고, 1834년 "영광의 화염" 속으로 영국에서 사라졌다. 엄대들은 [웨스트민스터 궁전의-역자] 스타 챔버(Star Chamber)와 하원 의원 회관 여기저기에 보관되어 있었다. 공간을 절약하기 위해 "엄대를 하원 회관의 난로에 던져 넣기로 결정했다. 하지만, 스톡 보유자들의 열망이 너무 컸기 때문인지, 그 불은 유구한 역사를 가진 의회 건물 전체를 완전히 불태워 버렸다." (Glyn Davies, *A History of Money: From Ancient Times to the Present Day*, University of Wales Press, Cardiff, 1997, p. 663).

화폐 단위로 가치가 매겨진 부채로서의 화폐와 그 부채를 기록하는 데 사용된 기술, 이 둘을 구분하자. 부채를 기록하는 방법은 다양하다. 메소포타미아 점토판에 각인할 수도 있고, 나무 막대기에 표식을 새길 수도 있고, 석판에 분필로 쓸 수도 있고, 후대에서는 양피지에 만년필로 쓸 수도 있고, 도장을 찍어 주화를 주조할 수도 있고, 잉크로 종이돈을 찍을 수도 있고, 오늘날처럼 컴퓨터 하드 드라이브에 전자 기록으로 저장할 수도 있고, 등등. 이런 것들이 다양한 기술을 사용하는 부채의 기록들이다.

부채가 **어떻게** 기록되는지는 기술적 문제이다. 기술은 세월이 흐르면서 변화하고, 위조를 방지하기 위해 끊임없이 진화한다. 비록 기술의 발전이 위조를 줄이고 결제를 더 쉽게 만들기는 하지만, 기록의 기술이 변하더라도 화폐의 **본질**은 전혀 변하지 않는다. 예를 들어, 공과금을 온라인이나, 개인 수표를 우편으로 보내거나, 또는 신용카드로 납부하는 편이 현금을 가져가는 방법보다 쉽다.[16]

점점 더 많은 사람들이 스마트폰으로 결제하고 있듯, 결제 기술의 발전은 계속될 것이다. 하지만, 국가가 정한 통화단위(미국 달러, 유럽의 유로, 중국의 위안 등)로 가치가 매겨지고, 발행자의 부채라는 **화폐의 본질**은 변하지 않을 것이다.[17] 당연히 현대에는 더 복잡해졌다. 주권 정부들은 주화나 엄대를 지출하여 시중에 유통시키지 않는다. 오늘날에는 정부의 재무부로 들어오고 나가는 모든 수입과 지출을 중앙은행이 처리한다. 이것이 주권 정부

---

16 기술적 "진보"는 결제 시스템의 운용비용을 줄이곤 한다. 하지만, 단점도 있다. 만약 여러분이 은행에서 현금을 인출하여 지출한다면, 수표로 지출하는 경우보다 은행 잔고가 부족해질 가능성이 훨씬 작아진다 [즉, 수표를 써서 지출하면, 현금을 사용할 때보다 더 많이 소비하게 된다—역자]. 신용카드를 사용하면, 수표나 직불카드만 사용할 때보다 더 많은 빚을 지게 될 가능성이 커진다.

17 그렇다, 어떤 사람은 가상 코인을 대체물로 보기도 한다. 하지만, 이는 부채도 아니고, 반환의 가능성도 없다. "블록체인" 기술이 위조를 예방하고 데이터를 보호하는 데 유용하긴 하지만, 우리는 가상 코인을 통화(currency)로 보지 않는다.

와 대중 사이의 분리를 강화하여 이해를 어렵게 한다. 이에 대해서는 뒤에서 더 구체적으로 설명할 것이다.

참고로, 현대화폐이론(Modern Money Theory, MMT)이 최초로 밝힌 어쩌면 가장 중요한 기여는 정부(재무부), 중앙은행, 민간은행 사이의 공조 체계에 관해 구체적으로 설명한 점이다. 오늘날 정부가 지출하거나 세금을 징수하는 데에는 이들 모두가 필수적이다. 이들 사이에서 진행되는 절차로 인해 정부가 "실제로 어떻게 지출하는지"가 모호해진다. 200년 전이라면 정부의 재무부가 통화를 발행해 지출하고, 세금을 부과해 그 통화를 회수하는 과정이 너무나 자명했다. 하지만, 오늘날 이는 그렇게 분명하지 않게 되었다. 재무부와 정부 지출의 수령자 사이에, 그리고 재무부와 정부에 세금을 내는 납세자 사이에 중앙은행이 끼어 있기 때문이다.

하지만, 현대화폐이론(MMT)이 밝힌 것처럼, 실질적으로 바뀐 것은 아무것도 없다. 매우 복잡해지긴 했지만, 정부는 자신의 통화를 지출하여 시중에 주입하고, 납세자는 그 통화로 국가에 대한 납세 의무를 이행한다는 사실에는 변함이 없다. 그러나, 이런 내적 작동 원리를 뒤에서 더 자세히 설명할 필요가 있다.

5. 화폐의 본질

지금까지 화폐의 기능, 본질, 기술에 관한 다소 긴 여정을 지나왔다. 이제 요약해 보자.

(1) 화폐는 종종 그 기능으로 정의되곤 한다: 화폐란 화폐가 수행하는 기능이다.
소파에 앉아 과자를 먹으며 TV를 보는 동물을 인간으로 정의하는 것처럼, 화폐를 그 기능으로 정의하는 방식은 만족스럽지 않다. 화폐라면 의당 해야 할 기능(교환의 매개, 가치저장, 계산단위, 지불수단 등)이 무엇일지를 우선 구별하고, 다음으로 그 기능 중 일부라도 수행하는 것들을 찾아내야 한다. 이는 다소 순환론적인데, 만일 내가 화폐는 수상스키를 타야 한다는 가정으로 시작한다면, 수상스키를 타는 사물들의 목록을 만들 것이고, 결국 내가 화폐라 부를 특이한 목록에 이르게 될 것이기 때문이다. 다른 말로, "화폐가 무슨 기능을 수행하는지"를 화폐의 기준으로 삼으면, "화폐란 무엇인가"란 질문은 묻히게 된다. 양자 사이에 상응하는 무엇인가를 찾기 때문이다.

(2) 우리가 그 기능으로 화폐를 정의하면서 시작하더라도, 화폐로 기능하는 것들이 세월이 흐르면서 크게 변화해 왔다는 점을 발견하게 될 것이다.
멀지 않은 과거에 나무 엄대가 화폐의 많은 기능을 담당했다. 오늘날 화폐 대부분은 전산화된 대차대조표에 전자적 기재 사항으로 존재한다. 화폐와 관련된 "기술"은 엄청난 변화를 겪었다.

(3) 다른 접근이 필요하다. 우리가 화폐라 부르는 모든 '사물'은 두 가지 특징을 공유한다.
첫 번째 특징은 다소 분명하다. 그것들은 모두 "화폐적" 가치를 측정하는 **계산단위(unit of account)로 가치가 매겨져** 있다는 점이다. 이 계산단위는 보통 국가마다 다르다. 개별 국가마다 자신만의 특정 계산단위를 선택하기 때문이다. 이에 대해서는 뒤에서 다시 설명한다. 미국에서는 달러, 일본에서는 엔, 영국에서는 파운드, 중국에서는 위안 등이다.

두 번째 특징으로, 더 자세히 살펴보면, 이 모든 화폐라 불리는 "것들"(things)은 그 화폐단위로 측정된 **부채의 기록**이란 사실을 발견할 수 있다. 우리가 **기술**이라 부르는 것은 그 부채를 기록하는 방법을 정한다. 나무 막대기에 표식을 새기거나, 종이에 잉크로 인쇄하거나, 전산 장부에 기재하거나 하는 등은 모두 기술적 형태를 나타낸다. 하지만, 우리는 모든 부채 기록을 "화폐"라 부르지 않는다. 모든 부채가 화폐단위로 표시되는 것은 아니기 때문이다. 친구가 나를 저녁 식사에 초대하면, 나는 미래 언젠가 되돌려 줘야 한다는 사회적 의무를 갖게 된다. 나는 이 부채를 화폐단위로 적어두진 않지만, 부채 의식을 느낀다. 또한, 모든 금전 채무(money debt)를 "화폐"라 부르지 않을 수도 있다. 여러분이 6만 달러를 학자금 대출로 빚지고 있는 경우, 이를 금전적 채무라고는 부를지라도, "화폐"라 부르진 않는다.

(4) 우리는 금전 채무의 연속체를 생각해 볼 수 있다. 또는, 더 좋은 명칭으로, 세 가지 중요한 특징을 갖는 삼차원의 화폐 "사면체".

　　a. 유동성(liquidity)

　　b. 양도 가능성(transferability)

　　c. 수익성(yield)

　　이 세 가지 특징은 서로 밀접히 연결되어 있지만, 개별적으로 분석될 수 있다.

　　(a) **유동성**(liquidity)이란 해당 자산을[18] 신속하고 가치의 손해 없이 현금(cash)으로 바꿀 수 있는 능력을 말한다. 통화(currency)를 준거로 삼을 수 있다. 가장 유동적인 금전 자산이기 때문이다.

　　수시 입출식 예금(demand deposit)은 가치의 손실 없이 즉시 현금으로 바꿀 수 있다. 즉, 거래 은행의 ATM기나 은행 창구에서 수수료 없이 즉시 현금으로 인출하여 사용할 수 있다. 하지만, 여러분의 거래 은행에 갈 수 없어 타은행 ATM기를 이용하면, 수수료를 지불할 수 있다. 유동성 차원에서 볼 때, 수시 입출식 예금은 현금과 유사하다.

18　모든 "금전 자산"(money asset)은 또한 "금전 채무"(money debt)이기도 함을 기억하자. 아름다움은 보는 이의 눈에 달려 있다. 발행자의 눈에 그것은 채무이다. 보유자의 눈에, 그것은 자산이다.

적금 등 저축성 예금(time deposit)은 덜 유동적이다. 저축성 예금을 수시 입출식 예금이나 현금으로 전환하기 위해서는 은행이 정한 대기 기간이 필요하고, 그렇지 않으면 수수료가 부과된다. 예를 들어, 90일 만기의 양도성 예금증서(CD: certificate of deposit)를 현금으로 바꾸려면 "상당한 페널티"를 물어야 한다. 따라서, 저축성 예금은 유동성 차원에서 [수시 입출식 예금보다-역자] 더 바깥쪽에 있다.

국채와 회사채를 포함하여, 채권은 더 덜 유동적이다. 미국 정부가 발행하는 국채나 회사채는 신속히 팔 수 있다는 점은 사실이다. 하지만, 수수료가 있을 수 있고, 채권의 가치는 만기일까지 계속 변한다.[19]

주식(기업의 지분)은 쉽게 팔 수 있다(주식 시장이 개장하면). 하지만, 수수료가 있고, 그 가치는 매일, 심지어는 매분 변한다. 주식은 채권과 달리 주주에게 그 어떤 것도 지급하기로 약속하지 않는다는 점에 주목해야 한다. 은행 예금이나 회사채가 상환을 약속한다는 점과 비교하면, 주식은 금전적 채무(채무증서)가 아니다. 오히려, 주식은 기업의 성공과 실패에 대한 부분 지분이고, 배당(이익의 일부)을 얻는다. 기업이 문을 닫는 경우, 주식은 잔여 자산에 대한 소유권을 제공하지만, 우선순위의 채무를 모두 변제하고 남는 자산으로 제한된다.

사기업, 주택, 중고차, 미술품, 공장용 기계 등 기타 자산은 대체로 비유동적이다. 이들은 "실물" 자산이지 "금융" 자산이 아님을 주목하자. 즉, 화폐적 채무증서가 아니다. 또한, 이것들은 돈을 받고 팔리거나 돈으로 가치

19　여기서 자세히 설명할 수는 없지만, 만기일 전에 매도하는 국채의 가격은 매도 당시의 금리에 영향을 받는다. 나아가, 정부가 발행하는 국채가 아닌 채권의 경우, 채무 불이행 위험도 존재한다. 기업이나 지방 정부는 파산하거나 상환 약속을 부도낼 수도 있는 것이다. 채무 불이행 위험에 대한 인식은 시기마다 다르다. 따라서, 좋지 않은 시기(시장이 생각하기에 채무 불이행 위험이 크다고 여겨지는 시기)에 채권을 매도하면, 채권 가격은 낮아진다. 채권은 현금으로 바꾸는 데 시간이 필요하고, 그 가치에 관한 불확실성도 있으므로, 덜 유동적이다.

를 평가할 수는 있지만, 화폐 단위로 가치가 매겨져 있지 않다. 이들은 유동성 차원에서 더 바깥쪽에 위치시킬 수 있다.

(b) **양도 가능성**(transferability)이란 금전적 채무를 다른 사람에게 넘겨줄 수 있는 능력을 말한다. 여러분이 5달러짜리 차용증을 쓴다면, 여러분을 잘 아는 사람이라면 그것을 금전적 채무로 수용할 것이다. 여러분이 서명한 차용증의 보유자는 여러분의 채무에 대한 기록으로 그것을 보관할 것이다. 후에 여러분이 5달러를 제시하면, 그 차용증을 되돌려 받아 찢어버린다.

가능성이 작긴 하지만, 원래 보유자가 여러분을 매우 잘 아는 또 다른 누군가에게 넘길 수도 있다. 예를 들어, 이렇게 되면, 여러분은 원래 보유자가 여러분의 차용증을 넘긴 사람에게 5달러를 빚진 것이 된다. 여러분은 여러분 차용증의 최종 보유자에게 5달러를 주고, 채무에서 벗어날 수 있다. 하지만, 정부가 지폐나 동전의 형태도 금전적 채무를 발행하면, 이 차용증(지폐와 동전)은 여러 사람의 손을 거쳐 최종적으로 정부에게 돌아간다. 구조적으로 현금은 양도 가능성이 매우 크다. 사람들 대부분이 돈에 대해 생각할 때, 우선 이 특징부터 떠올린다.

오늘날에는 거의 모든 나라에서 정부가 지폐(paper note) 발행을 독점하고 있지만, 약 100년 전까지만 하더라도 민간 은행들 또한 종이돈(paper money)을 발행하는 것이 보통이었다(당시 부자가 아니면, 사람들 대부분이 예금 계좌를 갖고 있지 않았다). 그 당시, 은행권(bank note)은 상대적으로 쉽게 사람들 사이에 왔다 갔다 했다. 최소한 정상적인 시기에는 그러했다. 하지만, 금융 패닉이 발생하면, 사람들은 은행권 유통을 중단하고, "뱅크런"이 발생했다. 즉, 은행권 보유자들이 그 은행권을 발행한 은행으로 달려가, 은행권을 현금(정부가 발행하는 통화)으로 바꿔 달라고 요구했다.

다른 금전 채무 또한 유통될 수 있다. 신뢰가 매우 높은 기관이나 개인이 "보증"(endorse)하는 경우 그랬다. 역사적으로 다양한 종류의 금전적 채무가 보증을 받은 후, 결제에 사용할 수 있는 "화폐"로 유통되었다. 예를 들어, 중세 무역상들은 특정 날짜와 장소에서 정해진 통화로 지급을 약속하는 환어음(bills of exchange)을 발행했다. 이 환어음은 중세 "정기시"(fair)에서 판매할 상품을 구매하는 데 필요한 자금을 조달하는 용도로 사용되었다. 그 발행자가 정기시에서 상품을 판매하면, 그곳에서 환어음을 결제하겠다고 약속했다.

때로는 채권자[환어음 보유자-역자]는 정기시가 끝날 때까지 기다리기 보다는, 환어음을 팔아 즉시 지급받기를 선호했다. 이들은 환어음을 "할인" 해서 팔았다(환어음이 약속하는 금액보다 싼 가격에 팔았는데, 이는 환어음 구매자에 대한 이자를 나타낸다). 환어음 구매자는 은행일 수 있는데, 이렇게 구매한 환어음을 보증하고(환어음에 배서하여, 해당 환어음의 지급 약속이 믿을 만하다고 공언함), 다른 은행에 대한 결제에 사용하거나 되팔았다(다시 한번 할인함). 배서인 숫자가 충분히 많아지면, 해당 환어음은 "우량채권"(gilt-edged)[단어 그대로의 뜻은 "금박채권"이다-역자]으로 불리거나, 금(즉, 금화)만큼이나 좋은 지불 수단으로 간주되었다.

신용이 좋은 많은 사람(혹은 기관) 여럿이 배서하여 지급 의무를 지고 있으므로, 최초 발행자가 부도를 내더라도 실제 손실로 이어질 가능성은 크지 않았다. 다른 배서자가 해당 채무를 상환할 것이라 약속했기 때문이다. 이것이 우량채권의 양도 가능성을 높였다.

(C) **수익성(yield)**은 채무에 지급되는 금전적 보상을 지칭한다. 현금으로는 어떤 수익도 얻을 수 없다. 만기 기한이 없으므로, 현금은 "현재"(그래서, "통화"(currency)라 불린다)라 불린다(구매나 채무의 상환에 "즉시" 사용될 수 있다).[20] 일반적으로, 기타 금융 자산은 사람들로 하여금 그것을 보유하도록

---

[20] 기술적으로, 통화는 이자가 없는 콘솔(consol)(만기가 없고, "영원히" 이자를 지급하기로 약속한 "영구채")과 유사하다.

유도하기 위해 수익을 제공해야 한다. 이런 의미에서, 수익은 현금의 "유동성"을 포기한 대가로 지급하는 "보상"이다. 다른 조건이 같다면, 만기가 길수록, 보상도 크다.

유동성에 대한 선호(케인스가 "유동성 선호"라 불렀다)는 시간에 따라 변할 수 있다. 시장에 낙관론이 지배적일 때는 유동성 선호도가 낮다. 금융 시장 참여자들이 재무적 포지션에 관해 걱정하기 시작하면, 유동성 선호도가 높아진다. 사람들이 유동성이 낮은 자산을 보유하게 하려면 더 많은 "보상"을 지불해야 한다. 즉, 유동성을 포기한 대가를 보상하기 위해 금리가 높아지는 경향이 있다. 여기에 더하여, 채무증서 발행자의 신용도에 따라 상환의 확실성이 다르다. 부도 확률이 높을수록, 채권 보유자를 보상하는 데 필요한 수익성도 높다.

현대의 대부자들[돈을 빌려주는 사람들-역자]은 채무 불이행 위험을 측정하기 위해 "신용평가"를 이용하곤 한다. 신용도가 낮을수록 부과되는 금리가 높다. 신용평가기관들이 정부, 기업, 담보 대출(주택담보대출 등) 등의 신용도를 평가하는 서비스를 제공한다. 이 신용도가 금전적 채무로부터 나오는 수익성을 결정하기까지 한다. 현대의 신용 수단들은 극단적으로 복잡하여, 그 수익성을 계산하기 어렵게 만든다. 하지만, 우리의 목적을 위해, 가장 안전하고 가장 유동적이라 생각되는 금전적 채무의 수익성이 가장 낮다는 점만 이해하면 충분하다. 이것이, 현금에는 이자가 없고, (정부 자신이 발행하는 통화로 지급하는) 국채의 금리가 가장 낮은 이유를 설명한다(만기까지 남은 기간이 주어져 있을 때, 다른 조건이 같다면, 30년 만기 정부 채권의 금리가 2년 정부 채권보다 금리가 높다. 만기가 더 길기 때문이다).[21]

---

21 장기 채권에는 "자본 위험"(capital risk)이 존재하기 때문이다. 만약 금리가 상승하면(중앙은행이 기준금리를 인상하는 경우처럼), 장기 채권의 가격은 하락한다. 따라서, 이러한 위험을 보상하기 위해, 장기 채권의 금리가 단기 채권의 금리보다 높아야 한다. 금리가 오르더라도, 단기 채권의 가격 하락폭이 더 작기 때문이다(만기까지 남은 기간이 짧기 때문). 더 복잡한 계산은 여기서 논의하지 않는다.

6. 결론

그래서, 화폐란 무엇인가? 첫째, 그리고 무엇보다도, 화폐는 명목 가치를 측정하는 계산단위이다. 모든 종류의 측정 단위처럼, 계산단위로서 화폐는 사회적으로 승인되어야 한다. "피트"나 "미터", "갤런"이나 "리터", "태양력"이나 "달력"을 선택하는 것처럼. 거의 모든 경우에서처럼, 계산 화폐는 정부가 선택하고, 개별 국가마다 고유한 단위를 갖는다. 미국에서 그것은 달러이다.

역사 전체를 통해, 화폐량의 흐름을 기록하는 방법은 다양했다. 우리는 그것을 점토판, 나무 막대기, 직인을 찍은 주화, 다양한 종류의 종이, 그리고 점점 더 많은 경우 컴퓨터 하드 드라이브에 전자적 형태로 기록해 보관하고 있다. 금전적 채무와 채권의 기록(나는 당신에게 빚졌고, 당신은 나에게 빚졌다)이 화폐를 단위로 한 가장 중요한 기록이다. 그러한 채무 기록의 대부분은 완납일이 되어 태워버리기 전까지 안전한 장소에 밀봉하듯 보관되었다. 하지만, 어떤 채무 기록은 결제에 사용되었고, 원래의 채무 기록과 무관한 "제3자들" 사이에서 유통되었다. 이 기록 중 일부는 제3자에 의해 화폐적 가치의 저장을 위해 보유되기도 했다. 그리고, 일부는 제3자가 또 다른 제3자에 대한 채무를 상환하는 데 사용되기도 했다. 지금까지 우리는, 그런 채무증서의 일반적 수용성(acceptability)[예를 들어, 어떤 채무증서로 물건값을 결제하려고 할 때, 상대방이 그것을 받아들이는 정도-역자]을 결정하는 주요 특징과 금전적 채무의 위계에 대해 논의했다 [예를 들어, 정부가 발행하는 통화(현금 또는 지급준비금)가 이 위계의 가장 꼭대기에 위치하고(금본위제에서는 금이 정부 통화보다 더 위에 있었다고 할 수 있다), 그 아래에 은행이 발행하는 예금이 위치하는 식이다. 사인 간 채무 기록은 어쩌면 위계의 가장 아래에 위치한다고 할 수 있다-역자].

여러분에게는 선택지가 있다. 여러분 포트폴리오의 유동성은 어느 정도이길 원하는가? 다른 말로, 여러분이 유동성을 포기하는 대가로 우리는 얼마를 지급해야 할까? 덜 유동적인 자산을 보유할 때 받는 이자는 유동성 포기에 대한 보상이다. 이것이 케인스가 말한 "유동성 선호"의 의미이다. 최대치의 유동성을 원하는가? 그렇다면, 현금, 즉 정부의 차용증서를 보유하라. 이자를 벌기 위해 다소의 유동성을 포기할 의향이 있는가? 그렇다면, 예금보험에 가입해 있는 은행의 양도성 예금증서를 보유하라. 이 경우, 여러분은 90일 후 현금을 돌려받을 수 있지만, "조기 인출에 대해서는 상당한 페널티"를 지불해야 할 것이다. 인내심이 더 크다면, 10년물 미국 국채를 보유하여 더 큰 수익을 올릴 수도 있다.

여기 나열한 자산들에는 채무 불이행 위험이 전혀 없음에 주목하자. 은행의 부채[고객의 예금-역자]는 연방예금보험공사(FDIC)가 보증하고, 미국 정부의 현금이나 국채는 부도나지 않을 것이다. 다소의 채무 불이행 위험을 감수할 용의가 있다면, 예금자 보호가 되지 않는 금융기관의 부채 또는 회사채를 보유할 수 있다. 그들은 여러분에게 위험을 감수한 대가로 더 많은 이자를 지급할 것이다. 이 금융 자산들은 덜 유동적일 수 있고, 따라서 여러분은 유동성 프리미엄을 받을 수 있다. 더 위험하고 덜 유동성인 자산을 원한다면, 완전히 모르는 상대가 발행하는 채무증서(IOU)를 보유하라.

어쩌면 우리는, 채무 불이행 위험이 전혀 없고 유동성이 매우 큰 채무증서를 "화폐"라 부르고 싶을 수도 있다. 많은 부분에서 이는 합당하다. "누구든 화폐를 창조할 수 있다"(즉, "나는 당신에게 5달러를 빚졌소"라는 차용증을 쓸 수 있다). 하지만, 그러한 채무는 보유자의 눈에 같은 것으로 보이지 않는다. 정부의 통화(현금과 중앙은행 지급준비금), 예금자 보호가 되는 은행의 부채(수시 입출식 예금과 저축성 예금), 그리고 어쩌면 정부와 금융기관들이 발행하는 매우 유동적이고, 안전하며, 만기가 짧은 여타 부채들로 한정하는 편이 합당하다. 금융 시장에 종사하는 사람들은 구어적으로 이들을 "현금성 자산"이라 부르곤 한다. [현금성 자산과 기타 자산을 구분하기 위해-역자] 정확히 어디에 금을 그을 것인가는 다소 자의적임을 염두에 둘 필요가 있다.

다음 장에서 우리는, 가장 잘 받아들여지는 채무증서들이 어떻게 경제로 흘러가는지를 더 자세히 살펴볼 것이다. 특히, 우리는 정부와 은행이라 부르는 특수한 금융기관이 발행하는 부채에 초점을 맞춰 설명할 것이다. "누구든 화폐를 발행할 수 있"지만, 모든 화폐가 똑같이 창조되는 것은 아니다. 가장 큰 특권을 누리는 화폐 차용증이 어떻게 발행되는지에 대한 탐구는 매우 중요한 일이다.

・ ・ ・ ・ ・

제2장

화폐는 어디에서 오는가?

이제 화폐가 무엇인지 이해했으니 [요약하면, 화폐란 국가가 정한 계산단위로 가치가 매겨지고, 양도 가능한 부채의 기록-역자], 그것이 어디에서 나오는지를 살펴보자. 화폐가 어떻게 경제로 흘러가는지를 보여주는 단순화된 설명으로 시작하자. 아래 첫 번째 절에서는 국가 화폐를 살펴보고, 재무부와 중앙은행의 역할을 설명한다. 다음으로, 민간 은행의 사적 화폐 창조(private creation of money)를 설명한다. 이 장의 끝부분에서는, 정부 화폐와 국채를 발행하기 위해 재무부, 중앙은행, 민간 은행이 어떻게 협력하는지 좀 더 구체적으로 설명한다.

1. 가장 단순한 화폐 창조 : 국가 화폐

서론과 제1장에서 논의한 것처럼, 화폐를 민간 부문의 고안물로 생각해서는 안 된다. 예전이나 지금이나 화폐는 "국가 화폐"이다. 즉, 화폐는 국가 당국의 창조물로서, 국가가 계산 화폐를 정하고 통화를 "강제로 유통시키기 위해" 납세 의무를 부과한다.

　　민간이 발행하는 부채는 국가가 정한 화폐 단위로 가치가 매겨진다.

나의 지도교수 하이먼 민스키 교수님이 지적하곤 했던 것처럼, "누구나 화폐를 창조할 수 있다"(누구나 화폐 단위로 가치가 매겨진 부채를 발행할 수 있다), 하지만 "사람들이 그것을 수용하도록 하는 것이 문제이다." 이에 대해서는 뒤에서 다시 다룰 것이다. 대신, 처음부터 시작하자. 그것은 국가 자신의 통화이다.

이미 배웠듯, 여러분이 정부의 통화를 보유할 때, 여러분은 채권자가 되고 정부는 채무자가 된다. 여러분은 정부의 통화를 이용해 납세 의무 등 부채를 변제할 수 있다. 여러분이 세금을 납부하기 위해 통화를 이용하면, 여러분과 정부 모두 동시에 [부채를-역자] 청산한다. 즉, 여러분은 더 이상 세금 부채를 지지 않고, 정부는 더 이상 여러분의 채무자가 아니다.

앞서 논의한 것처럼, 먼 과거에 정부는 간단히 (세금과 같은) 의무를 부과하고, 세금 납부 수단으로 받는 정부 자신의 부채를 지출했다. 즉, 주화, 엄대, 또는 인쇄한 종이돈 등을 통화로 지출했다. 이들은 모두 정부가 정한 화폐 단위로 가치가 매겨져 있었다. 정부는 이 통화를 세금 납부 수단으로 받아들였다. 정부는 이 세금 수입을 어떻게 했을까? 불태우거나 파쇄했다. 주화는 재주조를 위해 녹였다.

불과 몇 세기 전까지만 해도, 군주의 백성 혹은 시민에게 정부가 부과한 의무는 대개 십일조, 공물, 벌금, 수수료 따위였다. 하지만, 18세기부터 세금의 중요성이 점차 커졌다. 이러한 의무는 정부가 발행하는 통화로 납부되어야 했기에, 정부 통화에 대한 수요를 유발했다. [이를 고려할 때, 논리적으로-역자] 정부 통화로 세금을 납부하기 전에, 정부가 해당 통화를 우선 지출해야 한다. 즉, 정부가 얼마의 통화를 지출하기 전까지는, 누구도 그 통화로 세금을 낼 수는 없다. 또 하나 주목할 점으로, 정부에게 자신의 통화가 고갈될 수 없다. 정부는 종이돈이든, 엄대든, 주화든 항상 더 찍어낼 수 있기 때문이다.

오늘날 이는 다소 복잡해졌다. 현대의 정부들이 중앙은행을 통해 지출하는 방법을 이해하기 위해서는 좀 더 구체적으로 파고 들어갈 필요가 생겼다. 실제로, 정부의 지출과 세금과 관련하여, 정부와 시민 사이에는 "이중의 분리"가 존재한다. 이 분리 때문에, 정부 지출과 징세가 이루어지는 과정이 장막에 가려지게 되고, 잘못된 결론에 이르기 쉽다. 경제학자 대부분을 포함해 사람들 대부분은 이에 대해 "어리둥절해하고 혼란스러워" 한다. 이 안개의 장막을 걷어낼 필요가 있다.

2. 중앙은행은 어떻게 "화폐"를 창조하나

현대의 정부 지출에는 두 기관(중앙은행과 재무부)이 관여하고, 이들은 필연적으로 협력한다. (누구나 아는 것처럼) 중앙은행은 통화정책을 책임지지만, 정부의 은행이기도 한다(이는 사람들 대부분이 잊고 있는 사실이다). 재무부는 정부의 지출과 징세를 담당하지만, 이 모든 재정의 유출입은 중앙은행을 통해 이루어진다.

　많은 경제학자들은 통화정책과 재정정책을 엄격히 분리하지만, 현실 세계에서 그런 분리는 불가능하다. 재정 활동(즉, 정부 지출과 징세)은 항상 통화량의 변화를 동반하므로, 재정정책은 통화정책에 영향을 미치기 때문이다. 정부 화폐의 창조와 관련하여 책임을 구분하는 것은 여전히 유용하다. 간단히 말해, 정부 화폐는 중앙은행이 대출하여 존재하게 되고, 재무부가 이를 지출하여 시중에 나타나게 된다[이하에서 더 자세히 설명하듯, 정부가 지출하는 '돈'은 지급준비금이고, 정부가 지출하면 비로소 세상에 존재하게 된다. 세금을 내는 데 필요한 돈도 이 지급준비금인데, 납세 즉시 폐기되기 때문이다. 즉, 정부는 세금으로 걷은 지급준비금을 지출하는 것이 아니라 폐기한다. 따라서, 정부가 지출할 때마다 항상 지급준비금(정부 화폐)이 '새로' 창조된다. 지급준비금의 창조와 폐기가 중앙은행의 핵심 업무이다-역자].

이렇게 기억하자: 중앙은행은 대출하고, 재무부는 지출한다.

이는 너무 놀랄 일이 아니다. 어쨌든 중앙은행도 은행이다. 은행 대출은 통화를 창조한다(이에 대해서는 뒤에서 더 자세히 설명한다). 이는 중앙은행도 마찬가지다. 민간 은행과 중앙은행 사이의 주요 차이점은 다음과 같다. 오늘날 민간 은행이 창조하는 "통화"는 예금이고, 중앙은행이 창조하는 통화는 지급준비금과 중앙은행 지폐이다.

중앙은행이 대출하면, 곧바로 지급준비금이 창조된다. 즉, 지급준비금이 중앙은행의 대출 형태이다. 중앙은행은 민간 은행에 지급준비금을 대출해 준다. 민간 은행은 중앙은행에 계좌를 개설하고 있는데, 이 계좌의 잔고를 늘려주는 방식으로 지급준비금을 대출한다. 이는 중앙은행이 컴퓨터 키보드를 두드려, 대출을 받는 은행의 대차대조표에 예금을 입력하는 단순한 일이다. [중앙은행에 개설해 둔-역자] 민간 은행의 지급준비금 계좌는 여러분이 거래 은행에 개설한 예금 계좌와 매우 비슷하다. 둘 다 수시 입출식 예금 계좌이다. 민간 은행들은 이 "수시 입출식 계좌"를 통해 서로 결제한다. 이는 마치 여러분의 은행 계좌에서 인출되는 수표를 써서 누군가에게 지불하는 것과 같다.

지급준비금은 중앙은행의 부채이고, 이를 보유하는 은행의 자산이다. 중앙은행은 민간 은행의 채무증서를 보유하고[즉, 민간 은행이 중앙은행으로부터 지급준비금을 빌릴 때 차용증을 써준다-역자], 민간 은행은 중앙은행에 이에 대한 이자를 지불한다. 보통 중앙은행은 기업이나 가계에는 직접 대출하지 않는다. 만약 중앙은행이 기업과 가계에게 중앙은행에 "수시 입출식 계좌"를 개설할 수 있도록 허용하면, 그들에 대한 직접 대출은 그 계좌의 잔고를 늘려주는 방식으로 쉽게 이루어질 수 있다.

마지막으로, 중앙은행이 자산을 매입할 때도 지급준비금이 창조된다. 가장 보편적인 형태로, 중앙은행은 민간 은행으로부터 정부 채권과 때로는 민간 은행 채권(예를 들어, 주택담보대출 유동화 증권)까지도 매입한다. 이렇게 하면, 자산을 매도하는 민간 은행의 지급준비금 잔고가 증가한다 [잊지 말자. 중앙은행이 민간 은행으로부터 자산을 매입할 때 지급하는 매입 대금은 지급준비금이고, 매번 지급할 때마다 '컴퓨터 키보드를 두드려' 새로 창조된다–역자]. 이를 "공개시장 매입"이라 부른다. 반대로, 중앙은행은 민간 은행에게 채권을 매도할 수도 있고, 대금은 민간 은행의 지급준비금 계좌에서 차감된다("공개시장 매도"라 부른다)[즉, 민간 은행이 중앙은행으로부터 국채를 매입하면, 민간 은행은 지급준비금으로 국채 매입 대금을 지불하므로 잔고가 감소한다. 이렇게 중앙은행으로 되돌아간 지급준비금은 폐쇄, 즉 '세상에서 사라진다.' 실제로, 지급준비금과 유통 현금(지폐와 동전)을 합해 '본원통화'라 부르는데, 중앙은행으로 본원통화가 흘러 들어가면, 본원통화량이 감소한 것으로 발표한다. 예를 들어, 세금 납부의 시기에 이런 일이 벌어진다–역자]. 따라서, 중앙은행의 자산 매입은 은행이 보유하는 지급준비금을 증가시키고, 매도는 시중의 지급준비금을 줄이기 위해 활용된다. 이를 기억하라. 이것이 보통 "통화정책"이라 불리는 것의 큰 부분이다. **중앙은행은 대출하고 재무부는 지출한다**는 앞서 말한 규칙의 작은 예외임에 주의하자. 중앙은행은 **금융** 자산의 작은 부분만을 매입한다. 그러나, 이러한 매매는 자원을 정부 부문으로 이동시키기 위해서(큰 의미에서 재정정책)가 아니라, 통화정책으로 실행된다.

지급준비금은 요구만 하면 즉시 중앙은행 지폐(미국에서는 녹색 종이 달러)로 전환할 수 있다. 중앙은행은 대중의 현금 수요를 맞추기 위해 그런 전환을 해준다. 여러분이 현금을 인출하기 위해 ATM기에 갈 때마다, 여러분의 은행은 중앙은행에 예치해 둔 지급준비금 예금을 현금으로 전환해야만 한다. 민간 은행은 현금을 인쇄할 수 없고, 중앙은행에 주문해야만 한다. 민간 은행은 현금에 대한 대가로 자신의 지급준비금을 "지불"한다. 현대의 중앙은행은 대중의 현금 수요를 **절대** 거부하지 않는다. 민간 은행에 현금으로 바꿀 지급준비금이 부족하면, 중앙은행은 민간 은행에 지급준비금을 대출하여, 대중의 현금 수요를 맞출 수 있게 해준다.

3. 현대의 재무부가 중앙은행을 통해 지출하는 방법

제1장에서 우리는 주권 화폐의 창조에 관해 설명했다. 그것은 중앙은행이
등장하기 이전의 시대에 국가의 지출이 어떻게 이루어졌는지에 관한 요체
를 정확히 보여준다. 이는 인류 최초로 화폐가 등장하고, 4,000~6,000년
동안 작동한 방식이다. 재무부는 단순히 자신의 통화를 지출하여 결제하고,
세금을 부과하여 다시 회수했다. 하지만, 현대에는 이런 방식은 더 이상 사
용되지 않는다. 현대의 재무부는 자신의 거래 은행인 중앙은행을 통해 지출
과 수입을 대신 처리하도록 한다(기업과 가계가 민간 은행을 통해 결제하고 수입
을 수령하는 것을 생각하면, 크게 이상한 현상은 아니다).

　　오늘날 이 시스템이 어떻게 작동하는지를 좀 더 현실적으로 설명해 보
자. 여기서 우리는 재무부와 중앙은행을 구별할 것이다. 재무부는 선거로
선출된 의회가 승인한 예산을 집행하고, 의회가 부과하는 세금을 징수하는
임무를 수행한다. 그러나, 재무부에서 나가는 지출과 들어오는 수입을 관리
하는 기관은 중앙은행이다. 재무부는 중앙은행에 예금 계좌를 개설하고 있
는데, 지출하면 이 계좌에서 나가고, (세금 등) 수입도 이 계좌로 들어온다.

　　중앙은행에 계좌를 갖고 있는 민간 은행을 포함하여 논의를 시작해 보
자. 또한, 두 종류의 민간 주체, 즉 납세 의무를 지는 납세자와 정부를 대신
해 서비스를 제공하는 정부 사업 수주자를 포함하자. 단순화를 위해, 이 두
주체가 같은 은행을 이용하고 있다고 가정하자. 이들이 다른 은행을 이용하
고 있다고 해도 논의가 크게 달라지진 않는다(아래 은행 간 결제를 논의하는 절
을 참조하라). 재무부는 지출할 때, 정부 서비스 사업 수주자 앞으로 수표를
발행한다[미국에서는 정부가 민간에게 돈을 지급할 때, 일반적으로 계좌 이체가 아니
라 수표를 보낸다-역자]. 이 사업자가 그 수표를 자신의 거래 은행에 제시하면,
은행은 이 사업자의 예금을 늘려준다. 은행은 그 수표를 중앙은행에 보내
고, 중앙은행은 해당 은행에 지급준비금을 지급한다. 중앙은행은 재무부의

계좌를 조정하여 대변과 차변을 일치시킨다.

　　그 결과, 민간 부문에 두 가지 금융적 변화가 발행했음에 주목하자. 정부 서비스 사업 수주자의 예금이 재무부의 지출만큼 증가했다. 또한, 은행의 지급준비금이 같은 양으로 증가했다. 하지만, "실물적" 효과는 단 하나 뿐이다. 즉, 정부 사업 수주자가 정부로부터 수령한 예금의 가치만큼 자원(가령, 정부 청사에 새 창문이 설치됨)을 팔았다. 다른 말로, 이러한 금융적 거래들은 실물 자원을 공공 부문으로 이전하는 결과를 낳는다.

　　정부의 관점에서 보면, 이런 결과가 현대의 통화 시스템의 일부 목표이다. 즉, 정부가 사용할 실물 자원을 얻는 것. 정부에 서비스를 제공한 사업자의 관점에서 보면, 이런 금융적 거래는 제공한 서비스를 "돈으로 전환" 하였다. 즉, 생산물을 팔아 인출 가능한 예금으로 교환하게 되었다. 대차대조표의 변화로 말하자면, 사업자의 자산(판매한 창문)이 감소하고, 예금(자산)이 증가했다. 은행의 부채는 이 사업자의 예금 증가만큼 증가했고, 은행의 자산 또한 중앙은행이 입금한 지급준비금만큼 증가했다.[22]

---

[22]　[역자 주] 위 거래의 결과를 T-계정으로 정리하면 다음과 같다.

정부(재무부)		중앙은행		민간 은행	
자산	부채	자산	부채	자산	부채
(-)중앙은행 예금 (+)창문			(+)은행의 지급 준비금 예치금	(+)중앙은행 지급준비금 예금	(+)사업 수주자의 예금
(-)중앙은행예금			(-)재무부 예치금		

정부 사업 수주자	
자산	부채
(-)창문	
(+)은행 예금	

위 결과로부터 관찰할 수 있는 중요한 결론은 다음과 같다. 첫째, 이 책이 가장 강조하는 점으로, 정부의 자산 변화이다. 정부는 자신이 보유하던 지급준비금을 실물 자산(창문)으로 전환했다. 그런데, 이 지급준비금은 중앙은행이 '무에서 새로 창조'한 돈이다. 둘째, 중앙은행은 지급준비금을 발행하는 기관인데, 재무부의 예금을 은행 예금으로 이체했다. 재무부의 예금은 본원통화량으로 계산하지

마지막으로, 우리는 재무부와 중앙은행 사이의 내부 회계를 이해할 필요가 있다. 재무부가 지출할 때, 중앙은행은 민간 은행의 지급준비금 예금을 늘려주고, 재무부의 중앙은행 예금을 차감한다. 세금이 납부될 때는, 중앙은행은 민간 은행의 지급준비금 예금을 차감하고, 재무부의 중앙은행 예금을 늘려준다. 이러한 내적 회계 절차는 비정부 부문에서 관찰되지 않는다. 비정부 부문은 단지 민간 은행의 예금과 지급준비금, 그리고 생산물의 대정부 판매만 관찰할 수 있을 뿐이다. 이 내부 회계는 그 이외의 경제에는 아무런 영향을 미치지 않는다.

이는 가계의 내부 회계와 비슷하다. 한 배우자가 다른 배우자에 설거지하면 10달러를 주겠다고 약속할 수 있다. 또는, 부모는 아이들에게 주말 용돈을 약속할 수 있다. 이 모든 것은 가계부에 기록되어, 연말에 최종적으로 정산해 볼 수 있다. 가족 구성원 이외의 누구도 이 가계의 내적 회계에 어떤 일이 벌어지고 있는지, 알 수도 없고, 관심도 없다. 모든 문제는 외적 회계에 있다. 자동차 대출과 주택담보대출의 원리금을 제대로 납부하고 있는가? 가정 외부의 노동으로부터 임금을 받았는가? 정부에 세금은 냈는가?

않으므로, 이는 본원통화량 증가를 의미한다. 즉, 정부 지출은 통화량(지급준비금)을 증가시킨다. 셋째, 또 하나의 중요한 핵심 결론으로, 민간 은행의 자산과 부채가 동시에 증가했다. 은행은 정부로부터 지급준비금을 이체받고, 자신의 통화(은행 예금)을 '스스로 창조'하여 예금자(정부 사업 수주자)의 계좌에 입금한다. 가계와 기업은 경제활동에서 지급준비금을 직접 사용할 수 없고, 반드시 은행 통화(예금)를 사용해야 한다는 규정 때문이다. 즉, 민간 부문의 통화량은 민간 은행이 통제한다. 넷째, 정부 사업 수주자는 실물 자원을 은행 예금으로 전환했다. 원재료 납품 대금 지급, 직원 임금 지급 등 경제활동에 은행 예금이 필요하기 때문이다.

세금을 납부하면, 정확히 반대의 절차를 따른다. 즉, 민간 사업자가 세금을 납부하면, 자신의 은행 예금이 감소한다. 은행은 납세자의 예금을 차감하고 지급준비금을 정부에 이체한다. 은행으로부터 정부로의 지급준비금 이체는 중앙은행의 업무로, 중앙은행 대차대조표 내부의 조정(정부 예금 증가, 은행 예금 감소)으로 이루어진다. 그 결과 정부의 지급준비금 자산(중앙은행 예금)이 증가한다. 이때 지급준비금이 정부 예금으로 흘러 들어가면, 정부의 자산(중앙은행 예금)이 증가한 것으로 '기록'하지만, 본원통화량이 감소한 것으로 '기록'한다.

가족 내부에서 누가 누구에게 빚을 지고 있는가는 아무런 관심거리도 아니다(최소한 이혼 법정에 가기 전까지는!).

미국 재무부와 연준은 내적 거래 장부를 잘 기록하고, 계정의 일치 여부를 확인한다. 이들은, 재무부를 대신하여 연준이 지출할 때마다 차감하는 재무부의 예금 잔고가 항상 양(+)을 유지하도록 보장하는 절차를 도입해 왔다. 이 절차에는 민간 은행과 채권 시장 또한 관련되어 있다. 이 절차는 복잡하지만, 틀릴 수가 없다. 그걸 어떻게 알 수 있나? 재무부의 수표는, 재무부 계좌의 잔고가 부족하다는 이유로, 연준이 지급을 거부하는 일이 절대 없기 때문이다. 매일 수억 달러의 지출과 유입이 있을지라도, 심지어는 재무부가 한 해 동안 세금 수입보다 수조 달러를 더 지출하더라도, 미지급되는 재무부 수표는 없다. 이는 연준과 재무가가 자신들이 무엇을 하고 있는지를 잘 알고 있다는 매우 좋은 증거이다.

하지만, 어떤 경우라도, 그러한 내부 회계는 정부 부문(재무부와 중앙은행) 외부의 누구에게도 아무런 영향도 미치지 않는다. 중요한 점은, 재무부의 지출은 민간 은행의 지급준비금 예금을 늘려주고, 세금 징수는 그 반대라는 사실이다.

다음 절에서 더 깊이 살펴볼 것이다.

4. 세금은 어떻게 납부되나?

납세자가 세금을 낼 때, 금융적 거래 과정은 정부 지출의 반대 절차를 따른다. 즉, 납세자는 자신의 은행 예금에서 찾아가는 수표를 써서 재무부에 보내고, 재무부는 이를 수령한다[이 책의 저자는 미국인이고, 미국 사회에서는 개인 수표가 일상적으로 쓰인다. 하지만, 운영 원리로만 보면, 개인 수표는 직불카드와 전혀 다르지 않다. 두 방법 모두 수시 입출식 예금 계좌에서 인출된다-역자]. 재무부는 납세자가 세금으로 낸 개인 수표를 중앙은행으로 보낸다. 중앙은행은 납세액만큼 납세자 거래 은행의 지급준비금 예금을 차감하고, 재무부 계좌의 예금을 늘려준다. 납세자의 거래 은행은 납세자의 예금을 차감한다. 세금 납부의 최종 결과를 정리하면, 납세자의 은행 예금이 감소한다. 해당 은행의 지급준비금도 그만큼 감소한다. 반대로, 재무부의 중앙은행 예금은 증가한다. 납세자가 재무부에 진 세금 부채도 감소한다.[23]

실물 자원을 공공 부문으로 이동시키는 것은 정부의 지출이지, 세금이 아니란 사실을 주목하자. 세금 납부는 단지 금융적 거래(은행이 보유한 지급준비금의 감소)에 지나지 않는다. 세금은 대중이 "반환"(세금 부채를 해소하기 위해 정부의 채무증서를 제시)하는 데 사용할 수 있는 통화를 구하려는 욕구를 추동한다.

지급준비금은 정부의 부채라는 점을 기억하자. 더 정확히, 지급준비금은 중앙은행의 부채이다. 앞의 가장 단순한 모델에서 세금 납부는 통화를 정부에 되돌려 준다. 마찬가지로, 지금의 더 현실적인 모델에서 세금 납부는 정부에게 "지급준비금"을 되돌려 준다. 즉, 지급준비금이 민간 은행의 중앙은행 예금에서 빠져나간다.

우리는 세금 납부와 관련하여, "소득 신고"(tax return)란 용어를 여전히 사용하고 있다. 실제로, "수입"(revenue)이라는 용어는 "되돌아옴"(return)

---

23 [역자 주] 세금 납부 결과, 각 경제 주체의 대차대조표의 변화는 다음과 같다.

민간 부문(납세자)		민간 은행		중앙은행	
자산	부채	자산	부채	자산	부채
(-)은행 예금					(-)은행의
		(-)지급준비금 예금	(-)민간부문 예금		지급준비금 예금
	(-)순자산				(+) 재무부 예금

정부(재무부)	
자산	부채
(+)중앙은행 예금	

을 의미하는 말에서 유래했다. 세금을 납부하면, 무엇이 되돌아온다는 말인가? 정부 지출은 정부의 부채를 창조하여 시중에 주입하는 것이고, 세금은 이렇게 정부 자신이 일으킨 부채가 돌아오게 한다. 정부는 절대로 세금 수입을 지출하지 않는다. 오늘날에조차, 정부는 "되돌아온 것"을 지출하지 않는다.

정부는 "세금을 지출한다"란 말은 일반적인 오해이지만, 이는 절대로 가능하지 않다. 여러분이 세금을 내면, 단지 여러분의 예금이 차감될 뿐이다. 이 돈은 어디로 갔나? 여러분의 계좌에서 인출되었다. 정부는 이 돈으로 지출하지 않는다. 정부가 지출하면, 여러분 거래 은행의 지급준비금이 증가하는 형태를 띠고, 여러분의 거래 은행은 여러분의 개인 예금을 증가시킨다. 재무부는 세금 수입을 "지출"하지 않는다. 오히려, 연준은 재무부를 대신하여 은행의 지급준비금 예금을 증가시켜 준다. 연준은 이를 위해 "세금 수입"이 필요하지 않다. 연준은 그저 컴퓨터 키보드를 두드려 [민간 은행의-역자] 지급준비금 잔액을 늘려줄 뿐이다.

[너무나 중요한 논점이라 다시 한번 반복하자. 주류 경제학자들을 포함하여 사람들 대부분은 보통 세수 증가에 따른 재무부의 '예금 증가'를 정부의 지출 여력이 개선된 것으로 생각한다. 이는 전혀 사실이 아니다. 세입과 지출은 전혀 별개의 문제이다! 이런 오해의 원인은 재무부의 예금(세입)을 '지출의 재원'으로 착각하기 때문인데, 정부의 예금과 지출 과정이 개인의 그것과 같다고 믿는 태도이다. 그러나, 정부의 재정 활동은 개인이나 기업의 그것과 전혀 다르다는 점이 이 책의 핵심 주장 중 하나이다. 양자가 다른 이유는 정부(재무부+중앙은행)는 통화를 창조(발행)하여 지출하고, 개인과 기업은 그럴 수 없기 때문이다. 더 정확히 말해, 개인과 기업은 '번 돈'을 지출하기 때문에 '번 돈'과 '지출하는 돈'을 항상 비교해야 한다. 하지만, 정부는 '새로 창조한 돈'을 지출하므로, '번 돈'(세입)을 고려할 필요가 전혀 없다. 실제로 정부는 세입이 들어오면, 그것을 폐기한다. 다만, 정부의 중앙은행 예금이란 이름으로 '기록'으로 남길 뿐이다! 폐기한 돈을 지출할 수는 없지 않은가? 구체적으로, 재무부의 중앙은행 예금은 지급준비금이다. 그런데, 징세를 통해 지급준비금이 재무부 계좌로 들어가면, 마치 과거 종이돈을 세금으로 징수하여 불태웠던 것과 똑같이, 그 지급준비금은 폐기된다. 실제로, 세금을 수납하면 본원통화량이 감소한 것으로 기록한다. 그렇다면, 정부는 폐기된 지급준비금(세금)을 어떻게 지출한다는 말인가? 새로 창조해서 지출한다. 즉, 정부가 지출할 때마다, 매번 새로운 지급준비금이 창조된다. 이는 제1장에서 과거 아메리카 식민지에서 행해진 절차를 떠올려 보면

이해하기 쉽다. 당시 식민지 정부는 종이돈을 발행(창조)하여 지출하고, 세금으로 회수한 다음 불태웠다(폐기했다). 다음번 지출도 똑같은 절차를 반복했다. 국가가 돈(주화든, 영국의 엄대든, 아메리카 식민지의 종이돈이든, 그 형태와 무관하게)을 새로 창조하여 지출하고, 세금으로 회수한 다음 폐기하는 일은, 고대 메소포타미아 문명에서부터 화폐가 발명된 후 반복된 일이다. 따라서, 재무부(정부)의 중앙은행 예금이란 단지 입출 기록에 지나지 않는다. 정부의 재정 적자란 해당 기간 동안 지출한 돈보다 적게 회수했다는 말일 뿐이다. 다시 반복하자면, 회수하는 돈으로 지출하는 것이라면, 왜 폐기하나? 정부 예금이 플러스일 때만 지출할 수 있다고 정한 규정 또한 이를 이해하지 못하고 '정부가 자기 손발을 묶는' 허구적 의식일 뿐이다. 하지만, 이런 규정이 진실을 가리는 장막 역할을 하기도 한다-역자]

식민지 아메리카 정부들은 종이돈이 세금으로 되돌아오면, 모두 불태웠다. 국왕이 엄대를 [세금 납부 수단으로-역자] 되돌려 받으면, 왕실 재무관이 표식이 일치하는지를 검수한 후 불태웠다. 오늘날, 세금 납부는 납세자의 예금에서 인출하고, 민간 은행의 지급준비금을 차감한다. 우리의 정부는 이 가운데 어떤 것도 지출할 수 없다. 정부의 지출에 앞서 세입이 존재해야 할 필요도 없다. 정부 지출은 그저 키보드를 두드려 민간 은행의 지급준비금 예금을 늘려주는 행위일 뿐이다.

은행이 재무부에 지급할 때에도 지급준비금을 사용한다는 점을 알았다. 이는 은행의 고객이 자신의 은행 예금으로 세금을 납부할 때 일어나는 일이다. 납세자의 거래 은행은 납세자가 내는 세금만큼 지급준비금을 [중앙은행에-역자] 납부해야 한다. 납세자에게 이는 자신의 은행 예금을 세금으로 내는 것처럼 보인다. 하지만, 실제로는, 세금 납부는 납세자 거래 은행의 지급준비금을 차감하여 이루어진다.

이는 복잡하게 숨은 뜻을 따지는 문제가 아니다. 그저 회계일 뿐이다. 납세자의 예금 계좌에서 차감되지만(이는 확실히 그렇다), 세금은 납세자의 거래 은행이 정부의 부채(즉, 중앙은행 지급준비금)로 낸다. 세금은 항상 정부 자신의 부채를 제출하는 방식으로 납부한다. 그렇다면, 이 지급준비금은 어디서 왔나? 당연히, 중앙은행으로부터 나올 수밖에 없다. 이는 중앙은행의 부채이고, 중앙은행만이 지급준비금을 발행(창조)할 수 있기 때문이다.

납세자가 세금을 납부할 때, 민간 은행에 차감할 지급준비금이 없다면 어떻게 할까? 몇 가지 가능성이 있다. 중앙은행이 필요한 지급준비금을 빌려줄 수 있다. 또는, 필요한 것보다 더 많은 지급준비금을 보유한 다른 은행으로부터 부족한 은행이 빌릴 수 있다(미국에서는 Federal Fund Market이라 불리는 자금시장에서 이루어진다). 또는, 보유한 자산—보통 국채—을 매도하여 지급준비금을 확보할 수 있다. 만일 한 은행이 다른 은행에 채권을 팔면, 매입 은행은 지급준비금으로 대금을 지급할 것이다. 즉, 중앙은행이 매입 은행의 지급준비금을 차감하고, 매도 은행에 입금하면, 이를 납세에 사용할 수 있다.

마지막으로, 위에서 논의한 것처럼, 지급준비금이 필요한 은행은 중앙은행에 국채를 매도할 수도 있다. 이 경우에는 중앙은행이 지급준비금을 창조하여 국채를 매도하는 은행에 입금한다. 민간 은행은 국채를 지급준비금과 교환하고, 고객의 세금을 지급준비금으로 중앙은행에 납부한다(실무적으로, 이러한 운영 과정에서 타이밍이 딱 맞아야 할 필요는 없다. 중앙은행은 민간 은행에 세금 납부에 필요한 지급준비금을 마련할 시간을 준다. 특히, 지급준비금을 확보할 때까지 "플로트"(float)라 부르는 당좌대월(overdraft)을 허용한다[당좌대월이란 일종의 '마이너스통장'으로 이해해도 크게 틀리지 않다-역자]. 현실 세계에서, 중앙은행에서는 매일 수천 혹은 수백만 건의 지급준비금 유·출입이 일어난다. 그래서, 중앙은행은 단지 정산(clear)하고 결제(settle)는 나중에 한다[개별 은행 간에 줘야 할 돈과 받을 돈을 가감하여 결산하는 과정을 정산(clear)이라 부르고, 그렇게 정산한 순잔액을 지급준비금으로 실제 지급하는 것을 '결제'(settlement)라 부른다. 앞 장에서 사람들 사이에 값을 치르기 위해 돈을 건네는 행위를 '결제'(payment)로 번역하면서, 잘못된 용어지만, 대중적 이해를 위해 부득이 사용한다고 양해를 구했다. 그것은 이를 두고 한 말이었다-역자].

이 모든 과정의 핵심은 다음과 같이 요약할 수 있다. 즉, 세금이 납부되기 위해서는, 민간 은행이 중앙은행에 제출할 수 있는 지급준비금을 확보해야만 하고, 그래야만 정부 부채의 "반환"(return)이 완료될 수 있다. 은행이 지급준비금을 확보하는 길은 오직 세 가지 방법밖에 없다: (1)정부의 지출, (2)중앙은행의 대출, 또는 (3)중앙은행의 민간 은행 자산 매입. 한 마디로, 세금이 납부되기 전에, 지급준비금이 정부(재무부와 중앙은행)에게서 흘러나와야만 한다. 세금이 납부되기 전에 정부 통화가 지출되어야만 했던 먼 옛날과 똑같이, 세금이 납부되기 전에 정부가 우선 지급준비금을 창조해야만 한다.

우리가 또한 확인한바, 은행의 지급준비금이 세금 납부로 차감될 때, 재무부의 중앙은행 계좌에는 지급준비금이 입금된다. 그리고, 우리가 지적한 것처럼, 재무부가 지출할 때에는, 중앙은행은 재무부의 예금을 차감하고 돈을 수령하는 은행에 지급준비금을 입금한다. 재무부가 중앙은행에 개설한 계좌의 잔고를 양(+)으로 만들기 위해서는 먼저 세금을 걷어야 한다고 많은 사람이 잘못된 결론을 내리곤 한다. 하지만, 세금을 거두기 전에, 은행 시스템에는 지급준비금이 미리 들어가 있어야 한다. 더구나, 재무부 예금의 잔고를 양(+)으로 만드는 다른 방법도 있다. 다음 절에서 이를 설명한다.

5. 재무부의 예금 잔고가 부족하면 재무부가 보낸 수표가 반송될까?

실제 세계의 절차는 복잡해졌고, 타이밍도 복잡한 문제가 되었다. 한 가지 기억할 점이 있는데, 재무부에는 하루에도 수억 또는 수십억 건의 지출과 세금 유입이 일어난다. 하루에 얼마나 많은 세금이 들어오고, 얼마나 많은 재무부 수표가 돌아올지 [정부 지출의 수취인이 돈을 찾으러 온다는 뜻-역자]를 예측하는 일은 불가능하다. 미국에서 연준과 재무부는 매일 아침 소통하며, 그날 들어올 세금 수입과 나갈 돈, 그리고 재무부 예금 잔고 등을 예측한다. 하지만, 그런 예측은, 정도의 차이는 있지만, (불가피하게) 빗나가곤 한다.

재무부는 이 예측 오류에 어떻게 대처할까? 한 가지 방법은 재무부 예금 잔고를 항상 넉넉히 유지하는 것이다(여러분이 그렇듯). 하지만, 현실에서 이 잔고는 보통 매우 작다. 세금 수입은 (납세일에!) 한꺼번에 들어오지만, 지출은 한해에 걸쳐 훨씬 일정하게 분산된다(매달 초에 집중되긴 하지만). 비록 연간으로 재무부의 지출이 세금 수입보다 많다고 해도(세계의 거의 모든 재무부들도 그렇다!)[이 문장은 저자가 잠시 착각한 것으로 보인다. 문맥상 '연간으로 보면 수입이 지출보다 많다고 하더라도'가 적당해 보인다-역자], 항상 지출보다 수입이 적음을 경험할 것이다. 따라서, "예측 오류"는 일상적이다. 만약 재무부가 지급해야 하는 수표의 액수가 자신의 중앙은행 예금 잔고보다 크면 어떤 일이 벌어질까? 중앙은행이 재무부의 예금 잔고 부족을 이유로 수표를 "반송"(bounce)할까?

짧은 답변은 "아니오"이다. 재무부 수표의 반송은 큰 정치적이고 경제적 문제로 이어질 수 있다. 국민연금(social security)으로 살아가는 은퇴자들이 있는데, 재무부의 예금 잔고가 "부족"하다는 이유로 매달 연금으로 받은 수표의 결제가 거부된다고 상상해 보라. 또한, 이것이 금융 시장에 알려진다고 상상해 보자. 현대의 금융 시스템 전체가 정부의 부채는 좋은 자산이라는 믿음, 정부의 부채는 만기가 돌아오면 지급될 것이라는 믿음, 정부 발행 수표와 기타 정부의 채무는 "좋은 통화"라는 믿음에 기초하고 있다.

그리고, 사실상 이런 일은 벌어지지 않는다. 재무부 수표에 대해 중앙은행이 지급을 거절하는 일은 없다. 중앙은행은 정부에게 당좌대월을 제공했다(재무부 수표가 반송되는 일을 방지하는 데 필요하다면 언제나 재무부 예금 잔고를 증가시켜 준다)는 사실을 공개적으로 밝히길 꺼리지만, 일상적으로 그렇게 한다고 믿을 만한 세 가지 이유가 있다.

1) 방대한 양의 일일 정산(clearing). 미국의 연방 정부는 1분당 평균 1,300만 달러를 지출한다(매년 증가하는 추세). 세금 수입은 경제적 상황에 따라 크게 변동한다. 그러나, 연간 정부 지출은 거의 항상 징수한 세금을 초과

하므로, 세금 수입은 1분당 평균 약 1,000만 달러라 가정하자.[24] 하지만, 이들 돈이 흐르는 시점은 매우 다르다. 정부 지출은 매달 초에 급등한다. 사회보장연금, 다양한 복지비, 퇴직금 등이 월초에 지출되기 때문이다. 반면, 세금 수입은 분기별 납부 마감일과 4월 15일(일반적인 연방 소득세 납부 기한) 직전 몇 주에 몰려서 들어온다. 전통적으로, 재무부는 일말 50억 달러의 예금 잔고를 유지하는 것을 목표로 삼아왔다.[25] 이것이 다소의 완충작용을 하지만, 일일 평균 지출이 100억 달러란 점을 고려하면 충분하진 않다. 하루 동안의 지출과 세수 흐름의 불일치가 이 완충장치를 무력화시킬 수 있다. 이런 이유로, 중앙은행은 "낮 동안의"(daylight) 당좌 대출을 제공한다. 이는, 여러분이 당좌대월(overdraft) 보호 옵션을 신청하는 경우 여러분의 민간 은행이 제공하는 서비스와 같은 것이다.

2) **재무부 수표가 반송되면 생기는 일**. 재무부 수표가 반송되면, 지급 시스템 자체의 신뢰가 흔들릴 수 있다. 이것이 중앙은행이 민간 은행에 지급 준비금을 빌려주어서 결제를 완수할 수 있도록 하는 이유이다. 현대의 중앙은행들은 지급 결제 시스템에 레이저처럼 집중하고, 필요하다면 수표가 "액면가 그대로" 지급되도록 특별 조치를 취한다. 예를 들어, 애너하임은행(Bank of Anaheim)에서 100달러가 인출되기로 한 수표는 버팔로은행(Bank of Buffalo)이 100달러 가치로 수용한다. 미국 재무부가 발행한 100달러 수표는 미국 어느 은행에서라도 100달러 가치로 수용된다.

3) **연준의 운영 매뉴얼.** 연준 직원이 사용하는 운영 매뉴얼의 Q&A에는 이런 질문이 들어 있다. 만약 우리가 재무부 수표를 받았는데, 재무부 예금

---

24 2021년 미국 연방 정부는 6.8조 달러를 지출하고, 세금 수입은 3.8조 달러로 예상하고 있다. 2021년은 비정상적인 해(1분당 평균적인 세금 수입이 겨우 700만 달러였는데, 패데믹으로 인한 경제적 폐쇄조치가 가장 큰 이유였다)였고, 평균을 1분당 1,000만 달러로 더 높게 가정할 것이다.

25 여러 이유로, 2010년대 말의 글로벌 금융위기 이후부터 재무부는 이보다 많은 잔고를 유지해왔다. 다음을 참조하라. https://fredblog.stlouisfed.org/2017/10/treasuring-cash/

잔고가 제로(0)로 떨어져 있다면, 우리는 어떻게 해야 하나요? 답으로 이렇게 설명하고 있다. 그 수표를 결제하고 마이너스 숫자를 입력하시오. 이것은 하나의 당좌대월이다.

앞에서 우리는 정부 재정은 보통 적자라고 언급했다. 그 이전에 우리는, 정부는 가정경제와 완전히 다르므로, 정부의 재정적자는 걱정거리가 아니라고 주장했다. 하지만, 만일, 우리가 전제한 것처럼, 정부가 1분당 1,300만 달러를 지출하지만 세금 수입은 1분당 1,000만 달러에 지나지 않는다면, 재무부와 중앙은행 사이의 회계는 어떻게 처리할까? 그렇다. 매우 짧은 기간 동안에는 당좌대월을 이용한다. 하지만, 이런 상황이 오랫동안 벌어진다면 어떻게 될까? 이 속도라면, 1년 동안 거의 1.6조 달러의 당좌대월이 누적될 것이다.

가장 쉬운 해법은 중앙은행이 재무부에 대출하는 방법이다. 중앙은행의 대차대조표에는 재무부의 채무증서가 자산으로 기록될 것이다[중앙은행이 재무부에 빌려준 '돈'은 지급준비금이고, 키보드를 두드려 입력하여 생성(창조)된 숫자일 뿐이다. 하지만, 중앙은행은 복식부기 원리에 따라 이를 자신의 '부채'로도 기록한다-역자]. 정부의 재정적자가 계속된다면, 중앙은행에 대한 재무부의 부채는 중앙은행의 대출 증가 속도로 증가할 것이다. 이것이 영원히 지속될 수 있을까? 당연히 그렇다. 중앙은행이 재무부에 빌려주는 예금은 고갈될 수 없고, 재무부는 중앙은행 앞으로 차용증만 계속 쓰면 된다. 그러나, 선진국 대부분은, 예외적인 응급 상황이 아니면, 이런 방식을 사용하지 못하게 하는 규칙을 정해 놓고 있다.

예를 들어, 중앙은행은 재무부에 다음날 갚아야 하는 "당좌대월"을 금지하는 것이 일반적인 규정이다. 즉, 재무부는 수표를 청산하기 위해 "자신의 계좌에 예금"을 보유하고 있어야만 한다. 여러분은 거래 은행과 당좌대월 조건을 협상할 수 있지만, 미국의 재무부는 연준과 그렇게 할 수 없다(최소한 초과 인출이 발행했을 때, '다음날 상환할 수 없고, 영업시간 종료 전에 갚아야 한다'는 조건에 대해서는 그렇다).

둘째, 중앙은행은 재무부로부터 국채("신규 발행" 채권)를 직접 매입할 수 없고, 대신 다른 누군가로부터 (즉, "2차 시장" 혹은 유통시장에서) 매입해야만 한다. 여러분이 생각해도, 이는 이상한 금지 규정이다. 여러분의 주택담보대출이나 자동차 대출을 거래 은행 말고 다른 은행에서 받아야 한다고 말하는 것과 같다. 여기서 드는 생각은, 이 규정 때문에 재무부는 새로 발행하는 국채를 "시장"에 팔아야 한다. 정부에 "시장 규율"을 강제하기 위한 제도이다.

이 규정을 지키기 위해, 미국에서 재무부와 중앙은행은 "[재무부의-역자] 계좌에 예금이 있도록" 보장하는 절차를 개발해 왔다. 재무부의 세입을 수납하는 특수 은행들, 그리고 재무부 채권을 항상 매입하기 위해 대기하는 특수 딜러 은행들과 관계를 구축하는 방법이 한 가지 방법이다. 재무부 예금이 "부족"할 것으로 예상하면, 이런 특수 은행들로부터 중앙은행 [재무부 계좌-역자]으로 기금을 옮기고, 특수 딜러 은행들에게 채권을 매도하여 그 돈으로 특수 은행에 [빠져나간-역자] 예금을 채워 넣는다.

중앙은행은 또한, 이러한 민간 은행들이 [재무부 계좌로-역자] 예금을 이전하거나 정부 채권을 매입하는 데 필요한 지급준비금을 구할 수 있도록 협조한다. 필요하다면, 중앙은행은 지급준비금을 대출해 주기도 한다 (또는, 앞서 언급한 것처럼, 당좌대월의 한 가지 종류인 "플로트"(float)를 허용한다). 만약 민간 은행이 재무부 채권을 보유하지 않으려고 하면, 중앙은행은 "공개 시장"(open market)에서 이들을 모두 매입할 준비가 되어 있다 [은행 등이 국채 매도를 증가시키는데, 매입 주체가 나타나지 않고 중앙은행마저 매입을 거부하면, 시장 금리가 급등할 수 있다. 따라서, 이를 억제하고자 한다면, 중앙은행이 개입하여 국채 매도 물량을 매입해야만 한다. 이는 선택의 문제가 아니라, 기준금리를 방어해야 하는 중앙은행의 의무이다-역자]. 이는 재무부가 중앙은행에 국채를 매도할 수 없도록 정한 규정을 사실상 무력화한다. 은행을 경유하긴 하지만 결국 중앙은행이

매입하기 때문이다. 중앙은행이 공개시장에서 정부 채권을 매입하는 일을 금지하는 규정은 없다.[26]

많은 사람이 잊고 있는 점은 중앙은행이 두 가지의 최우선 목표를 갖고 있다는 사실이다. 첫째, 중앙은행은 지급결제 시스템이 부드럽게 작동하게 해야 한다. 이는 정부가 지급한 수표가 미지급되는 일 없이 청산되도록 해야 한다는 의미이다. 둘째, 익일물 타겟 금리(연방 기금 금리, 또는 은행들 사이에 지급준비금을 빌리고 빌려줄 때 적용되는 금리)를 유지하고자 한다. 이는 은행의 지급준비금 수요를 모두 충족시켜 줘야 함을 의미한다. 이러한 지급준비금에는 TT&L 계좌(Treasuy's Tax and Loan Account)[세금을 수납한 민간 은행이 일시적으로 보관하는 계좌. 수납된 세금은 우선 이 계좌에 보관하다가 재무부로 이전한다. 정부는 세금 납부로 시중의 지급준비금이 급감하는 상황을 피하고자 TT&L 계좌에서 연준 계좌로 이전하는 속도와 시기를 조율한다. 이로부터 알 수 있듯, 정부도 통화정책에 참여하고 있다고 할 수 있다-역자]로부터의 이체, 그리고 재무부 채권의 구매 등 재무부의 운영을 커버하는 데 은행이 필요한 지급준비금을 포함한다. 뒤에서 우리는 금리 결정에 대해 자세히 살펴볼 것이지만, 현대의 모든 중앙은행은 익일물 타겟 금리를 조정하여 통화정책을 시행한다. 만약 민간 은행의 지급준비금이 시장에서 부족하면, 이 타겟 금리를 유지하기 어렵게 된다. 예를 들어, 지급준비금이 부족하면 중앙은행이 정한 타겟 금리 이상으로 익일물 금리가 상승한다[연준의 타겟 금리는 2008년 금융위기를 계기로 변화했다. 그 이전까지는 연방자금시장(federal fund market) 금리를, 그 이후부터는 역레포 금리와 초과 지급준비금을 연준에 예치하면 지급하는 금리(interest on excess reserve)를 타겟으로 삼았다. 2008년 금융위기에 대응하기 위한 양적완화 정책으로 시중에 초과 지급준비금이 항상 넘쳐났기 때문이다-역자]

---

26 2008년 글로벌 금융위기 이후부터 연준은 최대 7조 달러어치의 채권을 매입해 왔다. 중앙은행의 채권 매입에는 진정으로 아무런 한계가 없다.

이 모든 것은 기술적이지만, 말하자면, 중앙은행과 재무부가 스스로 무엇을 하고 있는지 알고 있다는, 즉 "푸딩의 증거"는 "먹고 있다"는 사실이다. 복잡하긴 하지만, 재무부 수표가 미지급되는 일은 절대 없고, 중앙은행은 타겟 금리를 유지한다(약간의 임의적 오차는 있지만). GDP 대비 부채 잔액 비율이 250% 이상이고 다른 나라 어디에서도 볼 수 없는 큰 재정적자를 지속하고 있는 일본의 경우조차, 이 시스템은 부드럽게 돌아가서, 재무성 수표는 항상 지급되고 일본은행은 기준금리를 사실상 제로(0) 수준으로 유지하고 있다.

그래서, "정부의 돈이 점점 바닥나고 있다"고 오바마 대통령이 여러 번 말했듯, 정치인의 이런 주장을 들을 때마다, 우리는 그들이 틀렸다는 점을 확신할 수 있게 된다. 주권 정부의 "키보드 두드리기"는 고갈될 수 없다.

이제 통화 시스템의 "민간" 부문으로 눈을 돌려보자. 마지막 절에서 우리는 정부의 통화 창조를 재검토하여, 중앙은행 및 민간 은행과의 관계를 설명할 것이다. 앞으로 보게 되는 것처럼, 지금까지 묘사한 시스템처럼 단순하지는 않다. 그렇지만, 결론은 여전히 같다.

6. 민간 은행이 통화를 창조하는 방법

현대 경제에서 은행은 특별한 기능을 수행한다. 은행은 대개 정부의 허가를 받는다. 즉, 정부의 허가 사항인 어떤 활동을 하려면, 허가증을 받아야 한다(분명히, 지난 30-40년 동안 은행과 "그림자 은행" 사이의 경계가 점점 더 모호해지긴 했다). 은행은 보통 특별한 규정과 정부 당국의 감독을 받는다. 또한, 중앙은행이 제공하는 대출을 받는 특별한 권한도 갖는다. 아울러, 대부분의 국가에서 은행 부채의 큰 부분을 정부가 보증한다[예를 들어, 예금자 보호 제도-역자].

이 모두를 종합하면, 은행의 부채는 특별하다. 제1장에서 정의한 것처럼, 은행의 부채는 유동적이고, 정부가 보호하는 예금은 채무 불이행 위험이 없다. 이 사실 때문에, 은행 예금은 보유하기 안전한 자산으로 폭넓게 수용된다. 동시에, 은행은 이러한 정부의 "후방 보호장치"(중앙은행의 대출과 재무부의 예금자 보호 제도)의 혜택을 받는다. 은행은 금리가 낮은 부채를 발행할 수 있다. 은행의 부채는 안전하다고 평가되기 때문이다.

"파산하기에는 너무 큰"(too big to fail) 거대 은행에 (어쩌면 의도했던 것은 아닐지라도) 부여되는 혜택도 있다. 거대 은행은 정부가 항상 구제할 것이란 인식이 퍼져 있어서, 보호되지 않는 부채조차 낮은 금리로 발행할 수 있다. 사람들은, 은행이 무슨 짓을 하든, 정부가 자신과 은행을 구제해 줄 것이라 생각한다. 나아가, 정부가 은행이 망하도록 내버려 둘 가능성은 거의 없다고 투자자들이 믿는다면, 은행의 주가는 점점 더 높아지는 경향이 있다. 또한, "너무 커서 망할 수 없다"고 믿어지면, 은행은 더 위험한 행동(자본 비율을 낮게 유지하고, 더 위험한 자산을 매입 하는 등)을 할 수도 있다. 그 결과, 거대 은행은 (비용이 낮아지기 때문에) 낮은 금리로 대출을 제공할 수 있을 것이고, 다른 대출자보다 우위를 누릴 수 있다.

이는 은행 규제 당국의 우려 사항이고, 여기서 구체적으로 다루지는 않을 것이다. 하지만, 다음 장에서 너무 많은 대출(특히 위험이 큰 대출)은 금융위기로 이어질 가능성을 논의할 것이다. 이런 이유들 때문에, 은행들은 금융 시스템에서 특별한 역할을 한다. 그리고, 가장 큰 은행들은 작은 은행들에 비해 더욱 특별할 수 있다. 이것이 정부가 은행에 특별히 관심을 두는 이유(은행 감독과 보호)이다.

앞으로 구체적으로 설명하는 것처럼, 민간 은행의 예금은 (대부분) 은행이 대출할 때 창조된다. 민간 은행이 수표를 청산할 때(즉, 서로 결제할 때), 중앙은행에 개설해 놓은 지급준비금 계좌를 이용한다. 또한, 은행의 지급준비금은 중앙은행이 민간 은행에 대출함으로써 창조된다. 은행 예금의 형태로 존재하는 "민간 통화"와 지급준비금의 형태로 존재하는 "정부 통화" 모두 키보드를 두드려 창조한다. 즉, 양자 모두 고갈될 수가 없다.

역사적으로, "상업은행"이라 불리는 기업(단기 대출을 하여 수식 입출식 예금을 발행하는 은행)은 민간 기업(특히 중소기업)의 생산 활동에 자금을 공급하기 위해 대출을 제공하는 주요 대출자였다. 이들은 또한, "지급 시스템"이라 부르는 제도에서 주요 행위자였다. 이들에 예치한 예금이 결제 대금의 대부분을 차지했기 때문이다. 실제로, 대출 제공과 예금 서비스[예금이 있어야 인터넷 쇼핑, 이체, 직불카드, 교통카드, 신용카드, 수표 등 거의 모든 결제 행위가 가능해진다. 이를 통칭하여 예금 서비스라 부른다-역자]는 서로 밀접히 연결되어 있다. 이 관계를 더 깊이 탐구해 보자.

앞서 언급한 것처럼, 예금은 은행이 대출할 때 창조된다. 상업은행이 생산 활동에 자금을 공급하기 위해 대출하면, 예금이 창조된다. 이 예금은 생산 과정에 사용되는 노동과 여타 자원을 고용하는 데 사용된다. 그 다음, 이 예금은 생산된 생산물을 "순환시킨다". 가계가 기업이 생산한 생산물을 구매할 때, 이 예금을 지불수단으로 사용한다(기업은 그 생산을 위해 임금을 지급했다). 다른 말로, 생산이 창출한 소득은 상업은행의 예금이란 형태로 지급된 후, 생산된 소비재를 구매하는 데 사용된다. 상업은행업과 생산 사이의 관계에 관한 이러한 관점은 '대출을 통한 민간 통화의 창조' 과정을 추적하는 데 활용될 것이다.

물론, 현실 세계는 항상 이보다 더 복잡하다. 지난 수십 년 동안 벌어진 거대한 금융혁신으로 인해 점점 더 복잡해져 왔다. 거대 상업은행들은 전통적인 대출 영업으로부터 점점 더 멀어져갔고, 오늘날에는 결제(지불)의 큰 부분이 상업은행 밖에서 이루어지고 있다. 상업은행과 투자은행(전통적으로 기업이 수행하는 투자 프로젝트에 자금을 공급하는 기관) 사이의 구별도 더 이상 분명하지 않다. 아울러, "그림자 은행업"(shadow banking)으로 통칭되는 다양한 금융 활동들의 부상으로 문제가 더 복잡해졌다.

하지만, 전통적으로 상업은행이 생산에 자금을 공급하던 과정을 연구해 보면, 통화의 창조에 관한 이해에 도움이 된다는 점은 여전히 사실이다. 그리고, (은행이 보유한 자산 대부분을 차지하는) 거대 은행은 그렇지 않지만, 은행 대다수(수천 개에 달하는 소규모 은행이 영업하고 있는 미국에서 그 숫자로 볼 때)는 여전히 그렇게 하고 있다.

그래서, 은행이 어떻게 통화를 창조한단 말인가?

이제 민간 금융기관이 어떻게 통화를 창조하는지에 살펴보자. 통화를 하늘에서 떨어지는 만나(manna)[이스라엘 민족이 40년 동안 광야를 방랑하고 있을 때 여호와가 내려 주었다는 양식-역자]로 상상할 것이 아니라, 은행가가 통제하는 구매력의 창조물로 볼 필요가 있다. 우리는, 통화가 창조되는 과정에 관한 간단한 설명에서 시작해서, 점차 복잡한 상황들을 추가할 것이다.

경제학자들은 종종 설명을 단순화하기 위해 모델을 이용하곤 한다. 구체적인 것을 벗겨내면, 가장 중요한 과정에 집중할 수 있기 때문이다. 하지만, 구체적인 것을 너무 많이 제거하면, 경제 모델은 현실을 오도할 수도 있다. 예를 들어, 수많은 경제 모델들은 화폐를 경제 분석에서 완전히 배제하고, 경제가 화폐 없이 돌아가는 것처럼 묘사한다. 이러한 모델에 화폐를 추가하더라도, 아무런 중요한 역할을 하지 않는다. 우리는 그렇게 하지 않을 것이다.

우리의 모델은 화폐가 중요하다는 전제에서 출발한다. 실제로, 생산 과정 자체가 화폐로 시작해야만 한다. 생산에 뛰어들려는 기업이라면 당연히 투입물(노동, 중간재, 원자재 등)을 구매하기 위한 자금을 우선 마련해야 한다. 나아가, 우리는 또한, 기업은 생산물을 돈을 받고 판매하기 위해 생산에 뛰어든다고 가정할 것이다. 물론, 기업은 이윤을 기대하는데, 이를 위해서는 투입에 지출한 것보다 **더 많은 돈**을 받고 재화와 서비스를 판매해야만 한다. 여러분에게 이 모두는 너무나 자명해 보일 것이다. 실제 세상의 특징을 잘 포착하는 가정이기 때문이다. 하지만, 믿기지 않겠지만, 경제학자가

사용하는 경제 모델 [거의 모든 대학에서 가르치는 주류 경제학 교과서가 가르치는
것-역자] 대부분에는 돈의 기능과 역할이 없다.

우리의 모델은 또한 "무한 회귀"(infinite regress) 문제를 피하고자 한다.
기업이 이전 생산물의 판매로부터 저축한 자금으로 생산 과정을 시작한다
고 전제하는 것은 너무 쉽다. 하지만, 여기서 시작하면 문제가 생긴다. 기업
이 돈을 받고 이미 판매한 생산물의 생산에 필요한 자금은 어떻게 조달했는
지 설명하지 않았기 때문이다. 단순히 이전 생산물의 생산 자금이 그 이전
에 발생한 판매로 조달되었다고 단정한다면, 그럼 최초에 돈이 어디에서 나
왔는가 하는 "닭이 먼저냐 달걀이 먼저냐"의 문제가 발생한다.

그래서, 생산물을 생산하고 싶지만, 투입물을 구매할 자금을 축적하고
있지 않은 기업을 가정하는 경제 모델로 시작하고자 한다. 이렇게 하면, 최
초에 화폐가 어떻게 창조되는지를 고찰할 수 있다. 즉, 기업은 대출을 받기
위해 은행에 갈 것이다.

또 하나 주목할 점으로, 우리는 대출과 관련한 무한 회귀 주장에 의존
하지 않는다. 흔히 은행은 예금을 수취하고 그 돈을 대출한다고 가정된다.
이는 또 하나의 "닭과 계란" 문제를 유발한다. 즉, 그 예금은 최초에 어디에
서 왔는가? 누군가 수표나 현금을 예금 계좌에 입금했다는 것이 하나의 답
일 수 있지만, 그 수표와 현금은 또 어디서 기원하느냐는 또 다른 질문만 낳
을 뿐이다. 따라서, 처음부터 시작하려면, 화폐의 창조에서 출발해야 한다.

제1장의 논의로부터 알 수 있듯, "화폐"는 단순히 부채의 기록일 뿐이
다. 은행 예금은 은행의 부채이고, 은행이 대출할 때 창조된다. [화폐를 창조
함에 있어서-역자] 은행이 해야 할 일이란 대출을 받는 사람 [이하 '차주'라 하자-
역자]의 계좌에 숫자를 입력하는 일뿐이다. 우리가 여기서 다루는 주제와 관
련해서 말하자면, 생산하는 기업이 차주이고, 생산 활동을 시작하는 데 필
요한 자금은 은행이 창조한다. 은행은 대출채권(기업의 부채인 "대출 약정서")
을 자산으로 보유하고, 기업의 예금 잔고를 늘려준다.

노동자를 고용하고 생산에 필요한 자원을 구매하고자 하는 생산자는 은행에 **사업 설명서**(prospectus)를 제출한다. 은행이 해당 기업의 과거 실적과 담보물의 가치를 검토하긴 하지만, 가장 중요한 요소는 사업 계획의 타당성이다. 이러한 신용도 평가를 "언더라이팅"(underwriting)[보험 및 금융 계약을 위한 최종 심사 및 의사 결정 과정-역자]라 부른다. 해당 생산자가 상환할 것이란 믿음이 가면, 대출이 승인된다. 먼 옛날에 은행은 대출하기 위해 종이돈을 인쇄했다. 오늘날에는 기업의 예금을 늘려준다(대신, 기업은 원리금을 상환하겠다고 약속하는 대출 서류, 즉 "대출 약정서"(note)에 서명하고, 은행이 보관한다). 기업은 입금된 예금으로 생산 과정에 필요한 투입물을 구매할 것이다.

　　은행에 의한 통화 창조에 집중하고자, 우리의 가장 단순한 모델에서는 현금은 존재하지 않는다고 가정한다. 즉, 모든 결제가 은행의 예금 계좌를 통해 이루어진다고 가정한다. 가계는 기업이 사용하는 노동과 기타 자원을 제공하고, 소비자로서 기업의 생산물을 구매한다. 이들은 "은행 통화"를 임금으로 받고(임금이 은행 예금으로 입금됨), 또 이것을 구매에 사용한다.

　　우리의 가장 단순한 모델은 단지 하나의 은행, 하나의 가계, 하나의 기업만 존재한다고 가정한다. 기업은 생산물을 생산하기 위해 노동을 고용하고 원자재를 구매한다. 임금과 대금은 은행 계좌에서 인출되는 수표로 지급된다. 기업의 지출을 받는 측은 은행 계좌에 입금한다. 그 결과, 기업의 은행 계좌에서 인출하여 가계의 은행 계좌에 입금된다(주의할 점으로, 이 모든 거래는 은행의 대차대조표상에서 "전산으로" 처리된다. 물리적 수표는 필요 없다). 기업이 재화와 서비스의 생산을 완료하면, 가계에 판매한다. 이때 거래 절차는 거꾸로이다. 즉, 가계의 예금 계좌에서 인출되어 기업의 예금 계좌로 입금된다.

　　최종 단계에서 기업은 자신의 계좌에서 인출하여 최초의 대출을 상환한다. 은행은 기업의 계좌에서 차감하고, 기업이 서명한 "대출 약정서"를 돌려준다. 대출은 상환되고, 기업은 채무의 증거[대출 약정서-역자]를 불태우거나 분쇄할 수 있다. 대출이 상환될 때, 은행의 예금 또한 은행의 대차대조표에서 삭제된다는 점에 주목해야 한다(앞서 논의한 것처럼, 기업과 은행 모두 동시에 '청산된다').

여기서 대출과 예금이 창조되는 과정에 관해 제시한 모델은 매우 단순하다. 하나의 기업, 하나의 가계, 하나의 은행만을 가정했다. 기업과 가계 모두 같은 은행을 이용했다. 노동과 원자재(가계로부터 구매)에 대한 기업의 지출은 기업의 생산물에 대한 가계의 지출과 같아졌다(기업은 이윤을 얻지 않고, 가계는 저축하지 않는다는 의미). 이 기업은 자신이 빌린 대출금과 정확히 같은 액수를 은행에 상환할 수 있었다(그래서 은행도 이자를 벌지 않았다).[27]

좀 더 현실적인 모델은 다양한 복잡한 것들을 고려해야 한다. 기업의 이윤, 저축, 이자, 현금 인출, 은행의 지급준비금, 다른 기업이 생산하는 중간재, 은행의 자기자본 등이 그런 것들이다. 하지만, 이 단순 모델조차 대출과 예금이 창조되는 과정을 보여주며, 은행 예금으로 대출을 상환할 때 어떤 일이 벌어지는지를 강조한다. 그러나, 우리가 실제로 살아가는 세계에는 다수의 은행과 가계, 그리고 기업이 존재하므로, 돈을 주고받는 과정에는 보통 최소 2개의 은행이 관련된다. 은행들은 주고받아야 할 돈을 청산하는데, 서로가 받아야 할 돈을 취소("상계")하거나 상대 은행에 예치한 예금을 이용하는 방식을 쓴다.[28] 은행 간 결제해야 할 순잔액을 청산하는 절차는 중앙은행의 대차대조표에서 이루어진다 [은행들 사이에서 지급해야 할 돈은 빼고, 받아야 할 돈을 더하여, 순결제 금액을 계산하는 절차를 '청산'이라 부른다-역자].

지금까지 우리의 모델은 하나의 은행을 가정했는데, 이 가정을 완화하

---

27 경제학자들은 다수의 은행, 기업의 이윤, 이자 지급 등을 포함하는 모델로 확장했다. 여기서는 이를 자세히 다루지 않는다.

28 지방의 소형 은행은 도시의 대형 은행에 예금 계좌를 개설해 놓고, 청산에 이용한다. 즉, 소형 은행 앞으로 수표가 들어오면 이 계좌에 입금되고, 소형 은행이 다른 은행에 지급할 때는 이 계좌에서 인출된다.

여 두 개의 은행을 포함하는 모델로 확장해 보자. 개별 은행은 각자 중앙은행에 **지급준비금** 계좌를 개설하고, 이를 통해 서로 결제한다.

지급준비금 계좌는 중앙은행에 개설한 수시 입출식 예금 계좌와 비슷하다. 기업은 A은행을, 가계는 B은행을 이용한다고 가정하자. 기업이 가계에 A은행에서 인출되는 수표를 지급하면, 이 수표는 B은행에 입금된다[개인 수표 사용이 흔치 않은 우리나라 환경을 고려하면, 수표로 지불한다는 설명이 낯설 수 있다. 그러한 독자라면, 수표를 직불카드로 이해해도 전혀 문제가 없다-역자]. B은행은 이 수표를 A은행에 제시하여 청산을 요구한다. 이때 중앙은행이 A은행의 지급준비금을 인출하여 B은행의 지급준비금 계좌에 입금한다. 그런 다음, 가계가 [기업으로부터 생산물을 구매하고-역자] 기업에 수표를 써서 지급하면, 그 반대의 과정이 진행된다. 즉, 중앙은행은 B은행의 지급준비금을 인출하여 A은행 계좌에 입금한다.[29]

은행들은 애초에 그 지급준비금을 어떻게 얻었나? 지급준비금이란 그저 중앙은행이 창조한 예금에 지나지 않는다는 점을 기억하자. 민간 은행이 대출할 때 차주의 예금이 창조되는 것처럼, 중앙은행도 대출할 때 그것을 빌리는 은행의 지급준비금이 창조된다(물론, 앞서 언급한 것처럼, 중앙은행

---

29 [역자 주] 위 설명을 T-계정으로 나타내면 다음과 같다. (기업이 노동자에게 임금을 지급하는 경우)

기업		A은행(기업 거래은행)		B은행(노동자 거래은행)	
자산	부채	자산	부채	자산	부채
(-)은행예금		(-)지급준비금	(-)기업예금	(+)지급준비금	(+)노동자예금

중앙은행		노동자	
자산	부채	자산	부채
	(-)A은행의 지급준비금 예금 (+)B은행의 지급준비금 예금	(+)은행예금	

노동자가 기업의 생산물을 구매하는 경우는 각 항목의 부호만 바꾸면 된다.

이 국채와 같은 자산을 매입해도 지급준비금이 창조된다). 따라서, 중앙은행은 민간 은행이 서명한 채무증서를 받고, 해당 은행의 지급준비금 예금을 늘려줄 수 있다 [이러한 화폐제도를 '불환화폐'(fiat money) 제도라 부른다. 이는 금본위제와 비교하면, 왜 중요한 사실인지 이해할 수 있다. 과거 금본위제하에서 통화는 금으로 환전할 수 있었다. 따라서, 충분한 금이 확보되지 않으면, 통화를 발행할 수 없었다. 하지만, 불환화폐 제도에서는 통화발행과 금이 아무런 상관이 없다. 그런데도, 많은 사람들과 심지어 대학에서 가르치는 경제학 교과서마저 여전히 금본위제식 사고방식을 버리지 못하고 있다–역자]

일반적으로 중앙은행은 그러한 대출에 저금리(미국에서는 "재할인율")를 부과한다. 중앙은행은 은행의 결제에 필요한 지급준비금을 일상적으로 대출한다. 지급결제 시스템의 원활한 작동을 보장하기 위해서이다. 그렇지 않으면, 은행의 수표가 적시에 청산되지 않고, 극단적인 경우 나라 전체의 지급결제 시스템을 위기로 몰아넣을 수 있다. 한 나라 전체의 지급결제를 "액면가 청산"(par clearance)이라 부른다. 이는, 앞서 살펴본 것처럼, 한 은행이 다른 은행의 수표를 "액면가 그대로" 수용함을 의미한다.

오늘날 대부분의 결제는 은행 계좌에 대한 전자적 입금과 출금의 형태로, 전자적으로 이루어진다. 여러분도 인터넷으로 은행에 접속하고, 예금에서 차감하여 공과금(전기세, 수도세 등)을 납부할 수 있다. 어쩌면 여러분의 전기 회사가 다른 은행을 이용할 수 있으므로, 여러분의 거래 은행은 중앙은행의 지급준비금 계좌에서 전기 회사가 이용하는 은행의 계좌로 지급준비금을 이체하여 여러분의 전기세를 낼 것이다.

기술변화로 인해, 이런 거래에 필요한 시간이 단축되었다. 중앙은행은 지급결제 시스템이 부드럽고 빠르게 작동하도록 하는 데 온 힘을 쏟고 있다. 여느 다른 은행들처럼, 연준이나 영란은행 등 모든 중앙은행은 컴퓨터 "키보드를 두드려" 통화를 창조하고 경제에 투입한다. 중앙은행 화폐는 지급준비금(또는 지폐(paper note))의[30] 형태로 창조되고, 고객(민간 은행들과 재무부)의 결제, 그리고 중앙은행이 국채와 MBS 등을 매입하는 데에 사용된다. 중앙은행의 "키보드 두드리기"는 고갈될 수 없다.

지금까지의 탐구를 결론짓자. **화폐는 어디에서 오는가?**

여러분이 보스턴(Boston)과 탬파베이(Tampa Bay)의 야구 경기를 보기 위해 펜웨이 파크(Fenway Park)에 갔다고 가정해 보자. 양 팀이 6회까지 5점을 득점했다면, 여러분은 전광판에 나타나는 숫자가 어디에서 왔는지 궁금한가? 전광판 관리자(scorekeeper)가[31] 누군가로부터 빌려왔나? 또는, 상대팀에게 "세금"을 물려서 그 전광판 점수를 얻었나? 당연히 그렇지 않다.

먼 옛날 점수판 관리자는 번호가 적힌 카드 더미에서 '5'가 적힌 카드를 찾아서 점수판에 핀으로 붙여야 했다. 만약 카드가 고갈되면, 커다란 마커 펜을 꺼내 새 번호 카드를 창조해야 했다. 하지만, 오늘날 전광판 관리자는 손가락으로 키보드의 숫자 5를 누른다. 키보드 숫자가 고갈될 일은 없다. 이 숫자는 어디에서 왔는가? **키보드를 두드려서.** 이것이 무엇을 나타내는가? **전광판 점수, 엄대 표식, 대차대조표 회계** 등의 숫자와 전광판 숫자가 창조되는 원리는 똑같다. 오늘날의 은행들도 이와 똑같은 방식으로 운영된다. 예금은 어디에서 오는가? 키보드 두드리기, 전광판 점수, 엄대 표식, 회계 등에서 나온다.

여러분이 고용주로부터 임금을 받는다면, 은행은 키보드를 두드려 여러분의 예금 계좌에 양(+)의 숫자를 입력한다. 동시에, 여러분 고용주의 예금은 같은 금액만큼 차감된다. 여러분의 계좌에 입력된 예금은 어디서 왔는

---

30   지폐(note)는 ATM기를 채우기 위해 발행되는데, 지급준비금이 인출되어 현금에 대한 대금으로 "지불"된다[즉, 민간 은행은 중앙은행에 자신이 보유한 지급준비금을 주고 현금을 받아 간다—역자].

31   여기서 "스코어"(score)라는 용어를 다시 사용하고 있음을 주목하자. 이 용어는, 엄대에 20의 가치를 나타내기 위해 새겼던 표식으로부터 나왔다.

가? 키보드로부터. 여러분 고용주의 계좌에서 차감된 예금은 어디에서 왔는가? 똑같이 키보드로부터. 여러분이 집을 사기 위해 빌린 18만 달러를 은행은 어디에서 얻었을까? [키보드를 두드려서-역자] 중앙은행이 민간 은행에 대출한 지급준비금은 어디에서 왔는가? 키보드로부터.

6회에 5득점을 한 탬파베이에 줄 5점을 어디에서 찾아올지를 전광판 관리자가 걱정해야 한다고 말하는 것은 완전 난센스이다. 야구에서는 이를 전광판 점수 관리(scorekeeping)라 부른다. 은행 또한 점수를 기록하는데, 이를 회계(accounting)라 부른다. 회계는 득점이 아니라 돈으로 존재한다.

7. 정부는 왜 국채를 발행(판매)할까?

정부가 간단히 키보드를 두드려 지출할 수 있다면, 국채는 왜 발행하는 것일까? 정부는 자신의 통화를 발행할 수 있는데, 그 돈을 빌릴 이유가 진정 있을까? 만약 "국채 자경단"이 나타나 정부 지출을 위한 자금을 빌려주길 거절한다면, 재난 같은 상황이 벌어질까? [정부가 과도하게 국채를 발행하고, 투자자들이 국채 매입을 거부하면, 금리가 급등할 수 있다. 예상치 못한 금리의 급등은 금융 시장은 물론 실물 경제에도 타격을 입힐 수 있다. 정부가 무분별하게 국채를 발행할 때, 국채 매수를 거부하는 투자자들을 '국채 자경단'이라 부른다. 이는 과도한 국채(부채) 발행에 대한 '시장 규율' 메커니즘에 대한 은유로, 재정건전성 옹호론이 창조하여 퍼뜨렸다-역자] 이에 짧게 답하면, "그렇지 않다"이다. 정부의 국채 발행은 절대로 돈을 빌리기 위함이 아니다. 그리고, 그 자경단이 설사 국채 매입을 거부한다고 하더라도(있을 법한 시나리오가 아니다), 이 때문에 정부가 지출을 못하는 일은 없다.

국채 발행에 관한 다른 관점을 살펴보자. 이는 헤지펀드 매니저인 워런 모슬러(Warren Mosler)라는 사람이 제안한 관점이다(그는 현대화폐이론

(MMT)의 탄생에 핵심 역할을 했다). 그는 채권 시장에서 국채 트레이딩 전문가였다. 유로가 탄생하기 이전인 1990년대 초, 모두가 이탈리아 정부의 재정적자와 부채를 걱정하고 있었다. 당시 재정적자가 GDP의 10%, 부채 비율은 100% 이상이었고, 많은 사람들이 이탈리아 정부의 채무 불이행을 예상하고 있었다. 그 결과, 이탈리아 정부가 발행한 국채 가격이 폭락했고 (즉, 국채 금리는 급등), 워런은 여기서 이윤 기회를 발견했다.

　　그는 중앙은행의 공개시장운용에 대해 생각해 봤다. 중앙은행이 재무부가 발행한 국채를 매도할 때, 이를 통화정책이라 부른다. 반면, 정부(재무부)가 국채를 매도하면, 예산을 마련하기 위해 돈을 빌려오는 정책이라 부른다.

　　그러나, 워런은 기능적으로 양자의 효과가 정확히 똑같다는 점을 알아차렸다. 즉, 은행이 국채를 사면, 지급준비금을 국채로 교환하는 것이다. 그는 여기서 국채 매도의 기능을 알아차렸다. 신규 발행이든 중앙은행의 공개시장 매각이든, [정부와 중앙은행의-역자] 국채 매도는 은행으로부터 지급준비금을 흡수하기 위함이다. 이처럼, 국채 매도는 통화정책이지, [정부가 민간으로부터-역자] 돈을 빌려오는 행위가 아니다. 실제로, 정부가 팔든 중앙은행이 팔든, 은행이 국채를 사기 위해서는, 그 이전에 지급준비금을 보유하고 있어야만 한다. 은행이 국채를 매입할 때 치르는 매입 대금이 중앙은행에 예치된 지급준비금이기 때문이다. 따라서, 정부는 국채를 매도하기 **이전에** 지급준비금을 발행해서 공급했어야 한다. 그리고, 정부가 지급준비금을 "빌리기"(국채 매도) 전에 그것을 발행할 수 있다면, 빌릴 필요도 없지 않은가!!!

　　흠... 워런은 생각했다. 국채가 돈을 빌려오는 정부 활동이 아니라면, 그리고 정부는 자신이 발행하는 돈이 고갈될 수 없다면, 이탈리아는 채무 불이행 위험에 처해 있는 것이 아니다! 워런은 이탈리아로 달려가서 이탈리아 재무장관에게 이를 설명했다. 그런 다음, 그는 싼 가격으로 이탈리아 국채를 매입했다. 그러고 나서 당연히, 이탈리아는 결코 부도나지 않았고, 이탈리아 국채 가격이 회복하자 워런은 큰 돈을 벌었다. 이제 그는 이탈리아에서 몇몇 대중적 현대화폐이론(MMT)의 라이벌 집단의 아버지로 통한다 (유대 인민 전선(Judean People's Fron), 유대인의 대중 전선(Popular Front of Judea), 그리고 몬티 파이썬(Monty Python)의 영화 브라이언의 생애에 나오는 유대인의 인민 전선(People's Front of Judea) 사이의 라이벌과 흡사하다). 그가 현대화폐이론(MMT)에 대해 강연하러 가면, 축구 경기장이 가득 찬다.

미국 정부는 지출하기 위해 돈을 빌려야 한다고 미국인 대부분이 생각하며, 정부 채권을 증거로 지목한다(2021년 현재 미국 정부의 누적 국채 발행량 28조 달러). 그러나, 이는 여러분이 여러분 자신의 차용증을 빌리는 것과 같다. 미국 정부는 달러를 빌리지 않고, 지출할 때마다 지급준비금이란 형태로 달러를 창조한다. 지급준비금은 사실상 은행이 연준에 보유한 당좌예금 [예금자가 수표를 발행하면, 언제라도 그 수표에 대해 지급하도록 되어 있는 예금-역자]이다. 국채는 연준에 넣어두는 저축예금과 유사하다. 재무부나 연준이 국채를 매도한다는 것은, 당좌예금을 저축예금으로 전환하는 것과 같다. 이는 은행이 더 많은 이자를 벌도록 해준다.

주권 정부가 발행하는 채권은 돈을 빌리는 것이 절대 아니다. 국채는, 워런의 용어로, 금리 유지 계정(interest rate maintenance account)이다. 지급준비금에 대한 대안으로 더 많은 이자를 벌 수 있게 해준다. 따라서, 세금과 지출의 관계(지출이 먼저 이루어지고 세금 징수가 행해짐)와 매우 유사하게, 정부가 이미 지급준비금을 지출한 이후 국채 매도가 이루어지는 것으로 생각해야 한다.

추가하여, [정부 혹은 중앙은행의-역자] 국채 매도는 지급준비금을 줄이고, 매입은 지급준비금을 증가시킨다. 정부 지출은 민간의 소득을 창조하고, 세금은 그 반대이다. 국채 매도는 단지 민간 부문 자산의 구성을 변화시킬 뿐이다. 즉, 민간의 국채 보유가 증가하고 지급준비금이 감소한다. [중앙은행의-역자] 국채 매입은 민간 부문의 국채 보유를 줄이고, 지급준비금 보유를 늘린다. 정부 부문 내부에서 벌어지는 일 [재무부와 중앙은행 사이의 내부 거래-역자]은 이러한 결과를 변화시키지 않으며, 정부 부문 외부에는 전혀 관심 사항이 없다.

정부는 자신의 중앙은행 계좌에 입금하여 [통화(지급준비금)를 창조하여-역자] 지출한다. 정부는 지출하기 위해 돈을 빌리거나 세금을 걷지 않는다.

. . . .

제3장

너무 많은 통화가 가능할까?

금본위제를 폐지한 이후, 통화 창조에 물리적 한계는 아무것도 없다.[32] 민간 은행이든 정부의 중앙은행이든, 은행의 대차대조표에 들어가는 키보드 입력 항목이 고갈될 수는 없기 때문이다. 금융을 둘러싼 이슈에서 가장 근본적인 것은 이를 인식하는 것이다.

그렇다면, 우리가 당면한 가장 중요한 질문은 '경제의 자본개발(capital development)을[33] 촉진하기 위해 금융을 어떻게 활용할 수 있을까'이다. 통화는 희소한 자원이 아니다. 우리가 원하는 만큼 가질 수 있다. 최근 문제는, 정부가 재정적으로 제한되어 있다고 잘못 생각하고 있다는 점이다. 반면,

---

32 금본위제 아래에서, 정부는 자신의 통화를 고정된 비율로 금과 교환해 주기로 약속한다. 통화 가치 안정을 유지하기 위해 금 보유량 대비 통화 발행량이 제한된다. 따라서, 금으로의 교환 요구가 있을 때 언제든 내어줄 금을 충분히 공급해야 한다. 이렇게 태환 가능한 "통화"를 발행할 수 있는 능력이 제한된다.

33 하이먼 민스키(Hyman Minsky)를 따라, 우리는 자본개발(capital development)을 물적 자본과 인적 자본 모두를 포함하여 매우 포괄적으로 정의한다. 공공 인프라(교량, 공항, 학교 등)와 민간의 공장과 농장 등이 물적 자본에 해당한다. 인적 자본에는 직업교육훈련을 받은 노동력과 영유아 돌봄 서비스 등을 포함한다. 자연계의 회복력을 강화하여 공기와 물을 정화하고 기후 재앙을 피하는 일 또한 포함된다. 바이든 대통령이 2021년 발표한 "더 나은 회복"(Build Back Better) 계획 또한 비슷한 접근법을 공유한다. 즉, 이 계획은 물리적 인프라와 사회적 인프라 모두를 포함한다.

우리의 민간 금융 시스템은 자본개발보다는 투기를 통해 스스로 부자가 되려고 큰 노력을 기울이고 있다. 경제가 우리에게 잘 봉사하고 공익에 더 충실하게 만들기 위해, 우리의 경제 방향을 재설정할 필요가 있다.

앞으로 나아가기 위해, 우리는 두 가지 '미신'을 혁파할 필요가 있다. 첫 번째 미신은 정부 재정이 고갈될 수 있다는 믿음이다. 두 번째 미신은 민간 금융의 고삐 풀린 보이지 않는 손이 공익을 증진할 것이란 믿음이다. 이 미신들은 단지 틀렸을 뿐만 아니라, 매우 위험한 믿음이다.

정부가 직면하는 제약은 진실로 **재정적인 문제**가 아니다. 정부는 실물 자원의 제약에 직면하고 있다. 즉, 정부는 한 경제에서 활용할 수 있는 모든 자원을 차지할 수 없다. 정부가 민간으로부터 모든 자원을 끌어오려고 하면, 목표에 도달하기도 전에 사람들은 박탈감을 느낄 수 있다. "사적 목적"을 추구하도록 충분한 자원을 민간에 남겨둬야 한다. 공공 영역과 민간 영역 사이의 상대적 크기를 결정하는 데는 정치적 정당성이 중요한 역할을 한다. 사람들이 자신을 위한 자원이 충분히 남아 있지 않다고 생각하게 되면, 어떤 임계점을 지나면, 그들은 반란을 일으킬 수 있다.

정부가 합리적으로 지출할 수 있는 통화량은 어느 정도일까? 만약 국민이 세금으로 1,000단위의 통화를 빚지고 있다면, 세금 납부를 위해 이 통화에 대한 수요가 최소한 1,000단위 존재한다는 사실을 알 수 있다. 하지만, 국민은 이보다 더 많은 통화를 수용할 가능성이 크다. 사람들이 이 통화를 다른 용도로도 사용하기 때문이다. 식민지 아메리카의 경우로부터 알 수 있듯, 버지니아 종이돈의 약 25%는 유통에 남겨져, 시장에서 교환의 매개수단으로 사용되었다. 나아가, 매년 1,000단위씩 세금이 반복되면, 일부는 미래에 세금을 납부하는 데 사용하기 위해 이 통화를 보유하고자 할 것이다. 이것이 통화를 가치저장 수단(미래의 지출)으로 사용하는 것이다.

아담 스미스의 주장을 상기하자. 종이돈의 발행이 [국민의-역자] 세금 부채에 비해 상대적으로 너무 크지 않는 한, 이 돈의 가치는 유지될 것이다.

이것이 일반적 지침이 되긴 하지만, 매우 구체적인 조언은 아니다. 통화의 가치를 결정하는 요인이 무엇인지 더 깊게 파볼 필요가 있다.

　마지막으로, 우리는 정부가 무엇을 해야만 하는지에 관한 동의에 도달해야 한다. 선진국 정부의 지출은 GDP의 25~50% 정도이다(미국이 이 범위의 낮은 수준에 있고, 프랑스와 스칸디나비아 국가들이 상위에 속한다). 경제적 성과라는 측면에서 보면, 이들 모두 웬만큼 잘하고 있다. 미국은 매우 불평등한 경제이고, 그래서 하위 계층에게 적절한 경제적 성과를 제공하는 데 실패했다고 주장할 수 있지만. 그럼에도 불구하고, 정부의 규모는 경제적 선택이 아니라 대체로 정치적 선택의 결과이다(경제적 선택이란 '최소 수준 이상으로 정부의 규모가 증가한다고 해서, 경제가 더 나아지지 않는다'는 의미이다). 즉, 정부의 규모는 국민이 바라는 것이 무엇인지, 정부가 민간 부문에 무엇을 넘겨주고 싶은지에 따라 결정된다. 공공정책 이슈들에 관해서는 이 책의 5~7장에서 자세히 다룬다.

　여기서는 큰 질문에 초점을 맞춘다. 총지출이 너무 크면 무슨 일이 벌어질까? 여기서 총지출이란 정부와 민간의 지출 모두를 합한 지출이다. 이 두 종류의 지출 모두 통화를 창조하여 자금이 조달된다. 너무 많이 지출하여 너무 많은 통화가 공급되면 무슨 일이 벌어질까? 어쩌면 **인플레이션**, 즉 가격 상승이 나타날 수 있다. 이를 거꾸로 보면, 여러분이 구매하고자 하는 것들 대비 통화의 **가치**가 하락했음을 의미한다. 통화의 가치를 결정하는 요인들에 대해 좀 더 알아보자.

1. 통화의 가치를 결정하는 요인들

앞서 언급한 무료 피자 쿠폰을 생각해 보자. 이 쿠폰은 발행한 피자 가게의 부채이고, 각 쿠폰은 피자를 요구할 수 있는 '채권자'의 권한을 부여한다.

이 쿠폰은 피자 단위로 고정된 "실질" 가치(쿠폰 1장 = 피자 한 판)를 갖는다. 하지만, 그런 쿠폰은 보통 사용 만기일이 정해져 있고, 만기일 이후에 그 가치는 제로(0)로 떨어진다.

쿠폰의 이 가치는 발행 수량에 따라 달라지는가? 그렇지 않다. 피자 가게가 문을 닫지 않고 자신의 부채를 책임지는 한, 발행량과 무관하게 각 쿠폰은 한 판의 피자의 가치를 갖는다. 쿠폰 대부분은 되돌아오기 전에 사용 기한이 지날 것이고, 쿠폰을 발행하는 피자 가게의 영업 방식이기도 하다. 그러나, 만기일 전에 피자 가게에 돌아온 쿠폰은 쿠폰 1장당 피자 1판의 비율로 교환된다. 쿠폰을 몇 장 발행하든 항상 그렇다.

하지만, 피자 가게가 쿠폰을 너무 많이 발행한다면, 소비자가 지출하는 매출이 감소할 수 있다. 어느 정도를 넘어가면 피자 가게는 이윤으로 커버할 수 있는 것보다 더 많은 무료 피자를 지급해야 할 수도 있다. 즉, 실물 자원의 제약(피자를 생산할 수 있는 피자 가게의 능력)뿐만 아니라 이윤 제약(비용을 커버하기에 충분한 매출을 올릴 능력)도 존재한다. 즉, 피자 가게는 항상 더 많은 무료 피자 쿠폰을 발행할 수 있지만(쿠폰이 고갈될 수는 없다), 수익성과 생산 역량의 제한에 직면한다.

주권 정부의 통화는 어떨까? 주권 통화의 반환 가치(redemption value)는 세금 부채이다. 세금 부채를 청산할 수 있는 능력이란 측면에서 보면, 이 통화의 가치는 발행량과 무관하게 고정되어 있다. 이 점에서 통화는 피자 쿠폰과 같은 방식으로 기능한다. 달러가 얼마나 발행되었든지 간에, 1달러 통화는 항상 1달러의 세금을 납부할 수 있게 한다. 그리고, 주권 통화의 사용 만기는 없다.[34] "통화"(currency)라는 말이 등장한 이후부터, 달러는 항상

---

34 최소한, 군주가 새 통화를 도입하기 전까지는 그렇다. 현대의 민주주의 사회에서는 극히 드물긴 하지만, 이런 일은 실제로 일어나기도 한다. 한 정부가 몰락하고 새 국가가 설립될 때, 새로운 계산 화폐를 채용하곤 한다.

"통용"(current)된다.

하지만, 양자 사이에는 두 가지 차이가 있다. 첫째, 피자 쿠폰은 보통 일반적인 교환의 매개로 유통하지 않는다. 그렇다, 쿠폰 일부를 친구에게 주거나, 돈을 받고 팔지도 모른다(쿠폰의 가격은 피자의 가격보다는 낮을 것이다). 그러나, 이는 상대적으로 사소한 예외이다. 당연히, 통화는 유통되고, 중요한 교환의 매개 수단이다. 실제로, 앞서 논의한 것처럼, 식민지 아메리카의 시민들은 교환의 매개 수단으로서 영국이 발행한 주화보다 식민지 종이돈을 더 선호하기도 했다.

이로부터 피자 쿠폰과 통화 사이의 두 번째 중요한 차이를 알 수 있다. 피자 쿠폰은 일반적으로 무료로 제공된다(가끔은 다양한 쿠폰을 모아둔 "쿠폰북"은 판매되기도 하지만). 정부의 통화는 보통 무료로 제공되지 않는다. 위의 단순한 예에서, 정부는 공익을 추구하기 위해 사용할 실물 자원을 확보하기 위해 통화를 지출한다. 다른 말로, 정부 통화는 자원을 공공 부문으로 이동시키기 위해, 즉 정부가 필요한 것을 구매하기 위해 발행된다. 이것이 경제에 투입되는 통화량을 결정한다. 즉, 정부가 지출(혹은 대출[35])하는 양이 통화가 공급되는 양을 결정한다.

"탱고를 추려면 두 명이 필요하다." 정부가 실물 자원을 구입하려면, 누군가는 그 자원을 팔아야 하기 때문이다. 이는 통화가 구입할 수 있는 실물 자원의 양으로 측정되는 통화의 두 번째 "실질" 가치가 있다는 의미이다. 계산 화폐로 표현되는 통화의 명목 가치가 첫 번째 가치이다(정부 통화의 가치가 얼마만큼인지는 수수료, 벌금, 세금을 납부하는 "세무서"에서 확인할 수 있다). 아

---

35 때때로 정부의 대출로 통화가 경제에 유입되기도 한다. 현대 경제에서, 보통은 중앙은행이 은행에 대한 "지급준비금" 대출의 형식으로 대출한다. 일부 정부 또한 재무부(또는 미국의 경우 중소기업청(Small Business Administration)과 같은 정부 기관)를 통해 대출하기도 한다. 정부가 대출하면 은행의 지급준비금이 증가한다. 통화는 대출과 지출 모두를 통해 경제에 투입될 수 있다.

담 스미스가 세금 부채 대비 너무 많은 통화를 발행하지 말아야 한다고 경고했을 때, 그가 염두에 둔 것이 이것이다.

우리의 단순 예에서, 우리는 세금 부채가 1,000이라 가정했고, 이것이 최소한 1,000의 통화 수요를 창조할 것이라 주장했다. 실물 자원의 판매자는 이 세금 납부에 필요한 통화를 얻기 위해 최소한 1,000의 가치를 갖는 자원을 제공할 것이다. 그러나, 그들은 더 많은 자원을 판매할 가능성이 크다. 통화는 교환의 매개와 가치의 저장 수단으로 활용될 수 있기 때문이다.

얼마나 더 많이 판매하려고 할까? 정부는 1,000 이상 더 많은 자원을 구매하여, 지출을 증가할 수 있다. 민간 자원의 판매자가 더 많은 자원을 기꺼이 판매하고자 하는 한, 정부는 그것들을 매입할 수 있다. 궁극적으로, 정부가 얼마나 많은 통화를 지출할 수 있는지를 결정하는 주체는 정부가 아니라 민간 실물 자원의 판매자들이다! 일단 판매자가 원하는 만큼 통화를 모두 얻으면(납세 의무의 이행, 교환 수단으로 활용, 미래 사용을 위한 저장 등을 위해), 그들은 돈을 받고 자원을 판매하기를 중단할 것이다. 그 한계점은 언제 도달할까? 확실히 말할 수는 없지만, 정부가 모든 자원을 매입하기 전에 그 지점에 도달할 것이란 점은 분명하다. 민간 부문 또한 사적 사용을 위한 일부 자원을 원할 것이기 때문이다. 민간 부문이 원하지 않는 "여분의" 자원만을 정부가 구매하는 한, 기꺼이 판매하고자 하는 민간이 등장할 것이라 가정할 수 있다.

까다로운 질문은 이것이다. 정부가 구매를 증가하려 할 때, 구매할 수 있는 자원의 양으로 측정되는 통화의 가치 [구매력-역자]가 일정하게 유지될 것인가?[즉, 정부가 지출을 늘려 실물 자원을 너무 많이 구매하면, 인플레이션이 나타날 것인가?] 이에 관한 답은 정부의 구매 전략에 달려 있다. 두 가지 다른 전략을 구분해 보자. 첫째, 정부가 "가격과 무관하게" 2,000단위의 통화를 지출하기만 하면 된다고 결정할 수 있다. 이를 "고정 수량/변동 가격" 전략이라 부르자. 이 경우, 정부는 2,000단위의 통화(고정된 금액)를 지출하고, 얼마든 민간 판매자가 부르는 가격(변동 가격)을 지불할 것이다.

두 번째 전략은 고정 가격/변동 수량 전략이다. 이 전략에서 정부는 구매하는 어떤 자원의 가격을 올리지 않을 것이다. 대신, 그 고정된 가격으로 민간이 공급하는 물량 모두를 매입한다. 이는 정부가 2,000단위의 통화 모두를 지출하지 못할 수 있음을 의미한다. 즉, 정부가 지출하는 양을 민간 판매자가 결정할 수 없다. 첫 번째 전략은 정부가 구매하는 자원의 가격을 상승시킬 수 있음이 자명하다. 다른 말로, 통화의 가치가 구매하는 실물 자원에 비해 상대적으로 하락할 수 있다. 아담 스미스가 우려한 점이 이것이다. 우리는 이를 인플레이션이라 부른다. 그렇다, 2,000단위의 통화 지출이 인플레이션을 **일으킬 수 있다**고는 말할 수 없다. 그렇지만, **그럴 수도 있다**는 말이다.

이와는 반대로, 두 번째 전략을 따르는 정부는 구매하는 자원의 가격을 고정함으로써 통화의 가치를 안정적으로 유지할 것이다. 아담 스미스의 말로 표현하면, 정부는 항상 자신이 부과하는 세금 대비 적당한 통화량을 발행할 것이다. 두 경우 모두에서, 정부는 세금을 부과해서 통화에 대한 수요를 만들어 낸다. 이때, 통화를 발행하는 목적은 실물 자원을 공공 부문으로 이동하기 위함이다. 통화를 지출하는 행위로 이 목적이 달성된다.

어떤 전략을 따르든, 정부는 납세 의무를 높여서 더 많은 실물 자원을 움직일 수 있다. 고정 가격/변동 수량 전략은 가격 상승(즉, 통화의 실질 가치 하락) 없이 그렇게 할 수 있다. 정부의 지출이 총 납세 의무보다 더 큰 경우에도 그러하다. 정부가 지불하는 가격이 고정되어 있기 때문이다. 정부가 고정 가격/변동 수량 전략을 따르는 경우, 공공의 목적을 위해 필요한 자원의 비중과 일치한다고 여겨지는 수준으로 세금을 결정한다. 정부 지출은 그 고정 가격에 자원을 기꺼이 판매하고자 하는 민간 부문에 의해 결정될 것이다. 세금은 정부가 동원할 수 있는 자원의 **최소치**를 결정할 것이지만, 실제 규모는 더 클 가능성이 크다. 그리고, 추가량은 민간 부문이 결정할 것이다.

고정 가격/변동 수량 접근법에서 중요한 점은, 정부가 구매하고자 하는 자원의 양만큼 민간 부문의 판매를 유도하기에 충분한 수준으로 세금을 책정하는 일이다. 정부 지출이 세금 수입과 일치시키는 것은 중요한 일이 아니다. 실제로, 정부는 세금으로 반환되는 통화보다 더 많이 지출할 것으로 기대할 것이다. 정부의 통화는 다른 목적(보편적 교환의 매개 및 가치저장 수단)으로도 수요될 것이기 때문이다. 다른 말로, 정부가 지출한 통화 중 일부는 계속해서 유통될 것이고, 이것이 (세금과 실물 자원 대비) 통화의 가치를 위협하지는 않을 것이다.

　　주의 사항: 정부 지출이 세금 수입보다 크면, 재정 적자로 기록한다. 적자의 규모는 누가 정할까? 고정 가격/변동 수량 접근법에서는 민간의 자원 판매자가 결정한다. 이들은 세금을 내는 데 필요한 것보다 더 많은 정부 통화를 원한다. 즉, 민간 부문은 자발적으로 통화를 저축하고자 한다. 잠시만 기다려 보자! 뒤에서 이를 다시 논의할 것이다.

　　이와 대조적으로, 고정 수량/변동 가격 전략을 따를 경우, 자원 가동률(또는 지출 수준)이 일정 수준을 넘어서면 인플레이션이 일어날 가능성이 크다. 세금과 종이돈 발행 사이에 적당한 균형을 유지해야 한다는 아담 스미스의 경고는 이 고정 수량/변동 가격 전략에 가장 잘 적용할 수 있다. 즉, 이 전략을 추구할 때, 세율을 지출과 함께, 혹은 지출 이전에 결정하는 일이 더 중요하다. 정부가 기꺼이 더 높은 가격을 지불할 것이므로, 인플레이션은 지출이 납세 의무보다 작아도 발행할 수 있기 때문이다. 고정 수량/변동 가격 전략은 인플레이션을 **일으킬 수도 있다.**

　　반대로, 고정 가격/변동 수량 전략을 취하는 경우, 민간 판매자가 더 높은 가격을 요구하면, 정부는 간단히 "안 됩니다!"라고 대꾸한다. 즉, 정부는 더 높은 가격에 구매하지 않을 것이다.

　　간단히 말해, 주권 정부는 납세 의무(부채)를 부과할 수 있고, 공공의 목적을 위해 자원을 이동시키기 위해 자신의 통화를 지출할 수 있다. 정부는 자원 제약에 직면할 수는 있지만, 그 어떤 예산 제약(financial constraints)도 존재하지 않는다. 정부가 고정 가격/변동 수량 전략을 채택하면, 정부의 총지출은 민간 부문의 통화에 대한 총수요(세금을 내기 위해, 교환 수단으로 사용하기 위해, 가치저장 수단으로)에 의해 결정된다. 재정 적자가 발생했다면, 대중이 세금을 내는 데 필요한 양 이상으로 통화를 축적하고자 하기 때문이다. 통화의 가치는 납세 의무(부채)와 자원의 가격 대비 안정적으로 유지될 것이다.

고정 수량/변동 가격 전략은 인플레이션(통화의 구매력 하락)의 가능성을 연다. 즉, 이 전략은 반드시 인플레이션을 유발하는 것은 아니지만, 인플레이션을 가능하게 한다.

따라서, 이론적으로, 주권 정부에게는 자국 통화를 사용함에 예산 제약이 없다. 정부는, 정부부문이 원하는 자원의 양을 이동시키기에 충분한 의무를 대중에 부과할 수 있고, 자신의 통화로 원하는 것을 구매할 수 있다. 그러나, 실무적으로, 충분한 의무를 부과할 수 있는 역량은 제약될 수 있다. 이 말은 정부가 **실물적 제약**에 직면할 수 있다는 의미이다. 즉, 조세 저항은 "공공의 목적"을 위해 이동시킬 수 있는 실물 자원의 양을 제한할 것이다. 이는 정부의 "돈"이 고갈되어서가 아니다. 세금을 충분히 부과하지 않으면, 정부 통화에 대한 민간의 충분한 수요가 창조되지 않고, 그 결과 정부가 원하는 만큼의 자원을 구매할 수 없게 되기 때문이다. 만약 정부가 더 높은 가격을 기꺼이 지불하고자 한다면, 더 많이 **지출할 수는 있다**. 하지만, 이는 가격을 높이고, 더 많은 자원을 확보할 수도 없다.

2. 현실 세계의 제약들

이론적으로, 군주의 권력(세금 부과와 통화 발행 등)은 절대적일 수 있지만, 현실적으로는 그 권력은 제한되고 경쟁자에 부딪혔다. 납세 의무를 강제하는 일은 항상 쉬운 것이 아니었다. 군주의 통화를 위조하는 일은 항상 있는 문제였다. 백성들은 종종 반란을 일으키고 세금 납부를 거부했다. 또는, 왕의 주화를 수용하려 하지 않았다(형벌은 가혹했다. 죄수가 죽을 때까지 이마에 달궈진 동전을 쑤셔 넣기도 했다).

그리고, 왕에게 세금을 낼 이유가 없는 다른 나라 사람에게 지불해야 하는 경우도 있었다. 이는 전쟁 중에 특히 문제였다. 패배한 나라의 왕의 통화는 가치가 없어질 수도 있었기 때문이다. 그런 환경에서, 군주는 다른 나라 왕의 통화나 귀금속 덩이로 지불해야만 하곤 했다. 그런 경우, 해외 통화를 빌려야만 했다. 중세 시대 이탈리아의 은행가들은 재정적으로 압박받고 있는 왕들에게 대출하면서 세력을 키웠다. 나아가, 필요한 자원에 대한 통제가 왕권에 대항하는 강력한 세력의 손에 있기도 했다. 채권자들은 왕에게 영원한 채무(이자를 지급하는 채권)를 지워서 왕권에 대항하는 힘을 키우려고 하기도 했다.

17세기 후반, 최초로 두 개의 중앙은행이 만들어졌다. 최초의 중앙은행은 스웨덴에서, 그리고 이어서 영국에서였다. 이들은 정부 지출에 재정을 지원하기 위해 창조되었다. 앞서 언급한 것처럼, 영국 왕실의 경우, 왕이 엄대를 부도내자, 왕의 신용이 추락했다. 영국 의회가 영란은행(Bank of England)을 설립함으로써, 왕의 재정을 일정 정도 통제하면서도 이 위기를 완화했다. 이후 약 두 세기 동안, 서구 세계는 오늘날 우리에게 익숙한 제도적 장치를 발전시켰다. 재정에 관한 민주적 통제, 정부 지출과 조세를 관장하는 재무부, 재무부의 지출과 수입을 용이하게 하는 중앙은행 등이 그런 제도의 예들이다. 여기에 더하여, 중앙은행은 민간의 결제를 원활히 하고, 민간 금융 기관들을 규제하고 감독하는 책무도 부여받았다.

현실 세계에서, 정부는 더 많이 지출하기 전에, 구매할 실물 자원이 충분한지를 우선 고려할 필요가 있다. 뒤에서 논의하겠지만, 경제에 유휴 자원이 존재하면, 정부는 부작용 없이 이들을 활용할 수 있다. 말하자면, 유휴 자원은 "공짜 점심"인 셈이다. 반대로, 유휴 자원이 충분하지 않은 경우, 정부는 민간 부문의 자원 사용량 일부를 줄일 필요가 있다. 그래야 공공이 그것을 활용할 수 있다. 아래에서 민간의 자원 사용량을 줄이기 위해 세금과 기타 전략을 어떻게 활용할 수 있을지를 논의할 것이다. 정부의 가격정책 또한 중요하다. 정부가 자원에 대해 지불하고자 하는 가격을 정하면, 민간 부문과 입찰에서 경쟁하는 것보다 인플레이션 압력이 낮을 것이다. 마지막으로, 당연하게, 정치가 중요한 역할을 한다. 정부는 자신이 제안하는 프로그램에 대한 지지를 구축할 필요가 있을 것이다. 정부 프로그램에는 예산이 배정되어야 하고, 자원도 배정(정부 프로젝트에 동원되는 실물 자원)되어야 하기 때문이다. 이에 대해서는 뒤에서 더 자세히 다룬다.

3. 너무 많은 통화를 가질 수 있나?

앞서 우리는 통화를 둘러싼 두려움을 언급한 적이 있다. 가장 큰 두려움은 "통화량이 너무 많으면 인플레이션이 발생한다"는 믿음이다. 은행이 너무 많은 통화를 발행하지 못하도록 하려면 정부는 어떻게 해야 할까? 통화 공급과 금융위기의 관계는 무엇인가? 우리는 2008년쯤 시작된 글로벌 금융위기를 겨우 통과했지 않은가? 너무 많은 통화 발생이 이 위기의 원인은 아니지 않았나?

　"너무 많은 통화량"과 관련된 문제점들을 살펴보자. 앞서 살펴본 것처럼, 하이먼 민스키는 이렇게 말했다. "누구나 통화를 창조할 수는 있다," 그러나 "문제는 그것을 사람들이 돈으로 받아들이도록 하는 일이다." 화폐는 본질적으로 채무증서이다. 종이에 "나는 당신에 5달러를 빚졌소"라고 쓰기만 하면, 여러분은 달러 단위로 표시되는 "통화"를 창조할 수 있다. 문제는 이 채무증서를 다른 누군가가 수용할 것인가라는 점이다.

주권 정부가 자신이 발행한 통화를 돈으로 받아들이는 사람을 찾기는 쉽다. 부분적으로는 우리 중 수백만 명이 정부에 세금을 내야 하기 때문이다.

아메리카은행(Bank of America)과 시티은행 또한 자신의 채무증서를 돈으로 받아들이는 사람을 쉽게 찾는다. 부분적으로는 우리 대다수가 이들 은행에 대출을 갚아야 하기 때문이고, 다른 한편으로는 이들 은행에 예치한 예금을 현금으로 바꿀 수 있음을 우리가 알고 있기 때문이고, 또한 이들 은행을 통해 다른 은행과의 거래를 보장하기 위해 연준이 뒤를 봐주고 있다는 사실을 우리가 알고 있기 때문이기도 하다[주택담보대출을 예로 생각해 보자. 대출을 받는 사람이 서명하여 은행에 제출하는 대출 약정서는 그 개인이 발행하는 채무증서이다. 하지만, 이 채무증서는 통화로 유통되지 않는다. 즉, 다른 누군가가 돈으로 받아들이지 않는다. 본질적으로, 민간 은행은 여러분의 채무증서(대출 약정서)를 자신의 채무증서로 교환하는 일을 한다. 대출자의 계좌에 입력해 주는 숫자(은행 예금)가 은행이 발행한 채무증서이다. 대출자는 이 은행 예금을 주택 매도자에게 주택 매입 대금으로 이체한다. 즉, 주택 매도자가 은행의 채무증서(예금)를 돈으로 받아들인 것이다. 위 문단은 이러한 상황을 염두에 둔 설명이다-역자].

무분별한 통화 창조는 우리 돈의 가치를 떨어뜨린다는[인플레이션 발생-역자] 두려움은 일부 합당하다. 하지만, 돈이 어떻게 창조되는지를 이해하지 못하는 사람들이 보통 이 위험을 과장한다.

은행이 대출할 때 통화가 창조된다. 은행은 돈일 빌리고자 하는 신용도 높은 사람의 대출 수요로 제약된다(또는 제약되어야 한다). 당국의 적절한 감독과 규제가 은행을 견제할 수 있다. 여기서 주의할 점으로, 은행이 신용도 높은 대출자에게 대출할 때, 해당 은행이 창조한 통화(수시 입출식 예금의 형태)는 미래에 반환될 것이다. 즉, 대출이 상환되면 통화가 세상에서 제거된다. 실제로, 미래에 대출이 이자와 함께 상환된다면, 이 상환액은 최초 대출액보다 **더 클 것이다**!

경제가 잘 돌아갈 때, 민간 은행들은 대출을 확장하고 새로운 예금을 창조한다. 민간 지출도 증가한다. 이에 따라 기업은 더 많은 재화와 서비스를 생산한다. 이것이 필연적으로 가격 상승을 유발할 것이라 믿을 이유는 아무것도 없다. 수요와 공급 모두 증가할 것이기 때문이다. 나아가, 생산물에 대한 수요가 증가함에 따라, 기업은 공장과 설비에 더 많이 투자하고 더 많은 노동자를 고용할 가능성이 크고, 잠재 생산 또한 증가할 것이다. 가격 상승 압력이 가해질 수 있지만, 그 압력은 수요 증가 속도가 생산 능력 증가 속도보다 더 빠르냐 느리냐에 달렸다[이 언급은 매우 중요하다. '통화량이 증가하면, 인플레이션이 일어난다'는 통설이 마치 종교적 교리처럼 퍼져 있기 때문이다. 이 주장은 '암묵적으로' 실물 생산은 불변인데 통화량만 증가하는 경우, 즉 돈이 외부에서 강제로 주입되는 경우를 가정한다. 하지만, 이는 정부가 헬리콥터로 공중에서 돈을 뿌리는 경우 말고는 존재하지 않는다. 통화량이 증가하면, 거의 항상 생산물도 증가한다. 따라서, 생산물 대비 통화량이 급격히 증가하는 경우는 존재하지 않는다. 더 나아가, 1~2장의 논의를 종합하면, 통화와 금융 자산을 구분하는 기준도 없다. 즉, 무엇을 통화량으로 측정할지도 모호하다. 마지막으로, 여기서 저자는 언급하지 않고 있지만, 과거로부터 축적된 금융 자산 스톡 역시 존재 형태를 변경하여(가령, 국채를 은행예금으로 전환) 실물 거래에 사용하는 경우(주로 그림자 은행이 이 기능을 담당) 신규 은행 대출의 증가 없이도 실물 수요를 증가시켜 인플레이션을 유발할 수 있다. 요컨대, '통화량이 증가하면 인플레이션이 발생한다'는 단순 논리는 현실에서 성립하지 않는다-역자].

대출과 예금이 증가하고, 경제가 성장함에 따라, 통화는 창조되기도 하고, 대출금 상환으로 파괴되기도 한다. 우리는 특정 시점에 "통화량"(총예금 잔액)(money stock)을 측정할 수 있다.[36] 핵심적으로 우리가 측정하려는

---

36 주의할 점으로, 정확히 무엇을 통화량에 포함할지는 논쟁적인 주제이다. 나라마다 몇 가지 측정 지표를 도입하고 있다. 미국에서 가장 흔히 사용하는 지표는 M1(핵심적으로 현금과 요구불예금)과 M2(M1에 덜 유동적인 저축성 예금을 합한 양)이다. 통상적으로 이들에 대한 정의는 시간에 따라

것은, 은행 대출로 창조되었지만 아직 대출 상환에 사용되지 않은 총예금 잔액이다. 많은 경제학자들은 통화량이 지출 및 인플레이션과 밀접히 연결되어 있는 매우 중요한 변수라고 생각하곤 한다. 실제로, 연준이 통화량의 증가율을 통제하려던 시기(1972-1982년)가 있었다. 하지만, 오늘날 통화량을 통화정책의 목표로 삼거나, 통화량의 변화가 경제적 상황과 인플레이션 압력에 관해 많은 정보를 준다고 믿는 중앙은행은 없다. 오늘날 중앙은행은 금리(기준금리)를 목표로 삼는다("통화 공급" 측정의 중요성에 관해 오랫동안 잘못된 이해를 더 깊이 파고들지는 않을 것이다).

정부 발행 통화가 너무 많아 인플레이션이 일어날 가능성을 간단히 살펴보자. 앞서 살펴본 것처럼, 주권 정부는 민간 은행에 지급준비금을 입금해서 지출한다. 은행은 받은 지급준비금만큼 [정부 지출 수취인의-역자] 예금을 늘려준다. 따라서, 정부가 지출하면 은행 예금도 증가한다. 세금은 이와 정확히 반대의 과정이다. 즉, 세금은 정부의 통화(오늘날에는 항상 지급준비금)를 회수하여, 은행의 예금과 지급준비금을 감소시킨다. 미국 정부는 의회의 예산 심의를 받아야 하고, 대통령이 승인한다. 우리는 이를 투표로 평가한다.

민주적 정부는 완벽하진 않지만, 다른 대안보다 더 잘 작동한다. 민주주의 국가에서 정부 통화가 너무 많이 발행되어 자신의 통화를 파괴한 사례는 없다. 여기에 해당하는 사례로 언급되는 경우들도 자세히 살펴보면 여러 비정상적인 환경에 놓여 있었고, 그 때문에 통화 문제가 발생했음을 알 수 있다. 정부가 "너무 많은 통화"를 창조했기 때문이라고 단순하게 말할 수 없다. 오히려 심각한 정치적 문제와 공급측 문제가 존재했던 경우가 일반적이었다. 사람들은 인플레이션의 원인으로 정부의 **통화** 창조를 의심하는 데 매달려 있지만, 여기에는 직접적인 연관이 없다. 정부가 자원을 민간으로부터

변한다. 금융기관들이 새로운 종류의 금융 수단을 혁신적으로 개발하기 때문이다. 우리는 이에 대해 더 깊이 다루지는 않을 것이다. 화폐와 은행에 관한 모든 교과서에 자세히 나와 있기 때문이다.

끌어오기 위해 계속해서 높은 가격을 지불하는 경우, 정부 **지출**이 인플레이션을 유발할 수 있다. 이것이 위험한 것이다. 이것이 주요 전쟁 기간 동안 벌어진 일이었다. 제2차 세계 대전은 정부가 가격 상승 압력을 줄일 수 있음을 입증했다. 이는 애국주의적 저축을 장려하고, 세금을 높이고, 임금과 가격을 통제하고, [자원을-역자] 할당하는 등 정부가 다양한 조처를 함으로써 가능했다.

"통화 발행을 통해 재정을 조달하는"(money-financed)[즉, 중앙은행으로부터 빌려서-역자] 정부 지출만이 인플레이션을 유발할 수 있다고 믿는 사람들이 많다. 이는 잘못된 믿음이다. 앞서 설명한 것처럼, 오늘날 모든 정부 지출이 통화 발행을 통해 이루어진다. 즉, 중앙은행이 민간 은행에 지급준비금을 입금하고, 민간 은행이 정부 지출금 수취인의 예금을 늘려주는 방식이다[이는 매우 중요한 논점이다. 주류 경제학 교과서 대부분과 이를 생각 없이 인용하는 대중 매체는 다음과 같이 주장한다. 정부 재정이 적자일 때, 적자는 ①국채를 발행하거나 ②중앙은행으로부터 빌려 충당할 수 있다. 그리고, 국채 발행은 통화량을 증가시키지 않지만, 중앙은행 대출은 통화량을 증가시키기 때문에, 후자가 인플레이션을 유발한다고 주장한다. 하지만, 이는 완전히 틀린 설명이다. 두 경우 모두 통화량(은행예금)이 증가한다. 국채를 발행하든 중앙은행으로부터 빌리든, 이는 모두 정부가 지급준비금을 확보하는 행위이다. 이 지급준비금을 지출하면, 은행은 정부 지출만큼 수취자의 예금(은행통화)을 새로 창조하여 증가시켜 준다. 정부가 국채를 발행하여 지출하면 민간 은행의 자산으로 국채가 증가하고, 중앙은행으로부터 빌려 지출하면 민간 은행의 지급준비금이 증가한다는 차이가 있을 뿐이지, 민간 부문(정부 지출 수취자)의 예금이 증가한다는 점은 같다. 호기심 많은 많은 독자라면 앞의 T-계정을 이용해 직접 확인해 보기 바란다. 그런 교과서를 쓴 경제학자들의 오류는 지급준비금과 은행 예금을 구분하지 않은 점, 더 나아가 은행이 예금을 스스로 창조한다는 사실을 모른다는 점에 있다-역자]. 회계 기간 말에 재정적 결과(흑자, 적자, 혹은 균형)와 무관하게, 이것이 진실이다. 그래서, 인플레이션은 통화의 잘못이 아니다. 오히려 더 높은 가격(변동 가격의 경우)으로 너무 많이 지출한 탓이다. 만약 정부가 항상 고정 가격/변동 수량 원칙에 따라 지출한다면, 정부 지출은 직접적으로 인플레이션을 일으키지 않을 것이다.

인플레이션 압력은 통화가 아니라 지출로 만들어진다. 하나의 사고실험을 해보자. 정부가 수천억 달러를 인쇄하여 화성으로 보낸다고 가정해 보자. 인플레이션은 없다. 이후 엘론 머스크가 우주선을 타고 화성으로 가서 그 돈을 가져온 다음 미친 듯이 쓰기 시작했다고 하자. 인플레이션이 발생한다. 돈이 아니라 지출을 탓하라는 말이다.

4. 민간의 통화 창조와 금융 불안정

앞서 살펴본 것처럼, 민간 은행의 통화 창조로 자금을 조달한 지출은 인플레이션을 **유발할 수도 있다**. 하지만, 은행의 "너무 많은 통화 창조"가 초래하는 더 큰 위험은 보통 인플레이션이 **아니라**, 금융위기이다. 너무 많은 민간 통화는 종종 너무 위험한 부채를 의미하곤 한다. 이 위험은 위기가 터져나올 때까지 계속 쌓인다.

이는 전형적으로 금융 자산을 매입하는 데 대출한다. 만약 자산 가격이 상승하면, 미래에 더 높은 가격으로 매도할 수 있을 것이라 기대하며 해당 자산을 매입하기 위해 대출을 받는 것은 합리적으로 보인다. 그 기대가 타당한 것으로 판명이 나면, 이윤을 남기고 관련 대출도 쉽게 상환할 수 있다. 이를 투기라 부르고, 차입한 자금을 이용하는 것을 차입투자(leverage)라 한다. 예를 들어, 여러분이 본인의 자금 10달러를 투입하고 90달러를 빌려 투자한다면, 자산 가격이 실제로 오를 때 잠재 수익은 몇 배로 증가한다[예를 들어, 100달러의 주식을 매입했는데, 가격이 10달러(10%) 상승했다고 하자. 전체 투자금 100달러 대비 수익률은 10%이지만, '내 돈'(10달러) 대비 수익률은 100%가

된다-역자]. 여러분은 대출 원금과 이자를 상환하고, 여러분 본인의 투자금 (equity)뿐만 아니라 빌린 자금에까지 붙은 이윤을 챙겨 떠날 수 있다. 물론, 여러분의 기대가 틀렸다면, 여러분 자신의 투자금을 잃을 뿐만 아니라 대출 원리금도 상환해야 한다. 위험한 투자인 것이다.

시장은 이런 식으로 보지 않는다는 점은 분명하다. 자산 가격 호황은 성공을 쉽게 만들고, 그 결과 차입 투자를 통한 채무 증가도 위험해 보이지 않는다. 우리는 증가한 위험을 사후적으로만 인식한다. 일부 베팅이 실패로 드러났을 때야 비로소 우리 자신의 재정 상태를 걱정하기 시작한다. 차입투 자가 증가하고 금융의 연결성이 점점 더 복잡해지면서, 충분히 큰 금융기관 몇 개만 파산해도 금융 시스템 전체가 마비된다. 갑자기 유동성이 사라지는 것이다.

손실은 매우 **빠르게** 불어난다. 알루미늄(맥주 캔과 비행기에 쓰인다) 가격 이 빠르게 상승하고 있다고 하자. 여러분은 레버리지 비율을 높이고 알루 미늄을 신용으로 구매한다(알루미늄 실물이 아니라 선물을 매입할 수도 있다. 하지 만, 이에 대해서는 여기서 자세히 다루지 않는다). 일부 투기자들이 알루미늄 가격 이 너무 높고 곧 하락할 것 같다고 믿기 시작한다. 그들은 매도하기 시작하 고, 가격은 하락한다. 여러분은 그들이 틀렸다고 믿더라도, 여러분이 진 빚 을 걱정하기 시작할 것이다. 그러면, 여러분을 포함하여 모두가 매도에 나 서고 가격은 폭락한다. 여러분의 채권자는 상환을 요구하며, 다른 자산들도 매도하라고 압력을 넣는다. 다른 사람들도 마찬가지 처지이다. 이런 동태적 과정은 기이하다. 자산 가격이 하락하기 때문에 모두가 해당 자산을 매도하 고, 이 매도가 가격을 더 아래로 하락시킨다.

[이러한 버블 형성과 붕괴 과정에 은행 대출이 결정적 역할을 한다. 우리나라에서 는 부동산 버블이 그렇다. 통화(예금)는 신용도 높은 가계와 기업의 대출 수요가 결정한 다. 은행은 대출 수요 중 누구에게 얼만큼 대출할 것인지를 결정하여, 민간 부분의 특정 분야로 자금이 흘러가게 할 수 있다. 코로나 팬데믹 국면에서 우리나라 부동산 가격이 급

등한 것은 은행들이 부동산 담보대출을 늘렸기 때문이다. 다른 말로, 은행들이 부동산 대출을 그렇게 많이 하지 않았다면, 부동산 가격 급등도 없었다. 물론, 이 부동산 담보대출 역시 은행이 자체적으로 무에서 창조한 돈이다. 이렇게 은행의 대출 분야가 한쪽으로 쏠리면, 해당 분야의 가격이 급등하곤 한다-역자]

이것이 어빙 피셔(Irving Fisher)가 "채무 디플레이션 과정"이라 부른 것이다.[37] 그의 설명에 따르면, 이것이 1930년대 대공황을 일으킨 원인이고, 그렇게 "거대한 충격"(great)이 되었다. 이는 지난 수십 년 동안 더 작은 규모로 반복되었는데, 2008년 시작된 글로벌 금융위기가 가장 거대하고 단적인 예이다. 1930년대 이후 우리는 또 다른 대공황을 피했는데, 대개는 재정정책(정부 지출)과 통화정책(금융기관 대출)을 통한 정부의 개입을 통해서였다.

채무 디플레이션 시나리오에서, 유일하게 유동적이고 안전한 자산은 통화[현금-역자]와 은행의 지급준비금, 그리고 정부 채권뿐이다. 이것이 뱅크런 [은행이 파산하여 자신의 예금을 잃을지도 모른다고 우려하는 예금자들이 한꺼번에 몰려와 예금 인출을 요구하는 사태-역자]을 촉발했다(영화 "아름다운 인생"(It's a Wonderful Life)의 한 장면을 떠올리는 사람도 있을 것이다. 지미 스튜어트(Jimmy Stewart)가 분한 주인공이 고객들에게 예금을 은행에 그대로 두라고 간청한다). 오늘날에는 예금자보험제도가 있어서, 뱅크런은 보호되지 않는 예금에서만 일어난다. "최종 대부자"(lender of last resort)로서 중앙은행의 개입만이 이 유동성을 구하기 위한 질주를 멈출 수 있다. 은행에 지급준비금을 대출함으로써 대량의 현금 인출 요구를 충족시킬 수 있기 때문이다. 위기가 아니라면 문제가 없었을 자산에 대해 "무제한 대출하라"가 기본적인 경험 법칙이다.

---

37 금융 자산은 다른 누군가의 채무이다. 자산 가격이 하락하면, 그 채무의 가치 또한 하락한다. 채무자가 상환할 수 없게 되기 때문이다. 이것이 자산 가격이 하락(deflate)할 때 채무의 가치도 하락(deflate)하는 이유이다. Irving Fisher, "The Debt-Deflation Theory of Great Depression," 1933 참조

글로벌 금융위기 이후 미국의 연준은 여기서 더 나아갔다. 기준금리를 거의 제로(0) 퍼센트까지 낮췄고, 의문이 있는 자산에 대해서도 대출했으며, 수조 달러에 달하는 자산을 매입하기도 했다(연준이 매입한 자산에는 미국 정부가 발행한 국채뿐 아니라 주택담보대출부증권(MBS) 등 민간 채무도 포함했다. 이를 양적완화라 불렀다).

재정정책은 한시적 정부 지출 프로그램(또는 세금 감면)이라는 "경기 부양책"(stimulus)의 형태를 띨 수 있다. 오바마 행정부는 2년에 걸쳐 약 8,000억 달러를 지출하여, 글로벌 금융위기가 초래한 경기침체에서 벗어나고자 했다. 세계적인 코로나19 감염병은 더 깊은 경기침체를 유발했고, 몇 차례의 "구제" 프로그램을 시행하게 했다. 이 구제금은 2021년 말까지 미국에서만 약 5조 달러에 달했다.

또 하나의 대침체를 피할 수 있었다(지금까지는)는 점이 그러한 정부 개입의 밝은 면이다. 반면, 정부의 모든 개입(최종 대부자 중앙은행의 구제 정책 등)은 위험을 유발하는 모든 행태를 정당화시켜 줬다는 점은 어두운 면이다. 즉, 성공적인 구제 정책이 더 위험한 행태를 부추겼다. 경제학자들은 이를 "도덕적 해이" 문제라 부른다. 미국 정부가 여러분을 구제해 줄 거라는 걸 알면, 진짜로 긴급 구제가 필요하게 된다. 이 때문에, 경제의 구조가 점점 더 취약해져 간다.

이것이 정확히 민스키가 선견지명으로 예측한 것으로, 전후 기간 실제로 벌어진 일이다[38]. 그는 1950년대부터 스스로 "금융 불안정성 가설"이라 부른 이론을 개발하기 시작했다. 전후 초기는 비정상적으로 조용했다. 제2차 세계대전 이후부터 1960년대 중반까지에는 두드러진 금융위기도 없었

---

38 민스키의 이론에 관한 구체적인 설명은 다음의 내가 쓴 책을 참고하시오. L. Randall Wray, *Why Minsky Matters: An Introduction to the Work of a Maverick Economist,* Princeton University Press, Princeton and Oxford, 2015

다. 민스키는 이것이 금융규제와 과도한 위험 감수 투자가 절제되었기 때문이라 평가했는데, 이러한 규제와 억제는 대공황의 경험으로 도입되어 유지되었다. 그 실패를 경험한 그 누구도 과도한 위험을 감수하고자 하지 않았다. 하지만, 민스키는 그런 기억이 점점 사라질 것이고, 금융기관들은 규제를 회피할 방법을 찾을 것이며, 결국 금융 활동이 더 큰 위험을 촉진할 것으로 내다봤다. 그리고, 정부(특히 연준과 연방예금보험공사)가 위험을 막기 위해 개입한다면, 그러한 위험한 행태가 더욱 기승을 부릴 것이다.

민스키는 자신의 금융 불안정성 가설이 근본적으로 비관적이라고 항상 말했는데, 그 이유가 이것이었다. 그렇다고 포기하라는 뜻은 아니다. 민스키는 본성이 낙관적인 사람이었다. 그의 말은 금융 불안정성에 대해 단박의 해결책을 제시할 수는 없지만, 적절한 정책을 통해 불안정성을 억제할 수 있다는 의미였다. 최종적인 해법은 존재하지 않기에, 대응 정책은 지속적으로 수정되어야 하고, 정책 입안자들도 부지런히 노력해야 한다. 투기적 거품을 조장하지 않으면서도, 경제의 자본발전(capital development)을 촉진하는 데 대출이 이루어지도록 해야 한다. 그리고, 나쁜 행태는 처벌할 필요가 있다.

정리해 보자. 민간 은행의 너무 많은 통화 창조가 초래할 위험은 무엇인가? 이는 과잉 지출에 자금을 제공하여 인플레이션 위험을 증가시킬 수 있다. 이는 정부의 지출이 지나치면, 자원과 생산물에 대한 과잉 수요를 초래하는 문제와 유사하다. 그러나, 민간의 통화 창조는 금융 불안정을 유발할 수 있다는 또 다른 위험이 있다. 금융위기는 일반적으로 민간 금융 기관이 지나치게 많은 통화를 만들어 낸 결과이다. 그리고, 앞서 언급했듯이, 이는 보통 주택을 포함한 자산 매입에 너무 많이 대출한 결과이다. 그러면 자산 가격이 상승하고 거품을 발생시킬 수 있다. 글로벌 금융위기 이전에는 주택 시장, 원자재, 닷컴-주식에 거품이 발생했다. 모든 경우에 차입한 자금이 거품을 키우는 데 일조했다. 최근에는 그러한 위기가 더 흔해지고 훨씬 더 심각해진 것으로 보인다. 또한, 금융위기로 촉발될 수 있는 깊고 장기적인 경기침체를 정부가 예방하기 더 어려워졌다.

따라서, 우리가 통화 시스템이 어떻게 작동하는지 연구하면서, 우리의 금융 시스템이 반드시 긍정적인 것만은 아니라는 민스키의 경고에 귀를 기울일 필요가 있다. 금융시장에만 맡겨두면 우리에게 도움이 되지 않는다. 우리는 통화에 대한 다양한 두려움이 왜 근거가 없는지 이해하기 시작하면서도, 진짜 위험이 무엇인지 파악해야 한다.

5. 결론

민간 은행의 통화 창조는 경험 법칙, 인수 기준, 자본 비율, 그리고 기타 규제로 제한된다. 중앙은행의 지급준비금(통화) 창조는 다른 이유로 제한된다. 즉, 지급결제 시스템의 원활한 작동을 유지(그래서 정부와 민간의 수표가 부도나지 않도록)하는 데 필요한 경우, 그리고 뱅크런이 너무 멀리 퍼지기 전에(가령, 예금처럼 보호되는 부채) 차단하는 데 필요한 경우에만 제한된다.

결론적으로, 은행의 대차대조표에서 키보드로 입력하는 항목이 고갈되는 일은 없다. 이러한 지각은 금융을 둘러싼 문제를 이해하는 데 가장 기초가 된다. 약간 무섭기도 하다.

은행과 중앙은행의 통화 창조 능력의 좋은 점은 경제의 자본발전을 지원하기 위해 가용한 모든 자원을 충분히 활용할 수 있도록 충분한 금융을 항상 공급할 수 있다는 것이다. 우리는 완전 고용을 위해 키보드를 두드릴 수 있다. 통화 창조 능력의 나쁜 점은 생산적인 영역에서 합리적으로 사용할 수 있는 것보다 더 많은 자금이 창출될 수 있다는 점이다. 나아가, 자금을 공급해야 할 분야를 선정할 때, 은행가들이 잘못된 선택을 할 수도 있다. 생산적인 용도에 과도한 통화를 창조했던 사례는 찾아보기 어렵다. 오히려,

통화 창조의 큰 부분이 비생산적인 자산 매입을 위한 자금 조달과 연관되어 있다는 점이 큰 문제이다. 자산 가격 거품을 불러올 수 있기 때문이다.

　오늘날 우리가 직면한 가장 큰 도전 과제는 재정의 부족이 아니다. 오히려, 민간과 공공 모두의 이익을 개선하는 방향으로 자금을 공급하는 방법을 찾는 문제이다.

• • • •

제4장

밸런스의 회복

이 장은 앞서 논의한 화폐에 대한 이해를 바탕으로 한다.[39] 앞서 우리는 화폐가 항상 채무(debt)(또는 부채 liability)로 발행되고, 누군가는 이를 자산(신용 credit)으로 수용하고 보유한다고 주장했다. 전체적으로 보면, 화폐적 자산은 화폐적 부채와 같고, 신용은 채무와 같다. 이 둘은 밸런스(balance)를 이루어야 한다. 이것은 아무도 부정할 수 없는 항등식이다[부연하여 설명하면, 개인들 사이에서 일방의 채무는 다른 일방의 채권이다. 양자는 같을 수밖에 없다. 은행과 민간(개인과 기업) 사이의 관계에서도 마찬가지이다. 은행의 대출은 은행의 채권이고, 민간의 채무이다. 양자의 크기는 정확히 같다. 정부와 민간 부문 전체에 대해서도, 정부가 빚을 지고 지출하면, 그 돈은 민간에게 돌아간다. 따라서, 정부의 부채는 민간의 신용(채권)이다–역자].

하지만, 이 밸런스가 저절로 이루어지지 않는다면 어떻게 될까? 우리는 달성하고 싶지만, 알고는 있지만 보이지 않는 어떤 힘이 밀어야만 달성될 수 있는 무엇이라면? 어쩌면 시장의 보이지 않는 손이나 신이 그런 힘이

---

39 이 장은 2011년 10월 베를린에서 열린 "거시경제 및 거시경제 정책 연구 네트워크 컨퍼런스"(Research Network Macroeconomics and Macroeconomic Policies)에서 발표한 내용을 바탕으로 한다. 발표문은 https://www.levyinstitute.org/pubs/wp_704.pdf 참조.

라면?

전통적인 경제학은 시장의 보이지 않는 손에 의해 이 밸런스가 달성된다는 관념을 포함하고 있다. 공급량과 수요량이 일치할 때까지 보이지 않는 손이 가격을 조정한다는 것이다. 이것이 바로 정통 경제학자들이 "균형"(equilibrium)이라고 부르는 "밸런스"(balance)이다. 이 장에서는 경제학 이전에 출현한 밸런스의 개념에 대해 살펴본다.

1. 시간, 화폐, 균형

많은 사람들이 경제학을 18세기 혹은 19세기 물리학의 균형(equilibrium) 개념, 즉 한 번 흔들린 진자가 결국에는 안정을 되찾아 간다는 개념과 연결시킨다.[40] 마찬가지로, 외생적인 충격을 받은 경제는 안정화 경향을 띠는 시장의 힘으로 균형(equilibrium)을 찾아간다. 이는 시장의 보이지 않는 손이 발휘하는 힘이다. 밸런스 상태는 자동으로 이루어지는 것은 아니지만, 자연스러운 [여기서 '자연스러운'의 반대말은 '인위적인' 정도가 될 것이다-역자] 현상으로 간주된다. 경제는 내버려 두면 밸런스를 이룬 상태로 되돌아간다. 개인의 자기 이익 추구가 이 과정을 이끄는 원동력이다.

균형(equilibrium)이라는 은유는 경제학의 거의 모든 부분에 적용된다. 어촌의 수산 시장에서 거래되는 생선 시장의 미시경제에서부터 한 나라 전체의 노동 시장, 난해한 합성 금융 상품과 부채담보부증권(CDO)을 거래하는 복잡한 금융시장에 이르기까지(CDO는 2008년 세계 경제를 붕괴시킨 주범 중 하나였다). 보이지 않는 손에 유도되는 시장에서 공급은 균형 가격(equilibri-

---

40 물리학에서 사용하는 방법을 경제학에 적용한 것에 대한 비판적 검토에 대해서는 다음을 참조. Philip Mirowski, *More Heat than Light: Economics as Social Physics, Physics as Nature's Economics*, Cambridge University Press, Cambridge, 2011(1989).

um price)에서 수요와 밸런스를 이루고, 시장은 청산된다. 경제학은 수요와 공급(즉, 가위의 양날)을 다루는 학문이라는 말을 여러분 누구나 들어봤을 것이다. 자유 시장에서는 이 양날이 교차하는 지점에서 가격이 결정된다.

물리학의 은유로 무장한 경제학자들은, 국경을 넘어 거래되는 상품, 완곡한 표현으로 자본이동이라 불리는 현상, 그리고 환율에 이르기까지, 수요-공급 분석을 확장하는 데 아무런 문제가 없었다. 발에 떨어뜨리면 발가락을 부러뜨릴 수 있는 물리적 재화에도, 신도들의 정신적·육체적 노력에도, 시간도 공간도 차지하지 않는 신용부도스와프(CDS)와 같은 개념적 파생상품에도, 분명 어디엔가, 어떻게든 수요와 공급이 밸런스를 이루는 가격이 존재할 것이다. 수요와 공급이 있는 한, 시장은 내버려 두면 마술을 부릴 것이다.

밸런스는 직관적으로 설득력 있고 매력적이다. 사실 밸런스란 개념은 물리학이나 인간이 발명하지 않았다. 그것은 자연과 인간 사회 모두에서 보편적인 조건으로, 공정성(fairness)에 대한 내면의 갈망을 반영한다. 마가렛 앳우드(Margaret Atwood)의 설명처럼[41], 모든 인간과 유인원 사회는 호혜성의 법칙(law of reciprocity)을 인식해 왔다(당신은 이번 생(또는 다음 생에!)에 갚아야 한다). 동등한 가치라는 관념, 그에 따른 밸런스라는 개념이 선천적으로 내재해 있는 것이다. 동물도 "더 큰 것"(bigger than)을 알고 있고, 부족하면 반란을 일으킨다. 쥐도 공정하지 않은 것을 알고 있다. 미로 달리기에서 승리했을 때 주어지는 보상이 평소보다 줄어들면, 쥐는 그에 저항한다. 이는 쥐의 밸런스 관념을 위배하기 때문이다.

모든 일에는 올바른 방법이 있다. 전통을 따르지 않으면 밸런스가 깨

---

41 Margaret Atwood, *Payback: Debt and the Shadow Side of Wealth*, House of Anansi Press, Toronto, 2008. 그렇다. 캐나다의 시인이자 소설가, 문학 평론가, 수필가, 교사, 환경 운동가, 발명가로 "하녀 이야기"(Handmaid's Tale) 등의 명작을 쓴 그 마거릿 애트우드이다. 부채에 관한 그녀의 책은 부채라는 주제를 매혹적이고 재미있으면서도 심층적으로 다루고 있다.

진다. 밸런스 파괴(imbalance)가 신들에게 어떤 분노를 일으킬지 누가 알겠는가! 기독교 전통에서 기록의 천사 가브리엘(Gabriel)은 최후의 심판(Last Judgement)에 제출할 신의 장부를 보관한다. 여러분의 인생에서 이 부당행위를 너무 많이 저지르면, 지옥에 가게 된다. 그리고, 우리가 알다시피, 루시퍼(Lucifer)는 자신이 징수할 영혼의 빚을 기록한다. 그는 지금은 당신에게 좋은 시간을 팔지만, 당신의 영혼은 밸런스를 유지하고 있다. 지금 사고, 영원히 갚으라.

인생에서 피할 수 없는 것은 죽음과 세금뿐이다. 앳우드(Atwood)의 설명에 따르면, 악마는 이 두 가지에 모두 자물쇠를 채우고 있다. 그는 죽음을 부르는 세금 징수원이다. 일단 영혼이 팔리면 밸런스는 없다. 그것은 바퀴벌레가 나오는 모텔이다. 일단 체크인하면 절대 나갈 수 없다. 그러나, 그리스도는 구원자(redeemer)라고 말해진다. 그는 죄를 먹는 자로, 밸런스를 회복할 수 있도록 여러분의 빚을 갚아주고, 죄인이 천국에 갈 수 있도록 한다. 그들이 회개하면, 예수님은 그들을 천국에 데려갈 수 있다.

도둑과 전당포의 수호성인(patron saint)이고, 붉은 복장으로 굴뚝에서 미끄러져 내려온 뒤 검은 그을음을 뒤집어 쓴 성자 닉(Saint Nick)은 빨간 옷을 입은 채 바닥에 누워 있는 다른 누군가를 떠올리게 할지도 모른다. 둘 모두 누가 못된 짓을 하고 착한 짓을 했는지 확인하고 리스트를 보관한다. 착한 사람에게는 선물과 천국이, 못된 사람에게는 벌이 내려진다. 앳우드의 말처럼, 불룩한 도둑 가방을 들고 북극의 엘프에 관한 믿을 수 없는 이야기를 들려주는 성자 닉을 집에 잡아둘 수도 있다. 19세기에는 악마를 "닉 영감"(Old Nick)이라고 불렀고, "닉한다"(to nick)는 훔친다(to steal)는 뜻, 즉 전당포를 의미했다. 최초의 전당포는 메소포타미아에 있었던 것으로 보인다. 이들은 아이와 아내를 담보로 잡고, 빚을 갚기 위한 돈을 빌려줬다.[42] 닉 영

---

[42] 위의 책, 55-6

감은 '영혼을 팔라'고 제안한다.

무슬림은 정의의 저울을 가져와, 여러분의 선행과 악행을 저울에 달아 비교한다. 선한 일이든 악한 일이든 더 많이 한 쪽으로 저울이 기울어진다. 시간을 더 거슬러 올라가면, 시간의 신(God of Time)은 측정과 공학의 신 (God of Measurement and Engineering)일 뿐 아니라 서기관(Scribe)이기도 했다. 여러분은 그 직업이 마음에 드는가? 그는 기록을 보관하고, 가치를 측정하고, 가늠자를 만들었다. 죽음에 이르러서도 그는 당신의 가치를 평가하기 위해 당신 심장의 무게를 달았다.

흥미롭게도, 기독교 교황은 로마의 한 부족의 엔지니어 집안(가문, 씨족)에서 유래했다. 이들은 티베르(Tiber) 강에 다리(폰테(ponte)라 불렀다)를 건설했고, 후에 성직자의 상류층이 되었다. 존 헨리는 고대 이집트에서 운하를 건설한 엔지니어들이 문명이 시작될 무렵 종교적 지배자가 되었을 것이라 주장했다.[43] 이 가문들은 물의 흐름을 통제했는데, 신과의 특별한 관계 덕분에 생명을 주는 귀중한 물을 공급할 수 있다고 다른 사람들을 설득할 수 있었다.

따라서 기록 보관, 측정, 엔지니어링을 문명의 발전 그 자체와 연결 짓는 것은 그리 무리한 일이 아니다. 시간, 측정, 밸런스, 권위. 이것들이 화폐와 회계에 필요한 모든 것이다.

유명한 화폐 고고학자(동전 전문가) 필립 그리어슨(Philip Grierson)은 화폐의 기원을 보상금을 지급(wergild)하는 관습에서 찾을 수 있다고 주장했다. 부족 사회에서는 유혈 분쟁을 방지하기 위해 상해를 가한 사람이 피해자(억울한 죽음의 경우 가족)에게 보상하는 벌금 제도를 만들었다.[44] 부족 사회

43   John F. Henry, "The Social Origins of Money: The Case of Egypt," in *Credit and State Theories of Money: The Contributions of A. Mitchell Innes*, ed. L. Randall Wray, Cheltenham and Northampton, Edward Elgar, 2004, pp. 70–98.

44   Philip Grierson, *The Origins of Money*, Athlone Press, London, 1977.

에는 화폐가 없었지만, 팔을 자르면 염소, 살인하면 말 등 가능한 모든 범죄 행위에 대해 적절한 벌금 목록이 존재했다(흥미롭게도, 부족 사회 러시아에서는 수염을 자르는 것이 팔을 자르는 것보다 더 심각한 범죄로 간주하여 더 많은 벌금이 부과되었다).

다른 말로, 벌금은 쉽게 구할 수 있고 유용한 것을 건넴으로써 "현물"(in kind)로 지불되었다. 여기서 "신부 가격"(신부 가족에게 주는 선물)의 관행이 유래했다. 남편은 아내를 사는 것이 아니라, 가족을 부양하던 여성을 잃은 것에 대해 그 가족에게 보상하는 것이었다. 벌금 목록은 (민주적으로) 공개 회의에서 작성되었으며, "기억하는 자"(rememberer)를 지정하고 암기하도록 했다(부족 사회에는 문자가 없었음).

확실히 알 수는 없지만, 그리어슨의 가설에 따르면, 문명이 발달하고 종교 권력이 부상함에 따라, 벌금은 점차 피해자가 아닌 성직자에게 납부되기 시작했다. 이로 인해 범죄의 심각성을 측정하고 그에 따른 벌금을 책정하기 위한 단일의 계산 단위(unit of account)가 만들어졌을 것이다. 그리어슨이 말했듯, 이는 거대한 지적 도약을 요구했다. 길이를 측정하는 인치(inch)나 피트(feet)를 생각해 내는 것은 비교적 간단하지만, 명백하게 상응하지 않는 것을 측정하는 추상적 단위를 생각해 내는 것은 쉬운 일이 아니었다[예를 들어, 범죄의 경중과 염소의 마릿수로 부과하는 벌금의 크기를 어떻게 비교할 것인가?-역자]. 원래 그것은 아마도 이미 존재하던 곡물의 양을 측정하는 단위였을 것이다. 모든 화폐 단위는 곡물의 부피를 측정하는 데 사용되던 단위에서 파생되었다. 미나(mina)나 세켈(shekel)[모두 곡물의 양을 측정하던 단위-역자] 같은 단위를 가져다 염소나 양 같은 것의 가치를 평가하게 되면, 어떤 위반 행위에 대한 벌금을 미나(mina)로 부과하고, 그에 상응하는 미나(mina) 가치를 갖는 현물로 벌금을 내는 일도 쉽게 이루어질 수 있다[쉽게 설명하면, 지은 죄를 10미나로 평가하고, 염소나 양 또한 10미나로 평가하면, 죄와 벌금(염소)을 직접 비교할 수 있게 된다. 죄, 벌금, 현금이라는 서로 비교 불가능한 것들이 '단일의 계산 단위'(통화 단위)로 평가되기 때문이다-역자].

기독교의 원죄 관념은 특별한 범죄 행위가 없어도(우리는 모두 태어날 때부터 죄인이다) 십일조를 징수하는 일을 가능하게 했다. 수 세기의 시간이 흐르면서 이는 세속의 권력기관에 납부하는 수수료, 벌금, 세금이 되었다. 그리고, 문자의 발달로 기록과 보관이 가능해졌고, 모든 것을 통화 단위로 기록하는 "악마의 장부"가 만들어졌다. 이후 모든 중요 상품의 가격이 통화 단위로 표시되고, 사원 기둥에 게시했다. 세금은 원래 현물로 납부했다. 발달의 마지막 단계에 가서는, 당국[종교 사원, 군주, 지역 토호(귀족) 등-역자]이 원하는 것을 구매하기 위해 통화 기록(점토판, 나무 막대기, 동전, 종이돈)을 발행하는 일이었다. 이 기록은 세금 납부 수단으로 이용되었다. 이렇게 하여 마침내 (통화 단위로 가치가 매겨진) 현물 납부가 돈으로 직접 납부하는 방식(당국이 부과한 금전적 채무 기록)으로 대체되었다.

이후의 과정은 사람들이 흔히 말하는 역사이다[즉, 통화의 등장과 도입이 결정적인 전환점이었고, 이후의 과정은 본질적으로 변한 것이 없다-역자].

2. 부채 탕감과 소디(Soddy) 원리

기억할 수도 없는 옛날부터, 빚은 주기적으로 탕감되었다. 유대교 전통에서는 일곱 번의 7년마다 돌아오는 희년(Year of Jubilee)마다 부채 탕감이 시행됐다. 고대의 근동(Near Eastern) 사회에서는 통치자가 바뀔 때마다 이런 일이 일어났다(물론 통치자는 지상에 존재하는 측정의 신(God of Measurement)이었다. 우리는 통치자의 자로 잰다!). 바빌로니아에서는 통치자의 통치 기간을 30년으로 정하고, 따라서 30년마다 빚을 탕감했다. 성경에서는 행운의 숫자 7년의 일곱 배를 택했다. 즉, [날씨가-역자] 정상적인 7년 동안 곡식 창고를 채우면(곡물 비축), 비정상적으로 긴 가뭄을 이겨낼 수 있다는 이유에서였다.

왜 부채를 주기적으로 탕감했을까? 이 지상의 통치자들은 따뜻한 심장을 가진 자유주의자가 아니었다. 그런 이유가 아니라, 부채 탕감은 왕에게 유리하게 밸런스를 회복하려는 조치였다.[45] 모든 백성이 채권자에 빚을 지고 있다면 그들을 다스릴 수 없다. 그러니, 왕은 그들의 죄를 사하고, 그들의 빚을 탕감하고, 그들과 그들의 아내와 아이들을 빚의 굴레에서 해방시켜야 했다. 할렐루야!

우리는 왜 정기적인 부채 탕감이 필요할까? 소디 원리(Soddy principle)란 것이 있다.[46] 복리로 증가하는 이자가 소득의 증가를 "압도"한다(즉, 경제 성장에 따른 상환 능력보다 부채가 더 빠르게 증가한다). 인간은 문자를 발명하기 전부터 이 사실을 알고 있었다. 최초의 교과서에는 복리를 계산하는 방법을 설명하고 있다.[47] 그리고, 거의 항상 이자율이 소득 증가율보다 높았기 때문에,[48] 부채는 갚을 수 없을 만큼 너무 빨리 불어나게 된다.

경제 성장률을 상회하는 이자율, 이것이 우리 사회 최초로 무너진 밸런스(imbalance)이자, 자연법칙 위반이었다. 이는 필연적으로 부의 집중을 초래한다. 독점게임(game of Monopoly)처럼, 총소득은 산술적으로 증가하는 반면, 임대료는 기하급수적으로 증가하므로, 최후의 1인이 모두를 가져가는 것으로 게임이 끝난다. 따라서, 바빌로니아부터 로마에 이르기까지 주

---

45   Michael Hudson, … *And Forgive Them Their Debts: Lending, Foreclosure and Redemption From Bronze Age Finance to the Jubilee Year,* ISLET, Dresden, 2018.

46   프레드릭 소디(Frederick Soddy)는 20세기 초의 물리학자였다. 그는 여러 저서를 통해 금본위제를 종식할 것과 경기변동에 대응하여 정부의 재정 수지를 조절해야 한다고 주장했다. 소디 원리란, 금전적 채무의 복리 금리가 경제 성장 능력보다 크면, 채무는 점점 증가한다는 원리이다. 이것은 소득 대비 채무의 비율이 무한히 증가함을 의미한다. 이는 바빌로니아 사람들이 수천 년 전에 이미 결론을 내린 원리로, 그들이 주기적으로 부채를 탕감한 이유이다.

47   Michael Hudson, … *And Forgive Them Their Debts*

48   자본주의 이전의 시대에는 경제 성장이 너무 느려, 한 사람이 평생 동안 그 변화를 알아차리지 못할 정도였다.

기적인 부채 탕감을 통해 밸런스를 회복했다.

부채 탕감을 통해 저당 잡혀 있던 아내와 아이들이 가족에게 돌아갈 수 있었다. 할렐루야, 마침내 자유를 찾았다!

인류의 모든 초기 사회에서는 시간을 순환적인 것으로 보았다. 하나의 황제가 등장하여 한 시대가 시작하고 그 황제가 죽으면 새로운 황제가 등장하는데, 이때 시간과 회계가 제로(0)로 초기화되고 과거의 모든 것이 일소된다. 시간과 부채는 태생적으로 관련되어 있다. 시간은 부채를 복리 이자율로 불린다. 천국에는 시간도 부채도 없다. 지옥에서는 모든 부채가 영원히 늘어난다.

완납의 날(Redemption Day)은 시간과 부채를 처음부터 다시 시작할 수 있게 해준다. 하지만, 로마법이 재산권을 강화하면서, 순환적 시간관은 폐기되었다. 이제 시간은 대체로 알려진 과거에서 불확실한 미래로, 한 방향으로만 움직인다. 더 이상 부채 탕감은 없다. 더 이상 백지상태가 아니다. 밸런스의 회복 과정도 더 이상 없다.

채무자 감옥은 밸런스를 회복하기 위해 가족이 빚을 갚아 구원할 때까지 채무자를 구금하는 곳이다. 수천 년 전 바빌로니아의 채무 속박이 그랬던 것처럼, 채무자 감옥은 채권자와 군주 사이의 밸런스를 무너뜨렸다. 가장이 감옥에 갇혀 있는 상황에서 채권자에게 빚을 갚는 것은 불가능했다. 그리고, 채권자에게 속박된 가족이 왕을 섬길 수는 없었다.[49]

남은 단계는 파산으로 들어가는 길이다. 파산은 부채 탕감과 마찬가지로 동정심에서가 아니라 통치자와 채권자 사이의 밸런스를 회복하기 위해

---

49   후에 감옥과 처형은 보복에만 사용되었다. '눈에는 눈, 목숨에는 목숨'을 통해 저울의 밸런스가 회복된다. 우리는 감옥이 수감자를 교화할 것이란 개념을 잠시 실험했지만, 결과적으로 감옥은 좋은 인간을 만드는 효과적인 방법이 아니라는 사실이 밝혀졌다. 따라서, 우리는 다시 처벌로 돌아갔다. 일반적으로 피해자의 손실에 대한 보상이 이루어지지 않기에, 가해자가 고통으로 "사회에 대한 빚을 갚도록" 형량을 늘려야 한다는 압박이 증가했다.

고안되었다. 하지만, 파산은 부분적인 리셋만을 허용했다. 이는 희년과 할렐루야를 대체하기에는 형편없는 제도였다. 그래서, 채권자들은 여전히 쇼를 했다. 그들은 불평등과 무너진 밸런스(imbalance)를 선호했다.

케네스 볼딩(Kenneth Boulding)의 말처럼,[50] 부자들을 대상으로 한 설문조사에 따르면, 그들이 얼마나 탐욕스럽고, 얼마나 끔찍이 근시안적인지 상상할 수 없을 정도라는 사실이 일관되게 드러난다. 그들은 황금알을 낳는 거위를 흔쾌히 구워 먹을 인간들이다.

여러분이 이를 믿지 않는다면, 그건 지난 20년 동안 월스트리트를 유심히 지켜보지 않았기 때문이다. 또는, 유로(Euro) 지역의 정부 부채 위기 당시 독일이 그리스, 스페인, 이탈리아에 한 짓을 보라. 채권자들의 권력이 너무 크면, 그들이 밸런스를 파괴한다. 보다 최근의 사례로, 부유한 국가들이 코로나19 백신이 다른 나라에 공급되는 것을 막았다. 그 결과, 바이러스가 더 위험한 변종으로 계속 변이를 일으켰다. 이후 새로운 변종 바이러스가 부유한 국가들로 다시 침투해 들어 갔다. 나쁜 업보에 대가를 치른 것이다.

3. 정부 부채와 밸런스

이를 현재로 가져와 보자. 신용과 부채는 같은 동전의 양면과 같다. 채권자와 채무자 모두 죄가 있다. 그들이 밸런스를 이룬다. 맞다. 이 밸런스는 복식부기 방식으로 기록되기 때문에, 항상 유지된다. 채무자의 부채는 채권자의 자산과 같다. 부채 한 푼에는 자산 한 푼이 대응한다. 반환(redemption)

---

50 위트가 뛰어난 제도주의 경제학자로, 보조금 경제학(Grants Economics), 일반 시스템 이론 (General Systems Theory), 생태역학(Econdynamics) 등 경제학의 새 영역을 창시한 것으로 유명하다.

은 채권자와 채무자 모두를 해방해 준다. 이는 새로운 밸런스, 즉 죄가 없는 밸런스로 결과한다. 파산 역시 일종의 밸런스로 결과하지만, 이는 적어도 법의 한도 내에서 채무자에 대한 채권자의 권한이 유지되는 밸런스이다.

[그림 1]은 미국의 부문별 밸런스를 보여준다. 위쪽 선은 비정부 부문이고, 아래쪽 선은 정부 부문이다. 비정부 부문에는 국내 민간 부문(가계와 기업)과 "해외 부문"(미국과 거래하는 다른 모든 국가의 경상수지 합계)가 포함된다. 정부 부문에는 연방 정부와 주 및 지방 정부가 모두 포함된다. 이는 경제 전체를 하나로 볼 때 수입에서 지출을 뺀 결과를 보여준다. 한 부문이 수입보다 적게 지출하면 흑자(0 이상)가 된다. 수입보다 지출이 많으면 적자(0 이하)가 된다.

미국 정부 부문은 거의 항상 "적자"(0선 아래), 즉 수입보다 지출이 더 많아 적자를 기록해 왔음을 알 수 있다. 여기에 포함된 주 정부와 지방 정부는 일반적으로 흑자를 내기 때문에, 정부 부문 그래프가 0 아래로 내려간 이유는 보통 연방 정부의 대규모 적자 때문이다. 반면에, 비정부 부문(위쪽 선)은 거의 항상 정부 부문 선 위에 있으며, 지출이 수입보다 적어 흑자를 기록해 왔다. 흑자의 일반적인 용어는 "저축"이다. 비정부 부문이 저축하고

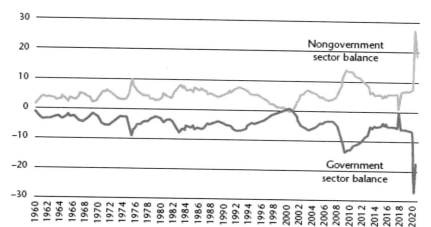

그림 1 정부와 비정부 부문 사이의 평형(GDP 대비 백분율): 1960—2020

있다는 의미이다. 미국 가계는 거의 항상 저축한다(즉, 소득보다 지출이 적음). 미국의 기업 부문은 때로는 흑자를, 때로는 적자(가령, 투자 지출을 위해 차입하는 경우)를 기록한다. 해외 부문은 레이건 대통령 시절부터 대미 흑자(그들은 달러를 저축함)를 기록해 왔다.[51]

요점은, 채무와 채권은 항상 밸런스를 이룬다는 사실이다. 민간 부문에서 순(net) "내부" 부채(즉, 민간 부문 안에서 서로 다른 부문들 사이의 채무/채권 관계)는 0이다. 이것이 밸런스이다[한 측의 채권은 상대측의 채무이므로, 양자를 합하면 0이다-역자]. 그러나, 국내 민간 부문은 다른 부문[가령, 정부 부문-역자]에 대한 청구권 형태로 금융적 부(financial wealth)를 축적한다. 미국이 경상수지 적자를 기록하고 있기 때문에, 해외는 달러로 표시된 저축을 축적한다. 이는 미국의 정부와 민간에 대한 청구권이다. 따라서, 국내 민간 부문의 저축이 플러스가 되려면, 정부 부문이 적자를 내야 한다. 정부의 적자 규모는 국내 민간 부문의 흑자와 해외 부문의 흑자(미국의 경상수지 적자)를 충당할 수 있을 만큼 커야 한다[이를 간단한 식으로 표현하면, '정부흑자 + 민간흑자 + 해외흑자 ≡ 0'. 이 식이 항등식임에 주의하자. 마지막 문장을 이 식으로 표현하면, '정부적자 ≡ 민간흑자 + 해외흑자'이다-역자]

정상적인 시기에는 민간 부문 흑자와 경상수지 적자가 정부의 재정 적자와 같다. 민간 부문이 적자를 내는 비정상적인 시기(글로벌 금융위기 이전 10년)에도 우리는 밸런스를 볼 수 있었다. 즉, 클린턴 행정부 시절 몇 년 동안 정부가 재정 흑자를 내는 밸런스를 유지했다. 이 시기, 민간 부문은 적자를 내고, 정부와 해외는 흑자를 내는 밸런스였다. 다른 말로, 정부와 외국이 흑

---

51 여러분도 어쩌면 알고 있을지도 모르는데, 미국은 오랫동안 무역 적자를 기록하고 있다. 이는 외국인들이 미국 달러를 저축할 수 있게 해준다(여기서 사용하는 지표는 이윤과 이자와 같은 해외 요소 수익을 포함하는 더 넓은 의미의 경상수지이다). 전체적으로, 해외 부문은 미국을 상대로 지속적인 경상수지 흑자를 기록해 왔다. 미국은 달러 표시 부채를 축적하고, 해외는 달러를 "저축"한다는 의미이다.

자를 내기 위해 민간 부문이 적자를 냈던 것이다.

재미있게도, 미국 언론과 워싱턴의 관료들은 연방 정부의 흑자를 큰 성공으로 축하했다. 국가 재정을 아꼈다는 평가일 것이다. 동시에, 민간 부문의 적자는 나라 전체의 저축을 까먹기 때문에 부끄러운 일이라 언급된다. 1999년에 월스트리트 저널은 제1면에 정부 저축(1998년이 되면서 흑자로 전환)과 민간 저축(적자로 전환)을 보여주는 유용한 그래프를 실었다. 그리고, 이를 개별적으로 설명하는 기사도 게재했다(같은 데이터를 보여주는 [그림 2] 참조 위쪽 선은 연간 개인 저축률을, 아래쪽 선은 GDP 대비 적자 또는 흑자를 나타낸다). 놀라운 점은, 두 기사 모두 양자가 서로 연결되어 있다는 사실을 언급하지 않았다는 사실이다. 이 보도는, 정부 부문과 민간 부문의 수지가 하나의 항등식으로 묶여 있다는 사실을 전혀 인식하지 못하고 있었다.

실제로, 미국의 경상수지가 적자인 상황에서, 정부가 흑자를 내기 위해서는 민간 부문이 적자를 내야 한다. 이것은 회계적 항등식의 문제이다. 미국 최고의 경제 뉴스 전문 매체(월스트리트 저널)조차 이러한 기본적인 회계적 밸런스의 변화조차 이해하지 못하는 것이 오늘날 경제학의 안타까운 현황이다!

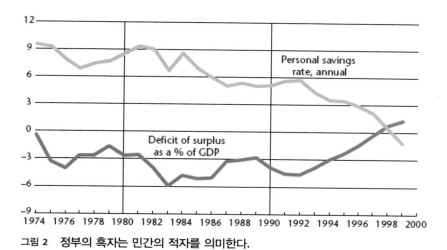

그림 2 정부의 흑자는 민간의 적자를 의미한다.

클린턴 대통령은 당시 TV에 출연까지 해서, 미국 정부가 향후 15년 동안 재정 흑자를 유지하여 정부의 모든 부채를 없앨 것이라 선언하기도 했다! 그가 직접 언급하지는 않았지만, 이는 같은 기간 동안 미국 민간 부문이 계속해서 적자를 기록하여 수조 달러의 순부채를 축적해야 함을 의미하는 말이었다.[52] 말할 필요도 없이, 그런 일은 일어나지 않았다. 정부의 재정 흑자는 2년 남짓 지속되었다. 민간 부문의 부채가 증가하고, 가계의 과도한 지출이 동력을 잃음에 따라 경제가 불황에 빠졌기 때문이다. 그 이후로 매년 그 어느 때보다 큰 정부 재정 적자가 발생했다. 클린턴의 예측은 빗나갔다.

회계적 밸런스는 항상 존재한다. 밸런스가 깨지는 유일한 경우는 회계적 오류뿐이다. 거의 모든 사람이 그러하듯, 글로벌 혼란을 금융적 밸런스가 깨진 것으로 보는 관점은 틀렸다. 미국 정부의 재정 적자도 미국의 무역 적자도 위험하게 밸런스가 깨졌음을 나타내지 않는다. 그래프가 보여주는 것처럼, 이들은 단 한 푼까지 밸런스를 이룬다. 정부의 적자는 민간 부문의 저축을 가능하게 한다. 그리고, 그 저축은 지구상에서 가장 안전한 자산인 미국 정부에 대한 청구권으로 이루어진다.

무역 수지 또한 밸런스를 이루고 있다! 우리 [미국-역자]의 경상수지 적자는 전 세계 다른 나라들의 대미 경상수지 흑자와 같다. 우리는 그들이 우리에게 수출하는 물건을 얻고, 그들은 미국 달러를 얻는다. 이렇게 밸런스가 이루어진다.

---

52 미국이 경상수지 흑자로 이를 상쇄하는 경우에만 민간 부문의 적자를 피할 수 있지만, 거의 가능성이 없는 시나리오이다.

4. 통화와 주권적 권한

바빌로니아의 통치자들이 보았던 방식으로 회계적 밸런스를 살펴볼 필요가 있다. 백성들의 부채가 너무 커질 때, 통치자는 총체적인 부채 탕감을 선언했다. 이는 힘의 밸런스를 회복하기 위한 조치였다. 오늘날 우리의 문제는 회계적 밸런스가 아니라 권력의 밸런스와 관련되어 있다. 글로벌 금융 엘리트들이 너무 많은 권력을 가지고 있다. 미국 정부뿐만 아니라 나머지 국민은 이 권력에서 소외되어 있다. 이를 이해하려면 돈(화폐)이 무엇인지 이해해야 한다.

간단히 말해, 위에서 주장한 것처럼, 통화는 원래 통치자가 자신에게 납부해야 하는 수수료, 벌금, 세금의 가치를 평가하기 위해 창조한 측정 단위이다. 백성 혹은 시민에게 (일종의 원죄인) 부채를 지움으로써, 실물 자원을 공공의 목적에 동원할 수 있었다. 세금(그리고 통치자에 대한 여타 의무)이 통화를 유통시키는 원동력이다. 그렇기에 통화는 항상 주권적 권력, 즉 실물 자원을 통제하는 권력과 연결된다. 이 권력은 절대적인 경우가 거의 없다. 다른 권력자들과 경쟁하기도 하고, 더 중요하게는 국내 채권자들과 경쟁하곤 한다. 민간 채권자에 대한 부채가 너무 많아지면, 주권적 권력이 약화된다. 이는 통치에 필요한 권력의 밸런스를 깨뜨린다. 바빌로니아에서 그랬던 것처럼, 부채 탕감으로 권력의 밸런스를 회복할 수 있다.

통화는 사회적으로 창출된 자원 일부를 정부가 통제하기 위해 만들었다. 즉, 통화는 민간 시장에서 유래한 것[주류 경제학의 주장-역자]이 아니라 통치자에게 자원을 이동시키는 수단으로 창조되었다. 우리는 화폐를 과세를 위한 통화로 간주할 수 있다. 여기서 누군가의 사회적 부채는 계산 단위 화폐로 표시된다.

나는 공익을 위해 (노동 시간을 포함하여) 1달러 상당의 상품을 제공해야 할 의무가 있다. 이 상품 대신, 나는 세금을 납부할 돈을 번다. 역사적으로 세금이 어떤 행위를 돈으로 환산한 사례는 빈번히 발견된다. 성경 말씀처럼, "가이사의 몫"을 정하기 위해 그것을 통화의 단위로 환산해 가치를 매기는 것이 세금이다.[53]

주권 정부는 사회적 의무를 부과하고, 세금을 납부하면 그 의무를 이행한 것으로 간주한다. 그런데, 세금 납부에 사용할 수 있는 화폐적 기록의 종류(나무 막대기, 점토로 만든 "슈바티"(shubati) 태블릿, 금속 동전, 종이돈 등 그 어떤 형태든)는 정부가 지정한다. 이렇게 하여 정부는 그 기록을 발행하여 자신의 지출에 사용할 수 있게 된다. 이 정부의 화폐 기록이 국가가 부과한 부채[사회적 의무-역자]이고, (모든 화폐와 마찬가지로) 정부가 또한 정한 계산 화폐 단위로 표시된다. 그리고, 모든 화폐적 기록과 마찬가지로, 발행자로서 정부는 그것을 수용해야만 한다. 분명히, 정부가 원하는 것은 돈이 아니라 실물 자원이다. 화폐 영수증은 수단이지 목적이 아니다. 주권 정부는 여러분이 공급할 수 있는 자원을 얻기 위해 여러분에게 통화를 발행하고, 여러분은 그 통화를 사용하여 의무를 이행한다. 주권 정부의 통화를 얻기 위해 여러분을 일하도록 유도하는 것은 납세 의무이다[간단히 말해, 정부는 국민에 납세 의무를 부과한다. 세금은 정부가 발행하는 통화로만 납부할 수 있다. 그러면, 국민은 그 통화를 얻기 위해 일한다. 이것이 최초 통화의 등장과 작동 원리였고, 이는 현대에도 변하지 않고 있다-역자].

---

53 [이하 마태복음 제22장-역자] 15 이에 바리새인들이 가서 어떻게 하면 예수를 말의 올무에 걸리게 할까 상의하고; 16 자기 제자들을 헤롯 당원들과 함께 예수께 보내어 말하되 선생님이여 우리가 아노니 당신은 참되시고 진리로 하나님의 도를 가르치시며 아무도 꺼리는 일이 없으시니 이는 사람을 외모로 보지 아니하심이니이다; 17 그러면 당신의 생각에는 어떠한지 우리에게 이르소서 가이사에게 세금을 바치는 것이 옳으니이까 옳지 아니하니이까 하니; 18 예수께서 그들의 악함을 아시고 이르시되 외식하는 자들아 어찌하여 나를 시험하느냐; 19 세금 낼 돈을 내게 보이라 하시니 데나리온 하나를 가져왔거늘; 20 예수께서 말씀하시되 이 형상과 이 글이 누구의 것이냐; 21 이르되 가이사의 것이니이다 이에 이르시되 그런즉 가이사의 것은 가이사에게, 하나님의 것은 하나님께 바치라 하시니; 22 그들이 이 말씀을 듣고 놀랍게 여겨 예수를 떠나가니라(마태복음, 제22장)

그러나, 여러분이 민간 채권자에게 과도한 빚을 지고 있으면, 여러분은 빚을 갚기 위한 돈을 벌기 위해 일한다. 하루가 끝날 무렵에는 너무 지쳐서 정부가 원하는 자원을 제공하기 위해 더는 일할 수 없게 된다. 민간 채권자들이 경제를 운영하면, 정부가 공공의 목적을 위해 생산할 수 있는 여력이 충분하지 않게 된다. 정부는 자체 통화를 무제한으로 공급할 수는 있지만, 정부가 구매할 수 있는 생산적 자원이 존재해야만 한다.

하지만, 현대 경제에서 이런 제약[유휴 실물 자원이 부족한 경우-역자]은 일반적이지 않다. 정부의 주권적 권한은 일반적으로 두 가지 주요 방식으로 제약된다: 자의적으로 부과한 예산 제약과 환율 제약. 유럽연합 국가들을 포함하여 많은 나라가 이 두 가지 제약 모두를 기쁘게 부과하고 있다. "예산 제약"이라는 수갑만으로는 충분하지 않았는지, 유로화라는 족쇄까지 채운 것이다. 우리는 글로벌 금융위기 이후 그 끔찍한 여파를 목격했다. 당시 유로존은 강압적으로 긴축정책을 강요하여 독일과 네덜란드를 제외한 나라들끼리 서로 대립하게 만들었다(이 두 나라는 주요 수출국으로 나머지 유로 지역에 대해 막대한 청구권을 갖고 있었다. 핀란드와 룩셈부르크도 소규모이지만, 흑자국이었다).

문제는 금융적 불균형이 아니라 권력의 불균형이다. 독일과 네덜란드는 너무 많은 것을 갖고 있는 반면, GIIPS(그리스, 이탈리아, 아일랜드, 포르투갈, 스페인)는 너무 조금 갖고 있다. 달의 운동을 저주할 수는 있지만, 달은 여전히 지구를 돌 것이다. 지중해 연안 국가들의 재정 적자를 아무리 비난해도, 그들의 재정 적자는 계속될 것이고, 독일의 흑자는 점점 더 커질 것이다.

채권국과 채무국 간의 밸런스를 회복하기 위해 "부채 탕감"을 말할 수 있는 사람이 있을까?

자체 통화를 발행하는 주권 정부에게는 재정적 제약이 없다. 정부는 재정적 불균형을 초래할 수 없다. 정부는 자국 통화로 판매되는 모든 자원을 키보드를 두드려 구매할 수 있다. 정부의 부채는 민간 부문의 자산이며,

그러한 키보드 두드림을 통해 공익을 위한 자원을 동원할 수 있다. 그렇다고, 정부가 모든 자원을 사들이려고 노력해야 한다는 의미는 아니다. 정부 구매가 너무 크면 인플레이션이 발생할 수 있고, 사적 목적을 충족하기 위한 자원이 너무 적게 남을 수 있다. 정부는 주권적 권한을 사용하여 적절한 양의 자원을 공공의 목적에 사용할 필요가 있다. 사적 목적을 위한 자원도 충분히 남겨두어야 한다. 양자 사이의 밸런스는 대부분 정치적이다. 나중에 설명하겠지만, 이 밸런스를 찾는 일은 쉽지 않다.

세금 수입과 정부 지출 사이의 "밸런스"[흔히 균형 재정이라 부른다-역자]나 재정의 한도를 제한하는 것은 공공의 목적과 사적 목적 사이의 적절한 밸런스를 찾는 데 최악의 방법이다. 그렇게 하면, 보통 자원이 사적으로 사용되기보다는 사용되지 않고 허비하는 결과를 초래한다[자원(노동과 자본 설비 등)의 활용을 민간에만 맡겨 놓으면, 만성적인 실업과 유휴 자원이 발생한다-역자]. 우리가 원하는 바를 정부에게 명시적으로 요구하는 편이 훨씬 낫다. 우리는 민간 부문에 무엇을 바라는가? 이 두 가지를 모두 달성하기 위해, 국내적으로 충분한 자원을 공급할 수 있을까? 필요한 자원을 수입을 통해 외부에서 확보할 수 있는가? 그렇지 않다면, 우리가 필요한 역량을 어떻게 확장할 수 있을까?

우리는 일반적으로 정의되는 계획 경제를 주장하는 것이 아니다. 물론, 모든 경제는 필요에 따라 계획적으로 운영된다. 현대 경제처럼 복잡한 시스템이 계획 없이 작동한다는 것은 있을 수 없는 일이다. 문제는 누가, 누구를 위해 계획하느냐이다. 최근 계획은 다국적 기업, 특히 자신들의 편협한 이기심을 추구하는 거대 금융기업이 주도하고 있다. 주권 정부는 자신의 많은 권한을 이들에게 넘겨주었다. 정부 자체가 예산이 부족하다는 잘못된 믿음 때문이다.

이것이 진짜 문제이다. 어렵고 논쟁의 여지가 있는 문제이다. 그러나, 재정 적자 규모는 이와 거의 아무런 관련이 없다. 어떤 밸런스라는 관념을 충족하기 위해 특정 부채 비율을 설정하는 일은 아무런 의미가 없다(유로존에서는 재정 적자 비율로 GDP 대비 3% 또는 6%, 총부채 한도는 GDP 대비 60%이다). 이는 반생산적이다. 사람들이 뭐라 시위하든, 재정은 밸런스를 회복한다.

5. 주권과 환율

스스로 부과한 또 다른 제약, 즉 "고정 환율제"에 대해 살펴보자. 금본위제 혹은 외환 표준("달러화" 또는 "유로화", 자국의 환율을 달러나 유로에 고정), 또는 밀턴 프리드먼의[54] 통화 증가율 규칙, 또는 인플레이션 목표제 등은 일부 특권층의 이익을 위해 봉사하는 정치적 행위이다.

정부와 정부 발행 통화 사이의 분리는 "자연스러운 것"이 아니다. 1913년 연방준비법(Federal Reserve Act)이 재무부와 중앙은행의 기능을 분리했던 것처럼, 금본위제도 법으로 채택한 제도였다. 그리고, 1987년 (미국) 균형예산법(Balanced Budget Act)은 연방정부의 지출과 수입이 사전적으로 일치하도록 법제화했다. 최근 미국 의회는 또 하나의 자발적 제약인 "페이-고 (pay-go) 원칙"을 채택했다. 정부가 어떤 새로운 지출안을 제출하려면, 다른 부분의 지출을 줄이거나 세금을 인상하여 지출과 수입이 일치하게 해야 한다는 원칙이다. 이 모든 것은 [어떤 필연적인 이유 없이-역자] 스스로 부과한 제약들이다. 이는 마라톤을 시작하기 전에 양발을 신발 끈으로 묶는 것과 같다.

현대 중앙은행의 소위 독립성이라는 미신도 마찬가지이다. 이는 한 가

---

54   통화주의자인 밀턴 프리드먼은 중앙은행이 통화 공급 증가율을 일정하게 유지하는 규칙을 채택할 것을 요구한 것으로 유명하다. 예를 들어, 통화 공급 증가율의 목표치를 연간 4%로 설정하자는 것이다. 이는 가능한 일이며, 이렇게 해야 인플레이션을 제거할 수 있는 것으로 주장된다. 오늘날 선진국의 어떤 중앙은행도 프리드먼의 권고를 따르지 않고 있다. 그리고, 오늘날 세계 중앙은행 대부분은 중앙은행이 통화 공급을 통제할 수 있다는 아이디어를 틀린 관념으로 간주한다.

지 사실을 숨기기 위해 스스로 부과한 연막일 뿐이다. 통화 정책이 월스트리트와 런던, 프랑크푸르트, 파리에서 활동하는 금융기관에 유리하도록 편향되어 있다는 사실 말이다. 중앙은행은 정부의 은행이다. 연준은 법적으로 "의회의 피조물"이다. 의회는 여러 차례 개정된 연방준비법을 통해 연준을 만들었다. 의회는 연준이 공익을 위해 운영되도록 할 수 있고, 또 그렇게 해야 한다. 모든 일은 의회의 허가만 있으면 된다.

밸런스를 맞추기 위한 이러한 노력은 불필요하다. 재정의 밸런스가 깨지는(imbalance) 것은 불가능하다. 권력의 밸런스가 무너진 것은 이런 오도된 노력의 결과이다.

자국 통화의 환율을 다른 국가의 통화에 고정하는 정책은 통화 주권을 상대 국가에 넘기는 짓이다. 사실상 상대 국가의 식민지가 된다. 재정과 통화 권한 모두에서 통제력을 상실한다. 또한, 환율 위기, 정부의 파산, 민간 부문의 연쇄도산이라는 세 가지 위협에 한 나라를 노출하게 된다. 윈 고들리(Wynne Godley)에 따르면, "자신의 통화를 발행할 수 있는 권한과 자체 중앙은행으로부터 대출을 받을 수 있는 권한은 국가의 독립성을 정의하는 데 가장 중요한 요소이다. 만일 한 나라가 이 권한을 포기하거나 상실하면, 지방 정부 또는 식민지로 전락하게 된다".[55] 통화 가치를 고정하는 나라는 환율을 보호하고 부채를 상환할 외화를 확보하기 위해 충분한 규모의 수출을 기대해야 한다. 다시 말해, 그 나라는 스스로 소비할 수도 없는 생산물을 생산하기 위해 열심히 일해야 한다. 이 모두는 고정하기로 한 통화를 발행하는 상대 나라를 위한 서비스이다. 그 식민지배자가 자비롭다면, 안정적인 환율을 유지할 수 있다. 어쩌면 꽤 괜찮은 생활 수준을 누릴 수 있을지도 모른다. 하지만, 불행히도, 역사를 통틀어 식민지배자는 그다지 자비롭지 않

---

[55] Wynne Godley, *London Review of Books*, vol. 14, no. 19 (October 8, 1992).

았다. 이것이 오래지 않아 식민지 국민이 반란을 일으킨 이유였다.[56]

그리고, 새로운 국가가 형성되면, 거의 항상 자신만의 새로운 통화를 채택했다. 힘의 밸런스를 자신에게 유리하게 바꾸기 위해서.

6. 결론 : 밸런스가 깨진 세상

전 세계를 전체적으로 보면, 외부 부문은 존재하지 않는다. 우리는 화성인과 교역하지 않기 때문이다(아직은?). 따라서, 전 세계 정부 적자의 합계는 전체 민간 부문 흑자의 합계와 같다. 이 둘은 밸런스를 이룬다. 진정으로 밸런스가 깨진 것은 권력이다. 그리고, 이것은 유럽만의 문제가 아니다. 전 세계적으로 밸런스가 깨졌다는 인식이 일반화되어 있다. 우리는 아랍의 봄, 월스트리트 점령 운동, 미국의 MAGA("미국을 다시 위대하게"), 유럽 전역의 시위 등을 경험했다. 영국은 브렉시트를 단행했다. 그리고, 미국에서는 유권자들이 양당의 주류 후보를 거부하고 나르시즘적인 리얼리티 TV 스타인 트럼프를 대통령으로 뽑았다. 얼마 전 이탈리아 유권자들은 실제로 광대를 국가를 이끌 지도자로 선택했다. 이제 유럽의 여러 나라들이 하나둘씩 파시스트의 부활을 꾀하고 있다. 미국에도 자생적 파시스트가 있다.

왜 그럴까? 밸런스가 깨졌기 때문이다. 서구 전역에서 공공 부문이 너무 작다. 우리는 너무 많은 필수 공공 부문의 기능을 민영화했다. 예술, 문화, 교도소, 아프가니스탄과 이라크의 군대, 교육, 의료, 심지어 자동차 관리 업무까지. 이 모두가 점점 더 많이 민영화되고 있다. 완전 고용에 대한 책임마저 민간 부문으로 떠넘겼다. 정부가 경제 안정을 위한 재정 정책의 역할을 축소했기 때문이다. 은행에 대한 감독도 소홀해졌다. 사기와 기타

---

56 그리스는 유로에 반기를 들었지만, 패배했다.

범죄 행위가 적발되면, 은행이 스스로 규제하고, 심지어 스스로 기소하고, 스스로 처벌하고, 스스로 자숙하도록 내버려 두었다.

정부가 본연의 역할을 포기하면 어떤 일이 벌어질까? 최상위에서 사기를 친다. 그리고, 부패, 총체적 무능. 나머지 우리는 어떻게 될까? 실업자가 되고, 불평등해지고, 빈곤으로 떨어지고, 의료와 노후, 복지가 축소한다.

생각해 보면 우리는 거대한 신자유주의 실험이라는 최악을 선택했다. 정부 규모를 축소하고, 정부의 많은 기능을 민영화하고, 안전망을 축소하고 서구의 부유한 국가에서는 고령화가 빠르게 진행됐다. 이에 따라 이중의 문제를 초래했다. 노인 부양에 더 많은 자원을 투입해야 하는 동시에 개인의 은퇴를 위한 재원을 축적하려는 개인적인 욕구가 발생했다. 사적 저축을 늘리려는 시도는 유효 수요를 감소시키고 경제 성장을 저해할 수 있다. 이는 노인을 부양하는 데 필요한 자원의 축적을 어렵게 만든다[이 점은 최근 불거진 국민연금 개혁 논쟁에 중요한 통찰을 제공한다. 노인 부양에는 '금융 자산'(연금)이 아니라 '실물 자원과 역량'(노인 병원 등)이 필요하다. 그런데, 국민연금 재정을 건전하게 유지해야 한다면서 국민연금 보험료 인상(일종의 강제 저축)만을 주장하면, 미래 노인 부양을 위한 역량 건설을 어렵게 한다. 현재 저축 증가는 유효 수요를 감소시켜 투자에 부정적 영향을 미치고, 궁극적으로 저성장·저생산성 경제로 결과할 것이기 때문이다. 미래 증가할 노인 부양을 위한 가장 좋은 방안은 '재정'이 아니라 노인을 돌보는 데 필요한 실물 자원과 역량을 확충하는 일이다—역자].

동시에 은퇴 자금의 축적은 전례 없는 금융 자산의 축적으로 이어졌고, 이는 월스트리트의 펀드 매니저들이 관리한다. 현재와 미래의 은퇴자들은 노후소득 보장성을 높이기 위해 더 높은 수익률을 요구했고, 월스트리트는 더 많은 자원을 금융 부문에 투입했다. 그 결과, 금융 부문의 부가가치 비중은 두 배로 증가했고, 전체 기업 이익의 40%를 차지하게 되었다. 너무 과하다.

금융은 중간재이고, 어쩌면 최상의 환경에서 유용한 활동에 자금을 공급하여 생산에 기여할 수도 있다. 그러나, 금융은 대부분 자신의 이익에 복무하며, 항상 새로운 자산군을 찾아다니며 거품을 일으킨다. 관심이 월스트리트로 쏠림에 따라, 우리는 고령화 인구를 돌볼 수 있는 역량을 키우지 못했다.

동시에, 금융적 부는 생산물에 대한 잠재적 청구권이지만, 필요한 생산물의 생산을 보장하지는 않는다. 우리는 노인을 위한 주택이 필요하지만, 금융은 CDO, 또는 CDO^2, 또는 CDO^3(주택 소유자가 집을 잃을 것이라는 데 베팅하는 환상적이고 가상적이지만, 실재하는 파생상품)에 대한 도박에만 관심이 있다. 사실은, 이보다 더 심각하다. 현대 금융은, 적어도 거대 은행이 벌이는 금융은 대부분 사기성 행위에 관한 것이다. 따라서, 금융은 제로섬 게임도 아니다. 경제에 엄청난 부정적 영향만을 끼치고 있다.[57]

정부의 적자는 밸런스가 깨진 것이 아니다. 권력의 밸런스가 문제이다. 우리 경제의 과도한 금융화가 치료해야 할 병이다. 미국의 서브프라임 사기, 그리스와 아이슬란드에 강요한 긴축, 선진국 대부분에서 소득 정체, 풍요 속의 빈곤과 불평등의 증가, 절망과 체념의 증가 등이 그 증상이다.

신속한 해법이나 마법의 총알 같은 건 없다. 그리스 정부의 지출 삭감은 해결책이 아니다. 마스트리히트 규정의 개혁이나 더 큰 구제금융도 해결책이 될 수 없다. 금융 시스템에 대한 또 하나의 도드-프랭크 개혁이 필요한 것도 아니다. 투자 은행과 상업 은행을 분리한 글래스-스티걸법을 되살리는 것도 큰 도움이 되지 않는다. 그렇다, 개혁은 근본적이어야 한다. 그리고, 근본적 개혁은 화폐를 더 잘 이해하는 데서부터 시작해야 한다.

---

57 William Black, *The Best Way to Rob a Bank Is to Own One: How Corporate Execu-tives and Politicians Looted the S&L Industry*, University of Texas Press, Austin, 2005. 참조.

• • • •

제5장

인생은 상충관계로 가득하다

1. 개인의 상충관계

우리의 개인적인 경험에 비추어 볼 때, 인생은 상충관계로 가득 차 있다. 미적분학 시험공부를 해야 할까, 아니면 영화를 보러 가야 할까? 공부보다 영화를 보는 것이 훨씬 더 재미있겠지만 시험에 떨어지면 졸업을 못 할 수도 있다. 바하마로 비싼 휴가를 갈까, 아니면 그 돈을 개인 퇴직연금 계좌(IRA)에 넣어야 할까? 은퇴는 아직 멀었고, 휴가는 정말이지 멋지게 들린다.

기초적인 경제학 수업을 들은 적이 있다면, 위젯(일반적인 소비재 또는 서비스)을 소비함으로써 얻을 수 있는 "효용"(즐거움의 정도를 측정하는 대리 지표)을 신중하게 따져보는 합리적 소비자에 대해 배웠을 것이다. 이 합리적 소비자의 목표는 상품과 서비스 묶음을 소비함으로써 얻을 총효용을 극대화하는 것이다. 이는 상당히 복잡한 문제일 수 있다. 매우 많은 조합이 가능하기 때문이다. 어떻게 하면 올바른 조합을 구할 수 있을까?

올바른 선택을 하려면 고급 수학이 필요하므로, 영화를 보러 가는 것보다 미적분을 공부하는 편이 좋다! 여러분이 바라는 바는, 여러분이 소비하는 각 소비재의 마지막 한 단위 소비로부터 얻는 효용의 양이 같아지도록 개별 소비재의 소비량을 선택하는 방법이다. 미적분을 이해한다면 여러분은 이미 게임에 앞서 있는 셈이다. 개별 소비재의 한계 효용이 같아지도록 선택하면 된다는 사실을 알기 때문이다[이에 대해 약간의 부연 설명이 필요하다. 이 설명이 놓치고 있지만, 이 결론이 성립하기 위한 전제가 있다. 소위 '한계효용체감의 법칙'이라는 가정이 그것이다. 개별 소비재의 소비량이 증가할수록, 마지막 한 단위 소비가 주는 효용이 점점 감소한다는 가정이다. 가령, 목이 매우 마를 때, 첫 번째 한 모금의 물은 가령 100만큼의 효용을 준다면, 이미 갈증이 해소된 뒤인 열 번째 한 모금은 1만큼 정도의 효용을 줄 것이다. 따라서, 이미 많이 소비하고 있어 한계효용이 떨어진 소비재의 소비는 줄이고, 조금밖에 소비하고 있지 않아 한계효용이 아직 큰 소비재의 소비를 늘리면, 총효용의 크기가 증가한다. 직관적으로, 모든 소비재의 한계효용이 같아질 때 총효용은 극대화된다. 이는 물론 지출할 수 있는 돈이 한정되어 있다는 전제에서 그러하다(이하 참조)-역자].

한 가지 조건이 더 있다. 바로 예산 제약이다. 예산은 소비재 구매를 제한한다. 이는 다시 소득에 달려있다. 소득을 얻으려면 일을 해야 한다. 일은 재미가 없다. 차라리 영화관에 가고 싶을 것이다. 따라서, 올바른 선택을 하려면 조금 더 계산이 필요하다.

예산 제약하에서 소비재를 구매하고 효용을 극대화하기 위해 일을 한다. 하지만, 여러분은 여가도 원한다. 일은 "비효용"(즐거움의 반대)을 주고, 여가는 효용을 준다. 어느 정도까지 일해야 할까? 일의 한계 비효용[마지막 한 단위 시간 동안 일할 때 느끼는 비효용-역자]이 마지막 1달러를 소비에 지출하여 얻을 수 있는 한계효용과 같아지는 지점까지.

휴! 어려운 결정이다! 여러분은 구매하는 모든 품목에 대해, 실제로 모든 의사 결정에 대해, 이 계산을 한다.

결혼에도 많은 상충관계가 있다. 미국을 비롯한 대부분 국가에서 일부다처제가 금지되어 있기 때문에, 한 배우자를 선택하면 다른 배우자를 선택할 수 없다. 따라서, 모든 가능한 배우자에게서 얻을 수 있는 효용의 흐름을 계산해 봐야 한다. 평생 동안의 효용을 극대화할 수 있는 배우자를 선택해야 한다. 여러분 배우자의 효용은 고려하지 않지만, 배우자의 경제적 능력은 고려한다. 물론, 다른 모든 배우자 후보들도 여러분과의 결혼으로부터 얻을 수 있는 효용을 계산하고, 다른 배우자 후보들로부터 얻는 즐거움과 비교한다. 의사 결정 과정에 이렇게 복잡한 수학이 연관되어 있다는 점을 생각하면, 성공적인 결혼이 이뤄진다는 사실이 놀라울 따름이다.

이 "소비자 선택 이론"에는 덧붙여야 할 쟁점이 많다. 이 이론이 가정하는 "합리적 인간"의 성질이 그중 하나이다. 여기서 합리적 인간이란 전적으로 자기 이익에만 관심이 있고 (타인의 행복이나 고통에 전혀 영향을 받지 않으며), 완벽한 예지력을 가지고 있으며 (한번 내린 결정에 대해 절대 재고하지 않는) 사람이다. 그러나, 제도경제학의 "아버지"로 불리는 소스타인 베블렌(Thorstein Veblen)은 이를 혀를 내두를 정도로 명쾌하게 정리한 것으로 유명하다.

> 인간에 대한 쾌락주의적 인식은 쾌락과 고통에 관한 광자 계산기와 같다. 이렇게 인식되는 인간은 행복 욕구라는 쇠구슬처럼 진동하는 사람이고, 모두가 똑같다. 이 인간은 움직임의 방향을 변화시키는 자극에 따라 움직일 뿐, 자신의 본성은 변하지 않는다. 그에게는 선행(先行)도 결과도 없다. 고립되어 있고, 확고한 인간 소여(所與: 주어진 어떤 것)일 뿐이다. 그를 다른 방향으로 이동시키는 힘이 없다면 안정적 균형 상태에 있다. 자연적 공간에 자리를 잡은 그는 힘의 평행 사변형이 짓누를 때까지 자신의 영적 축(spiritual axis)을 중심으로 대칭적으로 회전한다. 그러면 그는 결과의 선을 따라간다.[58]

소비자만 상충관계에 직면하는 것은 아니다. 투자자는 국채나 회사채 등 다양한 투자 대안 사이에서 선택해야 한다. 또는, 타이어 공장을 새로 지

---

58 Thorstein Veblen, *Theory of the Leisure Class*, London, Prometheus Books, 1998 (1898), pp. 389 – 90.

어야 할까, 아니면 냉장고 생산에 뛰어들어야 할까? 직원을 더 고용해야 할까, 아니면 로봇으로 대체해야 할까? 아니면, 안전한 금융 자산을 보유하기로 결정할 수도 있다. 이러한 결정은 예산의 제약을 받기 때문에, 실현 가능한 최대 수익을 창출하도록 투자를 배분한다. 그 원리는, 가능한 모든 선택에서 예상되는 한계 수익과 한계 비용을 비교하여, 양자가 같아지는 선택을 하면 된다는 것이다.

복잡성, 수학, 극단적인 가정, 전문 용어를 제거하고 보면, 이 모든 것은 완벽하게 수긍이 간다. 물론, 우리는 선택을 해야 하고, 당연히 상충관계에 직면해 있다.

하지만, 우리는 많은 실수를 저지른다. 영화를 선택하여 미적분 시험을 잘 못 치고, 겨우 2년제 커뮤니티 칼리지에 입학하게 된다. 배우자를 잘못 선택해 이혼하고, 이혼 법원 판사는 전 배우자에게 집을 주라고 판결하기도 한다. 우리는 종종 자신의 선택을 후회하고, 또 한 번의 기회가 주어진다면 모든 것을 다르게 할 것이다.

행동 심리학자들은 인간은 사실 선택에 매우 서툴다고 알려준다. 선택은 이성적으로 이루어지지 않고, 진화에 크게 영향을 받는다. 이 진화는 수백만 년에 걸쳐 인간을 탄생시켰다. 많은 상황에서, 우리는 소뇌를 가진 유인원 조상과 크게 다르지 않게 행동한다. 사실상, 쥐와도 크게 다르지 않다. 그리고, 놀랍게도 우리는 더 많은 선택지에 직면할수록 점점 더 못한다. 쥐도 그렇다. 더 클래시(The Clash)의 표현을 빌리자면, 우리는 쿠폰을 긁어모으고 특별 행사 상품을 찾느라 "슈퍼마켓에서 길을 잃고", 결국 선택하지 못한다. 매장 관리자가 눈높이에 맞춰 배치한 첫 번째 제품을 선택하는 것이 최선이다!

나아가, 의사 결정에 대한 "상충관계" 접근법에는 두 가지 심각한 문제가 있다.

한 가지 문제는 이미 언급했다. 오늘의 투자는 내일의 예산 제약을 완화할 수 있다. 미적분학 시험 공부를 하면 미래에 더 높은 연봉을 받는 직장에 취업할 수 있고, 이는 평생 소득을 높인다. 이는 다시 예산 제약을 완화하여 무엇이든 더 많이 소비하게 해준다. 새 공장에 투자하는 회사는 미래의 이윤 잠재력을 높여, 미래에 더 투자할 수 있다.

나아가, 미래 소득이 더 높아질 것으로 예상되면 신용을 이용할 수 있어 예산 제약이 완화된다. 소득에 더해 대출을 받으면, 오늘의 소득보다 더 많이 소비할 수 있다. 모든 것이 예상대로 이루어진다면, 내일의 소득도 더 높아질 것이다. 예산 제약은 고정되어 있지 않다는 말이다.

물론, 그렇다고 해서 의사 결정 방식에 대한 통상적인 접근법이 완전히 틀렸다는 뜻은 아니다. 여러분은 여전히 효용(소비자) 또는 이윤(기업)을 극대화하기 위해 지출을 할당한다. 하나를 선택한다는 것은 다른 대안을 선택하지 않음을 의미한다. 그리고, (교육이나 공장에 대한) 투자 결정은 소비를 "연기"하는 결정이다. 이는 시간 선호(time preference)(절약 정신, 즉 지금 저축하고, 나중에 저축에서 얻은 이자까지 합해서 더 많이 소비하라)에 따라 달라진다고 말해진다. 시간 선호는 개인마다 다르지만, 대부분 설명되지 않고 남겨져 있다. 일부 사람들은 선천적으로 더 절약적인 것으로 간주된다. 저축률은 영어권 국가들에서는 낮고, 아시아 국가들에서는 높다. 아마도 신용에 대해 "아니오"라는 영어 단어가 없기 때문일지도 모른다.[59]

이 접근법의 두 번째 문제는 더 중요하며, 개인과 사회 전체의 차이에 기초한다. 개인 수준에서는 소득이 지출의 주요 결정 요인이란 주장이 합리적이다. 오늘날의 소득은 차입을 통해 보충할 수 있다는 점을 단서로 달 수는 있다. 개인이 소득 제약에 직면해 있으며, 따라서 지출은 주어진 소득과 상충

---

[59] 실제로 현대화폐이론(Modern Monetary Theory)은 이에 대한 설명을 제시한다. 즉, 민간 부문의 저축률은 부문별 수지에 따라 달라진다. 아시아 국가들은 일반적으로 경상수지 흑자가 많고 일부 국가는 정부 적자가 많다. 이 모두는 국내 민간 부문이 큰 흑자를 보도록 한다. 따라서, 아시아에서는 저축률(GDP 대비 저축의 비율)이 높다.

관계에 있다고 가정하더라도, 현실에 너무 동떨어진 주장은 아닐 것이다.

그러나, 경제 전체 수준에서는 지출이 소득을 결정한다. 경제 전체의 총계 수준에서 사회는 언제든지 더 많은 지출을 결정할 수 있다(더 많은 소득을 정할 수는 없지만). 모든 지출은 결국 소득으로 귀결된다. 모든 지출은 누군가의 수입이 되기 때문이다. 이것이 바로 국민계정이 구성되는 방식이다. 즉, 총지출(GDP)은 총소득(GNI)과 같다.

경제 전체의 예산 "제약"은 지출로 결정되지, 그 반대가 아니다. 우리가 지출을 많이 하면, 소득 "제약"이 완화된다. 국가 전체로 보면 그렇다.

하지만, 국가 전체가 어떻게 소득보다 더 많이 지출할 수 있을까? 우리가 지출하는 것이 곧 소득이 되기 때문에, 그것은 불가능하다! 하지만, 작년 소득보다 더 많이 지출하여 올해 소득을 작년보다 더 크게 만들 수는 있다. 이것이 (경기 침체나 불황을 제외하고) 매년 GDP와 GNI가 성장하는 방식이다. 그리고, 정부도 더 많이 지출하여 소득을 증가시킨다. 일반적인 추세는 항상 상승한다. 매년 우리는 더 많이 지출하고, 그에 따라 소득이 증가하기 때문이다.

어떻게 해마다 이를 계속할 수 있을까? 물론, 그 열쇠는 신용이다. 민간 금융기관은 통화를 창조하여 지출에 자금을 공급한다. 정부도 지출에 필요한 자금을 조달하기 위해 통화를 창조한다. 이 모두가 하나로 소득을 창출한다. 그리고, 소득이 증가하면, 우리는 과거의 부채를 상환할 수 있게 된다.

개인의 행동과 제약 조건을 경제 전체로 투사하면, 항상 잘못된 결론에 도달한다. 이는 "구성의 오류"(fallacy of composition)라 이름 붙여진 흔한 실수이다. 실제로, "거시경제학"이라고 불리는 경제학의 한 분야 전체가 이러한 오류를 바로잡기 위해 노력하고 있다 ['개인의 최선이 경제 전체의 최선이다.' 이것이 주류 경제학이 흔히 범하는 구성의 오류이다. 주류 거시경제학은 "합리적이고 원자화된 개인들의 총합"을 경제 전체의 결과로 이해하기 때문이다. 실제로, 이들의 거시경제 모형은 개별 가계와 기업의 행태방정식으로부터 출발하고, 개별 경제 주체의 행동 결과를 수평적으로 합하여 경제 전체의 결과로 간주한다. 이를 방법론적 개인주의라 부른다. 흔히 주류 경제학은 '역사와 사회적 맥락'을 무시한다고 비판받는데, 고립되고 원자화된 개인으로부터 분석을 시작하는 방법론을 염두에 둔 비판이라 할 수 있다. 이러한 접근법을 채택하는 한, 현대 주류 경제학은 구성의 오류를 벗어날 수 없다-역자].

개별 수준에서 진실인 것이 전체 수준에서 진실인 경우는 거의 없다. 그 반대도 유효하다. 전체 수준에서 참인 것이 개별 수준에서 참인 경우도 거의 없다.

여러분이 소득보다 더 많이 지출하려고 계속 노력한다면, 여러분의 소득은 늘지 않을 것이고(적어도 충분히 늘지는 않을 것이다), 결국 빈곤층으로 전락하게 될 것이다. 하지만, 우리가 모두 소득보다 더 많이 쓰려고 한다면, 국가 전체 수준에서는 소득이 더 높아질 것이다!

따라서, 경제 전체를 아우르는 총계 수준에서 하나에 더 많이 지출하면, 다른 것에는 더 적게 지출해야 한다고 생각하는 것은 오류이다. 이는 옳지 않다. 우리는 두 가지 모두에 더 많이 지출할 수 있다.

2. 공공의 상충관계

이런 생각은 공공의 상충관계를 생각해 볼 기회를 준다. 정치인들은 항상 다음과 같이 말한다. 가계 예산을 미국 정부처럼 운영한다면 파산할 것이라고. 거의 250년 전 건국한 이래 미국은 약 80%의 기간 동안 세입보다 더 많은 돈을 지출해 왔다. GDP 대비 부채 비율은 건국 이래 연 1.8%의 성장률로 증가하여 2021년 현재 28조 달러의 빚을 지고 있다. 내가 그 정도로 많은 빚을 졌다면, 큰일 났을 것이다!

그래서, 무엇이 상충관계란 말인가?

처음으로 수강하는 경제학 수업에서 우리는 경제가 상충관계(총 또는 버터)에 직면해 있다고 배운다. 군대(총)에 더 많이 지출하면, 국민의 소비

(버터)에 더 적게 지출해야만 한다는 것이다. 이것이 바로 공공(총)과 민간 (버터) 사이에 존재한다는 상충관계이다. 정부 지출이 많으면 민간 지출은 줄어든다.

그리고, 고급 재정학 과정에서는, 개인의 효용 극대화 문제와 똑같은 정부의 효용 극대화 문제를 배운다. 즉, 정부의 마지막 1달러 지출의 "한계 사회적 편익"과 "한계 사회적 비용"을 비교하여, 이 둘이 같아지는 지점까지 지출해야 사회 전체의 효용이 극대화된다고 배운다.

이러한 접근법에서 일반적인 전제는 다음과 같다. 즉, 정부가 사용하지 않는다면, 민간 부문이 모든 자원(노동, 천연자원, 자본)을 완전히 고용하여 운영하는 경향이 있다고 전제한다. 따라서, 공공의 사용은 민간 부문의 희생을 동반할 수밖에 없다. 이 주장을 좀 더 자세히 살펴보자.

정부 지출은 본성상 "비효율적"이며 심지어 "비생산적"이라는 주장도 종종 제기된다. 만약 이것이 사실이라면, 민간 부문의 자원을 가져다 공공 부문에서 사용하면, 국가 전체의 생산 역량이 감소할 것이다. 따라서, 공공 부문과 민간 부문 사이에 상충관계가 존재할 뿐만 아니라, 자원이 공공 부문으로 흘러가면 "경제적 파이"의 크기도 줄어들 수 있다.

이는 정부의 중요한 역할을 무시하는 극단적인 견해이다. 정부는 공공 인프라(도로, 공항), 교육 및 직업훈련, 규칙, 법률, 규제 시스템, 그리고 공공 보건 시설(이는 건강을 개선하고 수명을 늘리는 데 그 어떤 의학 발전보다 더 많이 이바지했던 것으로 평가된다) 등을 제공한다. 나아가, 전 세계적인 팬데믹과 임박한 기후 재앙으로 인한 여러 도전 과제에 대해, 앞으로 민간 부문이 어떻게 대처할 수 있을지 기대하기는 어렵다.

나중에 정책 이슈를 살펴보겠지만, 여기서는 적어도 일부 공공 지출이 생산 능력을 향상시킨다는 사실을 당연한 것으로 간주할 것이다. 또한, 앞서 지적했듯, 정부 규모가 커진다고 해서 경제 성장이 둔화한다는 강력한 증거는 없다. 부유한 국가 대부분은 미국보다 상대적으로 큰 정부를 가지고 있지만, 경제적 성과에 뚜렷한 문제가 있는 것도 아니다.

정부가 공공의 물적·인적 인프라 개발(제3장에서 경제의 자본개발이라고 불렀던 것)에 지출하는 한, 정부-민간 사이의 상충관계에 관한 관점을 수정해야 한다. 공공 투자를 위해 민간 부문에서 자원을 이동시키면 당장은 민간 생산이 줄어들 수 있지만[실업과 낮은 가동률 등 엄청난 유휴 자원을 고려하면, 일반적으로 이것도 사실이 아니다-역자], 미래에는 민간 부문과 공공 부문이 모두 사용할 수 있는 자원을 더 많이 확보할 수 있다. 민간 투자와 매우 유사하게, 정부 지출도 자원 제약을 완화함으로써 국민의 생활 수준을 높일 수 있다. 우리는 더 많은 총과 더 많은 버터를 동시에 누릴 수 있다.

더구나, 민간 부문이 모든 자원의 완전고용을 향해 움직이는 경향이 강하다는 전제를 믿기에는 증거가 부족하다. 1930년대 이전의 미국에서는 연방 정부의 규모가 매우 작았다(남북전쟁이나 제1차 세계대전과 같은 주요 전쟁 시기를 제외하면). 실제로, 대공황 직전 연방 정부의 지출은 GDP의 3% 정도에 불과했다. 그렇다면, 작은 정부였던 대부분의 시기 동안, 민간 부문이 거의 완전고용 수준에서 운영되었는가?

그렇지 않았다. 경제는 대략 한 세대마다 한 번씩 경기 확장과 심각한 불황을 반복했다. 미국인 대부분은 1930년대 대공황에 대해 알고 있지만, 그것이 미국의 여섯 번째 대공황이었다는 사실은 잘 모른다. 또한, 그들은 연방 정부의 규모가 성장하는 동안(GDP 대비로 1929년 3%에서 2차 세계대전 이후 평균 약 25%로 성장) 대공황이 완전히 사라졌다는 사실은 인식하지 못한다. 나아가, 미국에서 대공황과 큰 정부의 등장 이후의 시기를 미국 자본주의의 "황금기"로 불린다. 경제학자 로버트 고든은 20세기 후반기를 "특별한 세기"라 불렀다. 이 시기 동안 그 이전의 반세기보다 생산성 성장률이 3배나 더 높아졌기 때문이다.[60]

---

60 특별한 세기란 1870-1970년 사이를 말한다. 그 전반부(1870-1920)의 혁신은 후반부(1920-

핵심은 이것이다. "자유 시장"이 완전고용을 창출한다는 강한 믿음과는 반대로, 엄밀한 이론이나 역사적 경험은 이를 사실로 보여주지 못한다. 대표적인 사례로, 우리 경제에는 엄청나게 많은 자원(자본과 노동)이 활용되지 않고 방치되어 있다. 정부가 이러한 유휴 자원을 동원하는 데 긍정적인 역할을 할 수 있다(이에 대해서는 이 장의 아래 소절과 제7장에서 다시 설명한다).

앞서 언급했듯이, 정부는 차입(국채 발행)이나 통화 발행(가계나 기업은 이용할 수 없는 옵션)으로 세입을 보충할 수 있다는 것이 통상적인 관점이다. 따라서, 정부의 예산 제약은 소득(세입)으로만 제한되는 것보다 다소 느슨하다. 차입과 통화 발행 모두 신중하게 제한하고, 정부 지출은 세입의 범위 내로 제한해야 한다는 것이 기존의 사고방식이다. 현대화폐이론(MMT)은 이러한 분석 틀을 거부한다. 대신, 모든 정부 지출은 항상 키보드를 두드려 통화를 창조하는 형태로 이루어진다고 주장한다. 여기서는 이에 대해 더 자세히 살펴보지는 않겠지만, 정부 지출과 관련된 제약 조건에 계속 초점을 맞추려 한다.

소득 제약과 관련하여 정부의 상황은 기업이나 가계와 매우 다르다. 총세입은 총국민소득과 연관되어 있다는 의미에서, 국민소득은 정부의 "굴"(oyster)이다.[61] 앞 소절에서 살펴본 것처럼, 지출이 소득을 결정하므로, 정부 지출은 국민소득을 결정하는 데 영향을 미친다. 한 가계의 개인 소비 지출은 국민소득 전체에서 한 방울에 지나지 않고, 해당 가계의 소득을 한

---

70)에 보상되었다는 것이 고든의 주장이다. 후반기 동안 생산성이 상승하고, 경제는 더 빠르고 견조하게 성장했기 때문이다. 그의 주장에 따르면, 이는 증가한 생산력을 활용할 수 있을 만큼 충분한 총수요가 뒷받침되었기 때문에 가능했는데, 총수요를 높게 유지한 데에는 정부 지출의 역할이 결정적이었다. Robert J. Gordon, *The Rise and Fall of American Growth: The U.S. Standard of Living Since the Civil War*, Princeton University Press, Princeton, 2017.

61 "세상은 나의 굴"은 셰익스피어의 희곡 〈윈저의 쾌활한 아낙네들〉(Merry Wives of Windsor)에서 유래한 말이다. 여기서 팔스태프(Falstaff)가 "한 푼도 빌려주지 않겠다"라고 말하자, 피스톨(Pistol)이 답한다 "그럼 왜, 내가 칼로 열게 될 세상의 굴을 빌려주겠소?"

푼도 증가시키지 못할 것이다. 하지만, 정부 지출은 한 나라 전체의 지출에서 큰 부분(나라에 따라 전체 지출의 20~50%)을 차지한다. 이는 정부의 소득(세입)에 영향을 미칠 정도로 크다.

나아가, 여기에는 기초 거시경제학 과정에서 배웠을 수도 있는 중요한 개념이 있다. 정부의 지출은 민간 소득을 증가시키고, 이는 다시 민간 지출을 증가시킬 가능성이 크다. 이를 "승수 효과"라고 부르는데, 정부 지출로 유도되는 민간 지출을 지칭한다. 이렇게 추가로 늘어난 민간 지출은 국민소득을 증가시키고, 거꾸로 정부 세입도 증가시킨다.

정부 지출을 통해 국민소득과 정부 수입이 정확히 얼마나 증가할지는 여러 요인과 경제 상황에 따라 달라지며, 매우 논쟁적인 이슈이다. 그러나, 정부 지출이 경제적 성과를 유지하는 데 도움이 되고, 그 결과 세입도 크게 증가한다는 점은 분명하다.

더 중요한 점은, 앞서 설명한 것처럼, 일반적으로 정부는 세입보다 더 많이 지출하여 적자를 본다는 사실이다. 정부의 적자는 곧 우리 [민간 부분-역자]의 흑자이다. 정부 적자는 우리가 저축하거나 지출하거나 부채를 상환하는 데 사용할 수 있는 소득을 창출한다. 미국 정부의 부채 28조 달러(2021년 기준)는 "우리"(미국 정부가 아닌 모든 사람을 합쳐서)가 28조 달러의 금융적 부(financial wealth)를 보유하게 되었음을 의미한다. 가계와 달리 주권 정부는 부채를 한 푼도 상환할 필요가 전혀 없다. 미국 정부가 부채를 상환한 경우는 단 한 번뿐이다(1837년 잭슨 대통령 시절). 그 후 첫 번째 대공황이 찾아왔다. 미국 정부는 다시는 그런 짓을 하지 않을 것이다. 정부는 부채를 상환하는 대신, 새로운 부채로 차환한다.

가계는 왜 채무를 상환해야 할까(살아 있는 동안 또는 사망 시에)? 죽음은 인생의 두 가지 확실한 일 중 하나이기 때문이다(다른 하나는 세금이다). 놀랍게도, 은행은 여러분이 사망 전에 대출금을 상환하는 것에 대해 그다지 목메지 않는다. 신용등급이 유지되고 이자를 납부할 수 있는 한, 원칙적으로 은행은 여러분의 대출을 새로운 대출로 계속 이월하길 좋아한다. 은행에 이자를 납부하기만 하면, 영원히 대출을 유지할 수 있다. 심지어 "이자만 납부하는" 대출 상품도 있다. 많은 사람에게 표준적인 30년 고정금리 주택담보대출은 사실상 "영구" 대출이다. 실제로, 대출금을 상환하기 전에 사망하거나 집을 팔아야 한다는 의미에서 그렇다. 그러나, 집을 팔거나 사망하면 대출금을 상환해야 한다. 은행은 시체에서 이자를 뜯어낼 수는 없기 때문이다.

원칙적으로, 주권 정부의 수명은 무한하다. 이제 우리는 영원히 지속된 정부는 없었고 앞으로도 없을 것이란 사실을 알고 있다. 하지만, 우리는 정부의 종말을 고려하지 않는다. 마치 미국 정부가 영원히 지속될 것이라 마음속으로 믿고 행동한다. 그리고, 정부는 영원히 이자를 지급할 것이다. 따라서, 정부가 부채를 이월하지 못할 이유는 전혀 없다. 영원히.

게다가, 만약 우리 정부가 종말을 맞게 된다면, 미국 국채에 대한 이자지급 문제는 아마도 우리의 작은 걱정거리 중 하나에 지나지 않게 될 것이다. 우리는 기름에 튀길 더 큰 물고기를 갖게 될 것이기 때문이다.

3. 정책은 제로섬 게임일까?

기존 주류 경제 이론 대부분은 정책이 제로섬 게임이라고 선험적으로 전제한다. 즉, 누군가는 승자가 되고, 누군가는 반드시 패자가 된다는 뜻이다. 웨스트버지니아주가 연방 의회로부터 약간의 "혜택"을 얻으면, 일부 다른 주는 반드시 손해를 입는다는 말이다. 이러한 결론에 도달하기 위해 사용되는 논거는 다양하다. 그중 일부는 정부 재정에 대한 잘못된 시각에 근거한다. 또 다른 일부는 자원에 대한 잘못된 관점에 근거한다. 그리고, 일부는 정책의 "현실 정치"적 성격, 약육강식이라는 홉스주의 관점에 근거한다. 이중 마지막 주장에는 일부 진실이 있을 수 있지만, 반드시 그럴 필요는 없다.

경제학에 가장 널리 퍼져 있는 두 가지 주장을 꼽자면, 다음과 같다. (1) 자원은 희소하고 욕구는 무한하다, (2) 공짜 점심 같은 것은 없다.

첫 번째 주장은 소위 "경제적 문제"로 이어진다(이는 경제학원론 교과서 제2장의 가장 인기 있는 단골 제목이기도 하다). 무한한 욕구가 희소한 자원과 부딪히면 무슨 일이 벌어질까? 롤링 스톤스(Rolling Stones)의 말처럼, "원하는 것을 항상 얻을 수는 없다"는 결론이 나온다. 위에서 우리는 효용 극대화 논리와 함께 전통적인 소비자 이론을 간략히 설명했다. 여러분은 특정 재화의 소비를 한 단위 늘릴 때마다 얻는 한계효용이 감소하는 경향은 있겠지만(궁극적으로는 0에 도달), 물릴 정도로 완전히 만족하는 소비에는 도달할 수는 없다고 가정된다.

맥주를 생각해 보자. 세 번째 또는 네 번째 병의 맥주를 마신 후부터는 또 한병의 맥주가 그렇게 좋지는 않다. 여섯 번째, 또는 "선호"에 따라 열 번째 병을 마시게 되면 여러분은 이미 충분히 마신 것이다. 그 다음 프레첼을 먹기 시작한다. 프레첼이 물리면, 또 다른 무언가로 넘어간다. 그렇게 계속 먹는다. 하지만, 여러분은 무언가를 거절할 수 있는 지점에는 절대 도달하지 않는다고 가정된다. 테슬라는 어떨까?[62]

80억 명에 달하는 전 세계 인구의 무한한 욕구를 모두 합해보라. 그러면 수요가 엄청나다는 것을 알게 된다. 그리고, 가정에 따라, 아무리 많이 공급되더라도, 사람들은 여전히 더 많이 원할 것이다. 그들은 결코 완전히 만족할 수 없다.

하지만, 다시 가정에 따라, 자원은 희소하다. 이것이 결정적으로 중요한 가정이다. 오직 희소한 자원에만 가격이 매겨지고, 수요와 공급의 법칙

---

[62] 물론, 앞서 설명한 것처럼, 예산 제약에 따라 여러분 선택의 폭은 제한된다. 하지만, 핵심 요점은 여러분이 완전히 만족하기 전에 예산 제약에 도달한다는 것이다. 즉, 더 많은 것을 원하지만, 소득이 허락하는 한에서 가능한 한 많이 소비한다는 것이다.

에 따라 자원이 배분된다. 희소하지 않은 자원의 가격이 0이므로 시장에서 거래될 수 없다. 따라서, 자원이 실제로 희소하든 아니든, 기존의 주류 경제학에서는 자원이 희소해야 한다. 그렇지 않으면 기존 주류 경제학은 자원을 분석할 수 없다. 자원은 희소하지만 욕구는 무한하지 않은 경우가 아니라면, 경제적 문제 자체가 존재하지 않는다.

그런 다음, 자유 시장이 희소한 자원에 가격을 매기고, 그 가격을 기꺼이 지불할 의향과 실제 지불 능력에 따라 자원이 배분된다. 이것을 효율적 자원배분이라 부르고, 모든 자원이 남김없이 활용된다. 이것이 바로 공짜 점심이란 없다는 이유이기도 하다. 모든 자원이 완전히 활용되는 것으로 전제해야만 한다. 그래야 누군가에게 더 많은 자원을 제공하려면 다른 누군가에게는 손실이 된다. 경제학은 "암울한 과학"이라고 불린다. 공짜 점심 같은 것은 존재하지 않는다. 이는 암울한 상황이다.

만약 정책 결정자가 희소한 자원의 일부를 다른 쪽으로 이동시킬 계획을 세우면, 반드시 승자(가진 것보다 더 많은 것을 얻는 사람)와 패자(가진 것을 잃는 사람)가 존재한다. 예를 들어, 정부는 부자에게 빼앗아 가난한 사람들에게 나눠주는 로빈 후드 역할을 하기로 했다고 가정하면, 가난한 사람은 승자이고 부자는 패자이다. 로빈 후드 정책이 패자에게 피해를 주는 것보다 승자에게 더 많은 혜택을 줄 수 있을까? 다른 말로, 순효과가 긍정적인지 판단하는 방법이 있을까?

글쎄, 확실하게 말할 수는 없다. 가난한 사람은 더 많은 "유틸"(util)를 얻고 부자는 일부 "유틸"을 잃게 된다. 유틸이란 재화나 서비스를 소비함으로써 얻을 수 있는 만족감의 정도를 측정하는 "효용의 단위"이다. 안타깝게도, 유틸을 "수치"로 측정할 방법이 없다고, 전문가들은 말한다. 따라서, 부자와 가난한 사람의 유틸을 비교할 수 없다.

부자가 1달러를 더 소비함으로써 얻는 만족감이 가난한 사람이 1달러를 더 소비함으로써 얻는 만족감보다 적다고 누가 말할 수 있을까? 그 1달러로 부자는 저녁 식사와 함께 좋은 와인 한 방울 더 마실 수 있고, 가난한 사람은 굶주림을 피하기 위해 쌀 한 컵을 살 수도 있다. 그 1달러로부터 어느 쪽이 더 큰 만족감을 누리고 있다고, 누가 말할 수 있을까? 주류 경제학자는 분명 아닐 것이다.[63] 따라서, 승자와 패자를 가리는 것은 매우 어려운 일이다. 그 밥 한 끼는 공짜가 아니다.

정책이 제로섬 게임임을 입증하기 위한 주장의 많은 부분은 정부 지출의 자금조달 방법에 초점을 맞추고 있다. 정부 지출이 세금으로 충당된다면, 납세자가 패자이다. 세금은 납세자의 예산 제약을 더 꽉 조이기 때문이다. 그러나, "균형 재정 승수"(balanced budget multiplier)라는 개념이 있다. 100달러의 정부 지출을 위해 100달러의 세금을 걷더라도, 국가 전체의 소득과 지출은 순증함을 보여주는 개념이다. 여기서 수학적 증명을 다루지는 않겠지만, 그 논리는 다음과 같다. 여러분이 100달러의 세금을 내야 한다면, 그만큼 소비와 저축을 줄일 것이다. 여러분이 보통 소득 100달러당 90

---

63 뛰어난 비주류 경제학자 던컨 폴리(Duncan Foley)는 대안적인 테스트를 제안한다. 그는 밥 딜런에 관한 D. J. 페네베이커(D. J. Pennebaker)의 다큐멘터리에서 한 기자가 딜런에게 진실을 말해달라고 간청하는 장면을 소개한다(Duncan Foley, "The Ins and Outs of Late Twentieth-Century Economics," Department of Economics, Barnard College, Columbia University, New York, NY 10027 [May 25, 1998]).). 폴리의 보고에 따르면, "기자가 '진실'이 무엇이냐고 묻자 딜런은 '한쪽 면에는 체이스 맨해튼 은행에서 나오는 데이비드 록펠러의 모습이, 반대쪽 면에는 시궁창에서 구토하는 부랑자의 모습이 담겨 있는 사진'이 [진실-역자]이라고 말했다. 내가 이 말을 경제 이론의 맥락에서 생각해 보니, 두 개별 소비자에게 자신의 소비 묶음이 자신의 선호에 비추어 상대방의 소비 묶음보다 더 선호하는지를 물어본다면, 효용의 기수성(cardinality: 숫자로 표현되는 속성-역자)을 가정하지 않고 두 개별 행위자의 소비 묶음을 불완전하게라도 순서화가 가능할 것 같다는 생각이 떠올랐다. 각자가 상대방의 것을 선호한다면 파레토 개선 교환이 가능하다. 반대로, 각자가 자신의 것을 더 선호한다면 어느 쪽의 효용이 개선되었다고 간주할 근거가 없다. 하지만, 두 사람 모두 한 편의 소비 묶음을 선호한다면, 엄밀히 말해 그 소비자의 효용이 상대적으로 양호한 것으로 간주할 수 있다." 따라서, 이 예에서 가난한 사람은 부자의 라이프스타일을 선호하고, 부자 역시 가난한 사람의 빈약한 소비보다 자신의 소비 묶음을 선호한다면, 부자에게서 가난한 사람에게 재분배하는 것은 수긍이 간다.

달러를 소비하고 10달러를 저축했다면, 100달러 세금을 내기 위해서는 소비 90달러와 저축 10달러 줄일 것이다. 따라서, 비유적으로 말해 모든 사람이 이렇게 행동한다면, 정부 지출(소비)이 100달러 증가할 때마다 개인 소비는 90달러만 감소한다. 그 결과, 정부가 "균형 재정"을 고수하더라도, 국가 전체적으로 지출이 10달러 증가한다(정부 지출과 세금이 각각 100달러이면, 개인이 저축하던 10달러도 지출됨). 정부 지출은 "제로섬"이 아니다. 총지출이 다소 증가하기 때문이다. 하지만, [개인의-역자] 소비가 90달러 감소하므로, 여전히 "비용"이 발생하는 것도 사실이다.

정부가 세금 대신 차입을 통해 지출의 "재원을 마련"한다면 어떨까? 증세가 없으므로 100달러를 지출하면 국가 전체의 지출과 소득 모두 100달러 증가할 것처럼 보인다. 하지만, 자금 자체가 희소한 자원이라고 전제하면, 정부의 자금 수요[차입-역자]에 따라 민간의 차입은 "설 자리가 없어질 것이다"(crowd out). 이러한 주장은 다음과 같이 설명된다. 우선, 금리는 신용의 "가격"이란 점을 상기하자. 이들은 정부가 자금 수요를 늘리면 금리가 상승할 것이라 가정한다. 금리가 상승하면 민간 부문은 차입을 줄인다(더 많은 이자를 지불하고 싶지 않기 때문). 따라서, 정부 차입이 늘어나면 민간 차입은 줄고, 정부 지출이 늘어나면 민간 지출은 줄어든다. 이것을 "구축효과"(crowding-out effect)라 부른다.

구축효과는 얼마나 클까? 이에 대해 주류 경제학자들 사이에 큰 논쟁을 벌여 왔다. 일부는 민간 지출이 금리에 민감하지 않기 때문에 그 효과가 크지 않다고 생각한다. 다른 일부는 그 효과가 크다고 주장한다. 이에 관해 다양한 접근법이 있다. 긴 논쟁이지만 간단히 줄여 말하자면, 일부는 구축효과가 완전하거나, 그 이상일 수도 있다고 주장한다. 그것이 완전하다는 말은 정부가 100달러를 차입하면 민간의 차입과 지출이 100달러 감소한다는 의미이다. 완전 이상이면 민간의 차입과 지출이 100달러 이상 감소하여, 결국 국민소득이 정부가 차입하기 전보다 작아진다. 이 경우, 적자로 자금을 조달한 정부 지출은 제로섬(또는 제로섬보다 더 나쁜 상황)이 되어, 정부가 승자이고 민간 차입자는 패자가 된다.

　['구축효과'의 크기를 두고 주류 경제학자들 사이의 이런 논쟁은 '잘못된 프레임에 갇혀 엉뚱한 일에 골몰하는' 대표적인 사례이다. 잘못된 프레임의 문제는 다음 장에서 자세히 다룰 것인데, 이를 가장 잘 보여주는 비유는 "보라는 달은 안 보고, 달을 가리키는 손가락을 본다"는 격언이다. 구축효과의 크기 논쟁은 '정부가 빌리려 하는 시중의 돈은 희소하고, 이를 두고 민간과 정부가 서로 먼저 빌리겠다고 아우성치며 경쟁하는 관계'를 전제한다. 이 전제가 잘못되었다면, 구축효과란 개념 자체가 성립할 수 없다. 반대로, 이 전제를 기정사실로 받아들이면, 구축효과의 크기가 중요한 쟁점이 된다. 이것이 프레임이다! 따라서, '희소한 재원을 두고 정부와 민간이 경쟁하는지'에 대해서부터 질문해야 한다. 주류 경제학자들은 이 질문을 진지하게 받아들이거나 자세히 검토한 적이 없다. 그저 '당연한 것'으로 가정할 뿐이다. 증명해야 할 것을 가정하거나 전제하는 태도는 주류 경제학의 고질병이다. 이 책의 1~3장은 이에 대한 충분한 답변과 설명을 제시했다. 결론만 말하면, 정부와 민간은 금융시장에서 서로 먼저 돈을 빌리려고 아우성치며 경쟁하는 관계가 아니다. 따라서, 구축효과라는 개념 자체가 존재할 수도 없다-역자]

　그냥 돈을 찍어서 지출하면? 주류 경제학자들 대부분은 이를 고려하는 것조차 너무 위험하다고 믿는다. 일부 경제학자들은 (전 세계적인 팬데믹과 같은) 비상시에만 괜찮을 수 있다고 생각한다. 많은 주류 경제학자들은 정부가 이를 시도하면 인플레이션으로 결과할 것이라 경고한다. 인플레이션은 통화의 구매력을 떨어뜨리므로, 정부는 더 높아진 가격을 지불하기 위해 더 많은 돈을 찍어내야 할 것이다. 그러면, 인플레이션은 더욱 확산하고, 더 많은 돈을 찍어내게 될 것이다. 이것이 초인플레이션에 대한 일반적인 설명이다. 즉, 정부가 돈을 찍어서 초인플레이션이 발생한다는 말이다. 머지않아 우리는 짐바브웨 수준의 초인플레이션에 도달할 것이다. 이런 이유로 돈을 찍어서 정부 지출을 위한 재원을 조달하는 방법은 고려할 만한 옵션으로 여겨지지 않는다. 이것이 사실이라면, 이 방법으로는 정부가 자원을 동원할 수 없다. 정부가 발행하는 통화의 양에 비례하여 통화의 구매력이 떨어지기 때문이다. 이는 경제를 파탄으로 이끄는 길일 뿐이다.

4. 이에 대한 현대화폐이론(MMT)의 관점

첫째, 현대화폐이론(MMT)은 (경제학의 여러 비주류 경제학파와 마찬가지로) 자원이 희소하다는 가정을 거부한다. 자원은 인간의 노력으로 만들어진다. "자연의 선물"이 고갈될 수 있음은 분명 사실이지만(실제로 심각한 위기에 처해 있다), 우리의 필요를 충족시키는 데 필요한 자원 대부분은 인간이 생산한다. 물론, 생산 활동은 천연자원에 의존하고 있고, 우리는 지속 가능한 방식으로 자원을 사용하는 방법을 배워야 한다. 그러나, 가장 중요한 자원은, 인간의 큰 두뇌가 가진 상상력과 혁신을 포함하여 정의되는 인간의 노동력이다.

이러한 노동 자원은 완전히 활용되는 경우가 거의 없으며, 확장할 잠재력이 있다. 노동력의 확장은, 부분적으로는 인구 증가(그리고 더 많은 인구의 경제활동 참여)를 통해 이루어지지만, 대부분은 교육, 훈련, 모든 유형의 인간에 대한 포용을 통한 이루어진다. (여성, 유색인종, 장애인, 고령자, 저개발 국가의 국민, 성소수자 등에 대한) 차별적인 관행과 배제를 없애는 것 또한 우리의 노동력을 크게 확대할 것이다.

완전고용에 가깝게 운영하면 인간 노동력을 대체하기 위한 로봇 기술에 대한 투자도 촉진될 것이다. 로봇은 보통 실업이 만연할 때 두렵지만, 경제가 지속해서 완전고용 상태로 운영된다면 인간 노동력을 보완할 수 있다는 점에서 환영할 일이다. 지루한 일은 로봇에게 맡기고, 나머지는 인간이 하도록 하는 것, 이것이 정확히 정책적 선택이다.

현대화폐이론(MMT)은, 다른 비주류 경제학의 접근법과 마찬가지로, 욕구는 절대 만족할 수 없는 것이 자연스럽다는 가정을 거부한다. 욕구는 사회적으로 형성되고, 무한한 욕구는 전혀 자연스러운 일이 아니다. 또한, 욕구의 큰 부분은 그 성격상 민간 시장이 충분히 공급할 수 없는 재화, 즉 공공재에 대한 욕구이다. 공공재의 특징 중 하나는 소비에 있어 "비경합적"일 수 있다는 점이다. 다른 말로, 내가 사용한다고 해서 다른 사람이 사용하는 데 방해가 되지 않는다는 뜻이다. 대부분의 경우 이는 정도의 차이이다. 공공 공원은 많은 사람이 즐길 수 있지만, 너무 붐빌 수 있고 어느 시점에 다다르면 "경합적"이 된다. 야외 콘서트도 어느 정도까지는 비슷하게 비경합적이다. 와이파이가 설치되면, 인터넷 사용은 본질적으로 비경합적이다. 우리 모두가, 예를 들어, 노암 촘스키의 온라인 강연을 즐길 수 있다! 그리고, 공공이 공급하는 인터넷은 공적으로 공급되는 공공재로서 무료일 것이다.

어떤 경우든 우리(사회)는 욕구의 본질을 결정하는 데 어느 정도 영향을 미친다. 우리는 지금까지 대부분 사적 광고에 노출되어 왔다. 이로부터 예측할 수 있듯, 우리의 욕구는 이윤 목적의 생산자에 의해 자신들의 제품을 구매하고 싶어지도록 제조되어 왔다. 담배 광고는 수억 명의 목숨을 앗아간 위험한 물질에 중독되고 싶다는 "욕구"를 만들어 냈다. 수십 년 동안 사망자가 쌓인 후, 우리는 집단적으로 생각을 바꿨다. 이 "욕구"(혹은 담배 광고가 초래한 사망자)에 "자연스러운" 것은 아무것도 없다.

둘째, 현대화폐이론(MMT)은 정부가 재원 조달 방법으로 세금, 대출, 통화 발행 중 선택한다는 관념을 거부한다. 모든 정부 지출은 키보드를 두드려 은행 지급준비금을 증가시켜주는 방식으로 이루어진다. 그다음 우리는 정부 지출로 증가한 지급준비금을 은행에 그대로 남겨 두든지, 아니면 국채를 매각하여 회수하든지, 양자 간 선택할 수 있다. 이러한 국채 매각은 차입이 아니다. 국채를 매각한다고 해도 [국채 가격이 하락하고 금리가 올라서-역자] 민간의 차입을 위축시키지 않는다. 국채 매각은 이자를 제공하는 것이지, 금리를 밀어 올리지 않는다. 실제로, 다른 모든 조건이 동일하다면, 정부가 국채를 매각하지 않고 지출하면, "재정 적자"로 인해 금리가 중앙은행의 기준금리 하한(은행이 중앙은행에 예치하는 지급준비금에 대해 제공하는 금리)까지 하락(상승이 아니라!)한다[재정 적자는 지급준비금 공급의 증가를 의미한다. 이렇게 금융시장에 지급준비금이 풍부해지면, 은행들끼리 빌려주고 빌리는 데 적용하는 금리, 즉 중앙은행이 타겟으로 삼는 금리가 하락한다-역자]. 지급준비금에 대한 금리와 만기가 짧은 국채의 금리는 중앙은행이 정책적으로 직접 결정한다. 그리고, 이러한 단기 금리는 장기 국채의 금리에도 크게 영향을 미친다. 금리가 상승한다면, 그것은 중앙은행이 결정한 것이지, "시장"이 결정하지 않는다.

셋째, 제6장에서 자세히 설명하겠지만, 세금은 여러 목적에 활용된다. 그 목적 중 하나는 민간 부문의 순(세후)소득을 줄여 민간 지출을 줄이려는 것이다. 따라서, 현대화폐이론(MMT)은 납세자가 "손해를 본다"는 통상의 주장을 수용한다. 이는 세금 제도의 결함이 아니라 특징이다. 세금의 주요 목적은 민간의 순소득과 지출을 줄여 민간의 자원 사용을 축소하는 것이다. 세금으로 민간이 사용하지 않게 된 자원을 정부가 공공의 목적으로 전환할 수 있다. 이것이 바로 세금의 정당한 목적이다. 다시 말해, 세금은 정부 지출을 위한 정책 공간을 만드는 데 사용될 수 있다. 이것이 바로 정부 지출 증가에 따른 인플레이션을 피하는 방법이다.

그러나, 분명한 사실로, 정부가 활용할 수 있는 유휴 자원이 이미 존재한다면, 세금을 통해 정책 공간을 만들 필요가 없다. 완전고용 상태에서는 더 많은 세금을 부과하여 민간의 자원 사용을 줄여야 인플레이션 없이 정부 지출을 위한 공간을 확보할 수 있다. 그러나, 이 경우에도 정부의 지출이 제로섬이라고 성급하게 결론을 내리는 것은 옳지 않다. 세금이 민간 지출을 줄이고 이를 정부 지출로 상쇄하면, 사회 전체적으로 이득이다. 정부 지출이 공공의 복지를 향상시키기 때문이다. 민간 부문의 손실이 정부 지출로 인한 사회적 이익으로 상쇄할 수 있는지를 판단하는 일이 때로는 쉽지 않다는 점 또한 현대화폐이론(MMT)은 인정한다.

이것이 마지막 고려 사항으로 이어진다. 그것은 정치이다.

정부 지출이 이슈가 되면, 세 가지 질문이 등장한다. 정부는 더 많이 지출할 수 있는가? 정부가 더 많이 지출해야만 하는가? 그렇다면, 정부는 어디에 더 지출해야 하나?

현대화폐이론(MMT)은 첫 번째 질문에 명확한 답을 제시한다. 그렇다, 정부는 더 많이 지출할 수 있다. [정부 지출은-역자] 키보드를 두드려 집행되고, 키보드로 입력할 숫자[정부예산-역자]가 고갈될 일은 없기 때문이다 [이것이 현대화폐이론(MMT)의 가장 중요한 (또는 논쟁적인) 논점 중 하나이다. 이는 앞의 장에서 이미 자세히 논의했는데, 여기서 재론할 필요가 있다. 정부는 현재에도 매일 매시간 지출할 때마다 매번 '새로' 통화(지급준비금)를 창조한다. 이를 입증하는 또 하나의 방식이 있다. 통화량 지표가 그것이다. 실무적으로, 국민과 기업으로부터 걷은 세금이 정부의 중앙은행 예금으로 들어가면 시중의 지급준비금이 감소한 것으로 기록한다(본원통화 감소). 반대로, 정부가 지출하면 시중의 지급준비금이 증가한 것으로 기록한다(본원통화 증가). 세금 징수는 본원통화(지급준비금)량을 감소시키고, 정부 지출은 그것을 증가시킨다. 여기서 정부 지출로 증가한 통화는 새로 창조된 돈이다. 다른 말로, 정부는 새로 통화를 창조하여 지출한다. 따라서, 정부에게는 가계나 기업과 같은 예산 제약이 없다. 대신, 정부의 지출로 동원할 수 있는 실물자원의 제약만 존재할 뿐이다. 정부 지출이 과도하면 경제 전체적으로 실물자원에 대한 초과수요가 발생할 수 있고, 인플레이션이 발생할 수 있는 것이다. 즉, 정부 지출은 재정적으로 제약되어 있지 않고, 실물자원에 제약된다. 이는 다음과 같이 두 번째 질문에 대한 답으로 이어진다-역자].

두 번째 질문에 대한 현대화폐이론(MMT)의 답은 이렇다. [실업과 이미 도입하여 설치했지만 가동되지 않는 설비 등-역자] 유휴 자원이 존재한다면 정부가 더 많이 지출해야 한다. 세 번째 질문 [어디에 지출해야 하나?-역자]에 대해 현대화폐이론(MMT)은 일자리 창조에 더 많이 지출해야 한다고 답한다. 정부는 실업자를 위해 더 많은 일자리를 창출해야 한다. 어떤 종류의 일자리를 창조할 것인가에 대해 우리는 잠정적으로 몇 가지 아이디어를 갖고 있다. 일자리 창조에 집중한다고 해서, 정부가 일자리 창출 이외에는 더 많이 지출해서는 안 된다는 뜻은 절대 아니다. 하지만, 현대화폐이론(MMT)은 일자리에 최우선 순위를 둔다. 비자발적 실업은 실업자 개인은 물론 사회 전체에 극단적으로 막대한 비용을 초래하기 때문이다. 제7장에서는 일자리 보장 프로그램을 통해 완전고용을 보장하자는 현대화폐이론(MMT)의 제안을 논의한다.

현대화폐이론(MMT)의 지지자들은 정부가 해야 할 다른 일에 대해서도 각자의 선호를 갖고 있다. 어떤 사람은 전 국민 국가의료보험을 원하고, 어떤 사람은 그린뉴딜 정책을 원하고, 어떤 사람은 더 많은 유급 휴가를 원할 수 있다. 현대화폐이론(MMT)은 그 자체로 이러한 정책에 특정 입장을 갖고 있지는 않다. 다만 우리가 재정적으로 감당할 수 있다는 점을 분명히 한다. 이러한 정책을 성공적으로 실행할 수 있는 자원이 존재할까? 아니다, 반드시 그렇지는 않다. 이러한 제안을 위한 정책 공간을 확보하기 위해 약간의 자원을 다른 분야로부터 전용해야 할 수도 있다. 우리는 이것들이 의회를 통과하는 데 필요한 정치적 지지를 얻고 있나? 누가 알겠는가. 정책 의제는 연구자들의 의견을 수렴하여 정치 영역에 맡기는 것이 좋다.

많은 사람이 이것[정치에 맡기는 일-역자]이 만족스럽지 않다고 생각할 것이다. 일부는 정치인을 신뢰하지 않는다. 일부는 민주주의를 신뢰하지 않는다. 일부는 정치인에게 영향을 미칠 분석을 내놓을 "전문가"를 신뢰하지 않기도 한다. 대부분은 결과에 영향을 미치려는 로비스트에 대해 회의적일 것이다. 많은 미국인이 민주적 절차에 대한 희망을 포기해 왔다. 대신, 자신을 차기 독재자로 자처하며 사회에 자신의 뒤틀린 선호를 강요하는 전직 리얼리티 TV스타에게 희망을 걸었다.

정책 결정은 정치와 분리될 수 없다. 우리는 정치가 (결국) 공공의 이익을 위한 정책으로 이어지기를 바라며 민주주의를 선택했다. 하지만, 링고 스타(Ringo Starr)의 말처럼, "그것은 쉽게 오지 않는다".

5. 공짜 점심을 활용해야 하는 이유

'공짜 점심이 있으면 기꺼이 먹자'는 제언으로 결론을 맺자. 앞서 언급한 것처럼, 경제학은 공짜 점심 같은 것은 없다고 주장하는 것으로 유명하다. 이는 터무니없는 주장이다. 공짜 점심은 넘쳐난다. 이를 이용하지 않는 것은 정책 실패이다. 활용되지 않는 유휴 자원이 있다면, 공짜 점심을 제공하는 방식으로 활용할 수 있다. 그리고, 이러한 공짜 점심을 현명하게 사용하여 [경제적-역자] 역량을 구축할 수 있다면, 공짜 점심의 활용은 몇 배의 효과를 거둘 수 있다.

실업자를 고용하는 것은 공짜 점심을 활용하는 일이다. 모든 인간은 기본적인 생필품을 보장받을 권리가 있다는 관점을 받아들인다면, 일을 하는지와 무관하게 지원해야 한다. 사회보험료를 상대적으로 덜 내는 사람이라도 고용하면, 이들의 사회보험료 납부가 증가하고, 사회 전체가 승자가 된다. 이는 공짜 점심이다. 그러나, 이런 계산에도 신중히 생각해 볼 것이 있다. 그/그녀가 무료로 제공한 기여 말이다. 만약 그/그녀가 실직 상태에서 가족을 돌보고 있었고, 그/그녀의 급여가 너무 낮아 돌봄 도우미를 고용할 수 없다면, 그/그녀를 고용함으로써 얻는 순이익은 0이거나 마이너스가 될 수 있다. 이 경우는 공짜 점심이 아니다. 우리가 공짜 점심의 혜택을 누리려면, 적절한 급여와 복지 서비스(보육 포함)가 보장되어야 한다.

때로는 무료가 아닌 점심도, 사회적으로 바람직하다면, 가격을 지불하는 것이 합리적일 수 있다. 중증 장애인 고용이 생산에 크게 기여하지 않을 수 있다. 그러나, 참여하고 기여하고자 하는 사람 모두를 위한 공간을 마련한다는 사실이 중요한 점이다.

위에서 논의한 것처럼, 생산 역량의 확대에 자원을 사용하면, 현재 더 많은 고용과 소득, 생산량을 누릴 수 있을 뿐 아니라, 미래에 더 많은 것을 가질 수 있다. 유휴 자원을 활용한다면, 적어도 그중 일부는 생산 역량(인적·물적 역량을 모두 포함하는 민간 및 공공 "인프라" 역량)을 늘리는 데 활용된다.

경제학자들 사이에는 "오쿤의 법칙"(Okun's Law)으로 알려진 규칙이 있다. 이는 경제 법칙이나 자연 법칙이 아니라 데이터에 근거한 경험 법칙이다. 오쿤 교수는 데이터를 연구한 결과 공식 실업률이 1%포인트 하락할 때마다 GDP가 3%포인트씩 증가한다고 추정했다. 별것 아닌 것 같지만, GDP의 3% 성장은 절대 사소하지 않다. 2021년 GDP로 계산하면 이는 7,000억 달러 이상의 추가 생산을 의미한다. 경제 호황기에는 GDP가 1년 동안 6% 성장할 수도 있다. 공식 실업률을 5%에서 3%로 낮추면 GDP는 6% 추가 성장할 수 있다. 물론 이것은 일회성 호황이다. 2년 차에도 계속해서 GDP가 추가로 6% 성장하려면, 실업률은 3%에서 1%로 낮춰야 하는데, 이는 어렵지만 불가능하지는 않다. 하지만, 실업률 감소를 통해 GDP 성장률을 계속 낮출 수 있는 여력은 빠르게 고갈될 것이다.

그러나, 요점은 수십 년 동안 우리는 만성적으로 높은 실업률을 경험해 왔다는 사실이다. 그 결과, 오쿤의 법칙에 따라 매년 GDP 3%의 몇 배에 해당하는 산출을 포기해 왔다. 이는 잠재적인 공짜 점심이었다. 그리고, 이를 외면했다는 사실은 생산 역량을 늘리는 데 실업자를 활용하지 않았음을 의미했다. 나아가, 민간 기업은 생산 역량을 늘릴 유인이 없었다. 성장 둔화와 실업 증가가 투자 유인을 감소시켰기 때문이다. 노동력을 싸고 쉽게 구할 수 있다면, 기업은 노동 생산성을 향상시키는 자본에 투자하지 않는다. 다른 한편, [실업자가 늘고 그 결과 소득이 감소하여-역자] 소비가 둔화하면, 기업은 생산 능력을 늘리지 않는다. 우리가 공짜 점심을 활용하지 않으면, 현재의 고용, 소득, 산출이 모두 감소할 뿐만 아니라, (그렇지 않았더라면 달성했을 수준 이하로) 미래의 생산 능력도 축소하게 된다.

지난 수십 년 동안 상대적으로 높았던 실업률로 인해 잃어버린 생산량은 상상하기 어려울 정도로 크다. 만일 우리가 그 모든 공짜 점심을 활용했더라면, 세계 빈곤을 크게 줄일 수 있었을 것이다. 그렇게 하지 못한 데에는

"공짜 점심 같은 것은 없다"는 거짓을 퍼뜨린 경제학자들의 잘못이 크다. 이는 전문가로서의 오점이며, 아마도 경제학의 가장 큰 거짓말일 것이다.

6. 인플레이션과 실업 사이의 상충관계

앞서 인플레이션 이슈에 관해 간략히 다뤘다. 많은 사람이 하나의 상충관계가 존재한다며 두려워한다. 즉, 정부가 실업률을 낮추기 위해 더 많이 지출하면 인플레이션이 발생하리라는 것이다. 일자리를 창출하는 데 있어 공짜점심은 없으며, 그 대가는 인플레이션이라고 주장한다. 이 주장을 좀 더 자세히 살펴보자. 그러나, 분명한 점은 일자리가 늘어날 때 인플레이션이 발생한다면, 민간 지출도 마찬가지라는 점이다. 실업자 감소의 "비용"이 인플레이션이라면, 민간 고용주들이 노동자를 고용하는 것도 걱정해야 한다. 아마존과 같은 대기업이 고용을 늘릴 계획이라는 발표도 두려워해야 한다. 실제로 이러한 발표에는 일반적으로 환호하지만, 역설적으로 정부의 고용 확대와 실업률 하락은 인플레이션의 전조로 우려한다.

제7장에서 우리는 현대화폐이론(MMT)의 완전고용을 위한 제안을 살펴볼 것이다. 여기에서는 실업과 인플레이션 사이의 상충관계에 관한 사고가 어떻게 진화해 왔는지 살펴보자.

1960년대 초 많은 경제학자들은 하나의 단순한 정책적 상충관계를 믿었다. 즉, 정부가 지출을 통해 총수요를 늘려 실업률을 낮출 수 있지만, 이렇게 하면 인플레이션이 상승할 것이라 믿었다. 반대로, 정부가 지출을 줄여 인플레이션을 낮추면 실업이 증가할 것이다. 정책 결정자의 선호에 따라 인플레이션과 실업률의 바람직한 조합인 "최적점"을 결정할 것이다. 예를 들어, 민주당은 인플레이션 4%와 실업률 3%를, 공화당은 인플레이션 2%와 실업률 5%를 선호할 것이다. 이러한 상충관계는 상대적으로 안정적이라 가정했기 때문에, 우리가 어디로 갈 것인가는 단지 집권 정당의 선호를 반영할 뿐이다. 경제학자들은 이 상충관계에 "필립스 곡선"이라는 이름을 붙였다. 필립스 곡선은 마치 하나의 경제 법칙처럼 받아들여졌다.

　　이는 경제학자들 사이에서 사고의 혁명을 일으켰다. 대공황의 경험으로부터 경제학자들은, 실업은 정책 결정자들이 맞서 싸워야 할 악이라고 믿게 되었다. 루스벨트 행정부는 뉴딜 정책을 만들었는데, 그 내용에는 실업자를 위한 다양한 고용 프로그램을 포함했다. 제2차 세계대전 이후 의회는 1946년 고용법을 통과시켜, 정책 입안자들이 총지출을 높게 유지함으로써 경제적 질병인 실업과 싸워야 한다는 의무를 부과했다. 그러나, 필립스 곡선의 상충관계 관념이 등장하자, 생각이 변했다. 실업은 질병이 아니라 오히려 정책적 해법 [수단-역자]으로 이해되었다. 즉, 인플레이션을 억제하기 위해서는 일자리를 찾지 못하는 노동자가 필요하다는 것이다. 임금을 낮추기 위해 실업자가 충분하지 않다면, 임금과 물가가 함께 상승할 것이다.[64]

　　이러한 주장은 1960년대 미국의 데이터와 부합하는 것처럼 보였다. 그러나, 1970년대 초반에 이르러 인플레이션과 실업이 모두 상승하면서 양자 사이의 상충관계는 무너졌다. 즉, 인플레이션과 실업 모두가 상승하는 스태그플레이션이 발생했다. 이후 1980년대 중반 이후에는 실업률과 함께 인플레이션도 하락했다. 그리고, 1990년 이후에 실업률은 인플레이션과 어떤 상충관계도 보여주지 않고 상승과 하락을 반복했다. 인플레이션과 실업률 사이에 안정적인 음(-)의 관계는 데이터에서 찾아볼 수 없다.

---

64 칼 마르크스는 이를 "실업 예비군"(reserve army of the unemployed)이라 불렀다[마르크스의 원저작에는 "노동의 산업예비군"(industrial reserve army of labor)으로 나온다–역자]. 자본가는 노동자를 복종시키기 위해 이를 유지한다[즉, 실업자가 많거나 노동력의 과잉 상태가 되면, 노동자 사이에 취업 경쟁이 치열해지고, 그 결과 노동자는 저임금이나 열악한 노동조건도 수용하게 된다–역자]. 당연히도, 주류 경제학자들은 마르크스를 인용하지 않지만, 그들의 정책은 이 실업자 예비군을 만들기 위해 고안된다.

그런데도 실업이 인플레이션과 싸우는 데 활용해야 하는 도구라는 관점이 1960년대 후반에 이르러 뿌리 깊게 자리 잡았다. 특히, 필립스 곡선의 상충관계에 관한 증거가 부재함에도, 연준은 1980년대, 1990년대, 심지어 2000년대까지 실업률 하락을 긴축적 통화정책의 구실로 계속 활용했다[최근의 인플레이션 대응에서도 그랬다. 글로벌 팬데믹 와중에 인플레이션이 상승하자, 미국의 연준뿐 아니라 전 세계 중앙은행들이 기준금리를 급격히 인상했다. 이들은 금리 인상을 통해 소비와 투자를 감소시켜 경제를 위축시키고, 그 결과 실업률이 상승하고 인플레이션은 하락할 것으로 기대했다. 즉, 현재에도 통화정책은 필립스 곡선의 상충관계에 의존하고 있다. 하지만, 연준을 포함하여 여러 중앙은행이 최근 인플레이션의 원인이 초과수요(낮은 실업률에 따른 임금 상승)가 아니라, 공급측 요인에 있다고 인정했다. 그렇지만, 인플레이션 상승에 기준금리 인상으로 대응하겠다는 태도는 변경하지 않는다. 이렇게 원인과 대응이 어긋나는 비일관된 정책을 신뢰할 이유가 있을까?-역자]. 이 도그마에 관한 의문은 매우 천천히만 제기되기 시작했다. 그러나, [2008년-역자] 글로벌 금융위기 이후 여러 경제학자와 연준의 일부 연구자는 소위 필립스 곡선의 상충관계가 데이터로 뒷받침되지 않는다고 주장했다. 그 결과, 연준은 실업률이 하락하더라도 금리를 인상하는 데 더 주저하게 되었다. 낮은 실업률이 더 높은 인플레이션으로 이어지지 않는다는 단순한 이유였다.

현대화폐이론(MMT)의 관점에 따르면, 정부 지출이든 민간 지출이든 높은 총수요는 임금과 물가의 상승으로 이어질 수 있다. 그러나, 공식 실업률은 정확한 지표가 될 수 없다. 일자리만 있다면 풀타임으로 일할 의향이 있는 무직자 (또는 시간제 종사자) 중 큰 부분을 누락하기 때문이다. 이들은 조사 주간에 몇 시간이라도 일했거나, 적극적으로 구직 활동을 하지 않는 등 다양한 이유로 실업자 수에 포함되지 않는다. 이는 낮은 실업률이 인플레이션을 일으키지 않는 이유 중 하나이다. 즉, 실업 통계에는 일할 준비가 되어 있고 일할 의사가 있지만, 실업자로 집계되지 않는 노동자가 너무 많다.

또한, 현대화폐이론(MMT)은 낮은 실업률이 임금과 물가 상승으로 이어질지를 결정하는 데에는 여러 가지 요인이 작용한다고 주장한다. 예를 들어, 국내 노동력이 값싼 외국 노동력과 경쟁해야 한다면 실업률이 낮더라도 임금 인상을 압박하기 어렵다. 미국 기업들은 더 높은 임금을 지급하는 대신 미국 내 공장을 폐쇄하고 해외 생산을 확대할 수 있다. 마찬가지로, 미국 기업이 외국 기업과 경쟁할 경우 가격 결정력이 크지 않으므로, 높은 수요가 가격 인상으로 이어지지 않는다. 마지막으로, 생산성 향상은 생산 비용을 낮추고, 총수요 증가로 인한 가격 상승 압력을 상쇄할 수 있다.

현대화폐이론(MMT)은 1970년대 높았던 인플레이션 대부분이 총수요 증가 때문이 아니라 공급 측면의 높은 비용 때문에 발생했다고 주장한다. 예를 들어, 1970년대 초와 말 두 번의 "원유 가격 충격", 즉 석유수출기구(OPEC)의 급격한 유가 인상이 당시 인플레이션의 원인이었다. 석유는 대부분의 생산 공정에 투입되는 원료이자 주요 소비재이기 때문에, 일반적으로 가격이 상승하는 것은 놀라운 일이 아니었다. 물가가 오르자 노동자들은 더 높은 임금을 요구하며 물가 상승을 따라잡으려 했다. 문제는 과도한 총수요가 아니었기 때문에, 공급 측면에서 유발된 인플레이션에 긴축 정책으로 대처한 것은 실수였다. 이는 물가 상승의 원인을 해결하지 못한 채 실업률만 상승시켰다. 우리는 스태그플레이션이라는 쌍둥이 악을 맞이했던 것이다. 이것이 바로 인플레이션과 실업률이 모두 상승한 이유, 즉 필립스 곡선의 상충관계와는 반대되는 현상을 설명한다.

2021년에도 미국은 공급 측면의 문제로 비용 증가와 가격 상승이라는 비슷한 상황을 경험했다. 이러한 문제는 주로 전 세계적인 코로나19 팬데믹으로 인해 생산과 공급망이 붕괴하면서 발생했다. OPEC도 원유 생산량을 줄이고 가격을 인상하여 이러한 상황을 이용했다. 많은 노동자가 감염 예방 조치로 직장을 떠나야 했다. 이후 안전에 대한 두려움이나 가족을 돌봐야 하는 의무 때문에 복귀를 꺼려했다. 그래서, 다시 한번, 물가가 상승하면서도 실업률(측정된 실업자와 측정되지 않은 실업자)도 높았다. 단순히 "너무 많은 지출"이 아니라, 많은 요인이 물가 상승 압력을 만들어 냈다. 이번에는 정책 결정자들이 현명하게도 긴축 정책을 채택하기를 꺼렸고, 연준은 금리 인상을 보류하는 인내심을 보였다 [하지만, 연준은 2022년 3월부터 기준금리를 매우 빠르게 인상했다. 금리 인상은 긴축적 통화정책이다. 이후 파월 연준 의장은 금리 인상이 '공급측 요인에 의한 물가 상승'을 억제하는 데 도움이 되지 않는다는 점을 여러 번 인정하면서도, 금리 인상을 고집하는 비일관성을 보였다-역자].

동시에 바이든 대통령 행정부는 야심찬 "더 나은 재건"(Build Back Better) 프로그램을 추진하고 있었다. 이는 2020년대의 10년 동안 정부 지출을 크게 늘리는 정책이었다. 많은 사람이 이 프로그램이 너무 커서 인플레이션을 유발할 것이라고 우려했다. 현대화폐이론(MMT)은 몇조 달러가 지출되는지와 무관하게, 금액으로 표현되는 프로그램의 비용이 아니라 필요한 자원에 관심을 집중해야 한다고 주장한다. 필요한 자원을 동원할 수 있는 역량에 부합하는 속도로 프로그램을 신중하게 단계적으로 도입하지 않으면 인플레이션이 발생할 수 있다는 데 우리는 동의한다. 상충관계가 충분히 있을 수 있다. 바이든 대통령의 프로그램에 사용할 수 있도록 사적 용도에 사용되는 자원을 확보할 필요가 있다. 그러나, 이는 예견된 결론이 아니며, 신중한 프로그램 시행을 통해 인플레이션을 피할 수 있다.

요약하자면, 현대화폐이론(MMT)은 총수요가 생산 능력과 비교해 너무 크면 물가 상승 압력이 발생할 수 있음에 동의한다. 어느 시점에서 지속적인 인플레이션이 발생할지, 그리고 인플레이션이 얼마나 높아질지는 여러 요인에 달렸다. 해외와의 경쟁 정도, 노동조합의 힘, 국내 경제의 독점 정도(및 생산자 간의 가격 인상을 위한 담합) 등이 그런 요인들이다.

중요한 두 가지 논점을 상기할 필요가 있다. 첫째, 정부 지출이라고 특별한 것은 없다. 민간 지출도 생산 능력 이상으로 수요를 끌어올릴 수 있다. 둘째, 제2차 세계대전과 같은 대규모 전쟁 상황을 제외하고는, 우리가 이러한 상황[생산 능력 대비 과도한 수요-역자]에 직면한 적이 거의 없었다. 마지막으로, 지속적인 인플레이션에 직면하더라도, 이를 극복하기 위해 실업률을 높이는 것이 반드시 최선의 전략은 아니다.

• • • •

제6장

현대화폐이론(MMT)이 제안하는 대안적 정책 프레임

1. 프레임 짜기

한 가지 면에서 현대화폐이론(MMT)은 기술(記述)적이다 [있는 그대로 열거하고 서술함-역자]. 주권 통화 시스템이 어떻게 작동하는지를 정확히 설명한다. 돈을 공익을 위해 사용하려면 돈을 정확히 이해할 필요가 있다. 과학은 항상 진보적인 노력이다. 우리는 문제를 해결하고 인간의 조건을 개선하기 위해 과학을 활용한다. 미국의 코미디언 스테판 콜버트(Stephen Colbert)가 조지 W. 부시 대통령을 위한 백악관 특파원 만찬에서 말했듯이, 현실에는 잘 알려진 자유 편향이 존재한다. 물론 그렇다.

지구 온난화부터 실업 문제까지, 진보적 관점은 현실에 기반을 둔다. 반면, 보수적 관점은 필연적으로 과학을 부정한다. 그러나, 우리는 지식만으로 정치인들이 옳은 일을 하게 할 것이라고 가정하는 실수를 저지르고 싶지 않다. 정책 논쟁에서 이기려면, 그 정책이 공공의 이익에 복무한다는 도덕적 정당성을 획득해야 한다.

최근 몇 년 동안 현대화폐이론(MMT)이 주목받기 시작했지만, 여전히 큰 장벽에 직면해 있다. 화폐는 그것을 이해하고 싶어 하는 사람들에게도 어려운 주제이다. 현대화폐이론(MMT)을 하나의 멋진 캐치프레이즈로 압축할 수 있다면 좋겠지만, 나는 불가능하다고 생각한다. 화폐는 어려운 주제이고, 논쟁적이다. 확실히, 화폐에 관한 기존의 설명은 틀렸다. 화폐에 관해 역사학자, 인류학자, 법학자, 사회학자, 정치학자의 연구 결과와도 일치하지 않는다.[65] 화폐에 대한 보수적인 설명 그 어떤 부분도 이러한 여러 분야의 학자들로부터 검증받지 못했다. 앞의 장들에서 소개한 현대화폐이론(MMT)의 관점이 이들의 연구 결과와 더 일치한다. 그러나, 화폐가 무엇이고 어떻게 작동하는지를 설명하는 것만으로는 충분하지 않다. 우리의 주장을 **어떻게** 프레임으로 짤지가 중요하기 때문이다.

이 장에서는 주권 화폐를 분석하는 현대화폐이론(MMT)의 대안적 프레임을 살펴본다. 경제학 교과서, 정책 싱크탱크의 보고서, 미디어에서 말하는 화폐에 관한 거의 모든 내용은, 언어학자 조지 레이코프(George La-koff)가 보수적 프레임이라 부른 것을 반영한다.[66] 진보적 경제학자들의 설명도 보수적 프레임을 주로 사용한다.

레이코프는 모든 단어가 프레임에 따라 정의된다는 점을 강조한다. 진보주의자들은 보통 보수주의자들이 사용하는 단어를 채택하는데, 이는 보수주의 프레임을 연상시키게 된다. 한 번 불러일으킨 보수적 프레임은 극복하기 어렵다. 더 안 좋은 점으로, 진보주의자들은 일반적으로 보수적 관점을 참조하여 논쟁을 시작한 다음, 논증을 통해 이를 논파하려 한다. 이는 반

65　특별히 다음 책을 참고하라. David Graeber, *Debt: The First 5000 Years*, Melville House, Brooklyn, NY, 2011 [한국어판: 데이비드 크레이버 저, 정명진 역, 2021. 『부채, 첫 5000년의 역사』, 도서출판 부키]

66　모든 경제학자가 보수적이라고 주장하는 것은 아님에 주의하자. 우리는 경제학과 경제학자들이 일반적으로 채택하는 프레임 설정 방식에 관해 이야기하고 있다. 레이코프는 언어학자이다. 그의 다음 저서를 참고하라. George Lakoff, *The ALL NEW Don't Think of an Elephant! Know Your Values and Frame the Debate*, Chelsea Green, Vermont, 2014 [한국어판: 유나영 역, 『코끼리는 생각하지 마: 진보와 보수, 문제는 프레임이다』, 서울 : 와이즈베리]. 우리는 그의 이론을 단순화할 것이다.

드시 실패할 수밖에 없는 전략이다. 레이코프는 다음 예시를 통해 그 이유를 설명한다.

코끼리를 생각하지 마세요! 길고 뱀 같은 코끼리의 코를 상상하지 마세요 쥐에나 어울리는 우스꽝스럽게 얇고 짧은 꼬리. 통나무처럼 튼튼한 다리. 거대한 발과 엄니. 그리고, 어쨌든, 빠르게 펄럭이면 코끼리도 날게 할 것 같이 펄럭이는 귀는 생각하지 마세요

좋아요, 이제 덤보(Dumbo)를 생각하나요? 물론 그렇겠죠. 그 코끼리를 머릿속에서 지울 수 없을 거예요. 온종일 그 코끼리에 대해 생각하게 될 것입니다.

우리는 대안적 프레임이 필요하다. 그것은 진보적인 사회적 관점에 부합하는 것이어야 한다. 그리고, 우리가 직면한 모든 도전에 대처하기 위해서도 필요하다. 그것은 시장, 자유로운 교환, 개인의 선택에서 시작할 수 없다. 우리는 사적 이익의 극대화를 위한 미적분학 대신 공익을 위한 사회적 은유가 필요하다. 우리는 정부의 긍정적인 역할에, 그리고 정부가 우리 모두를 위해 통화를 어떻게 사용할지에 초점을 맞춰야 한다.

신화(myth)에 대항하여 "진실"(truth)이 항상 승리하는 것도 아니란 점 또한 우리는 경험을 통해 알고 있다. 조지 레이코프는 우리의 마음이 어떻게 작동하는지 훌륭하게 설명했다. 이를 위해 그는 세상을 이해하기 위한 은유(작은 스토리)를 사용했다. 은유의 사용은 탐구 중인 개념이 추상적일수록 특히 효과적이다. 경제학은 매우 추상적인 개념과 추론을 사용한다. "경제", "시장", "균형", "생산성", "수요와 공급", 특히 "화폐" 등이 대표적이다. 이 개념들 중 어느 것도 현실 세계의 구체적인 대응물이 없다. 모두 은유에 의존해 이해를 발전시키는 추상적 개념이다.

현대화폐이론(MMT)은 이론적으로 정확하며, 실제 세계의 통화 운용

을 가장 정확히 묘사한다. 우리를 비판하는 그 누구도 현대화폐이론(MMT)의 핵심 원리에 관해 신뢰할 만한 반박을 제시하지 못했다. 현대화폐이론(MMT)에 대한 반발은 이론에 근거한 것이 아니다. 그들은 경험적 증거에도, 사실에도 기초하고 있지 않다.

그 비판들은 도덕(morality)에 호소한다.

이는 비평가를 비하하는 말이 아니다. 여러분은 은유 없이는 이해할 수 없고, 스토리 없이는 생각할 수 없으며, 도덕적 기준 없이는 정책 분석을 할 수 없다.

이 책의 주요 주제 중 하나로, 미국 정부에 돈이 고갈될 수 없다는 점은 미친 사람 말고는 누구나 알고 있다. 진실은 너무나 간단하다. **미국 정부는 강제로 파산할 수 없다.**

연방정부가 나름대로 빈곤층을 위해 지출하고 있다고 전문가들이 아무리 떠들더라도, 양식이 있는 모든 경제학자, 정책 입안자, 정치인들은 그것이 **사실이 아니라**는 점을 잘 알고 있다. 따라서, 널리 퍼져 있는 정부 재정 적자 히스테리에 현대화폐이론(MMT) 지지자가 대응하는 방법은 다르다. 이들은 연방정부가 키보드를 두드려 [정부 지출 수취자의-역자] 은행 계좌에 입금하는 방식으로 지출하기 때문에, 미국 달러로 판매되는 그 어떤 것도 구매할 수 있다는 사실을 지적한다.

이에 대한 반응은 일반적으로 다음의 네 단계로 진행된다. 믿지 않음, 두려움, 도덕적 분개, 성냄. 화폐가 어떻게 "작동"하는지에 관한 논쟁에서도 현대화폐이론(MMT)은 승리하기보다는 패배하곤 한다. 어떻게 그럴 수 있을까?

정부가 손가락 하나로 키보드를 두드려 지출하는 것은 **부도덕하다**고 사람들이 믿기 때문이다.

현대화폐이론(MMT)이 통화가 어떻게 작동하는지를 얼마나 정확하게 설명하는가는 별로 중요하지 않다. 사람들은 프레임을 통해서만 사실(fact)을 볼 수 있으므로, 현대화폐이론(MMT)이 사실을 정확하게 설명만 해서는 논쟁에서 질 것이다. 적절한 프레임이 없으면 현대화폐이론(MMT)은 정책 토론에서 이길 수 없다.

　이 장에서 우리는 현대화폐이론(MMT)의 프레임을 활용하는 방법을 설명한다. 이는 이 이론을 이해하고 그에 부합하도록 정책을 개선하는 데 필요하다. 레이코프의 이론을 자세히 다루지는 않겠지만, 현대화폐이론(MMT)이 발견한 것에 부합하는 프레임을 제시하기 위해, 그의 가르침을 따를 것이다.

2. 화폐에 관한 현대화폐이론(MMT)의 프레임

우리가 지금까지 다룬 화폐를 둘러싼 여러 주제에 대해 현대화폐이론(MMT)은 어떻게 접근해야 하는지 살펴보자.

　모든 사람의 잠재의식 속에 심어져 있는 "밈"(memes)을 생각해 볼 수 있다. 그것은 우리의 생각을 구성하고 정리(organize)하는 데 사용하는 작은 스토리들(stories)이다. 우리는 모두 스토리들을 배우게 되고, 그 스토리에 등장하는 용어와 구절이 어떤 교훈을 전달한다. 이들은 마치 잠복해 있는 바이러스와도 같다. 바이러스처럼, 여러 사람의 뇌로 퍼져나간다. 보수주의자들은 이 점을 이해하고 유리하게 활용한다. 우리는 이를 우리에게 유리하게 활용하는 방법을 배워야 한다.

　브루스 스프링스틴(Bruce Springsteen)[미국의 싱어송라이터-역자]이 우리의 정책 목표로 나아가기 위한 출발점을 간파했다고 나는 생각한다. 그는 "우리는 우리 자신을 돌본다"(We take care of our own)라고 노래한다. "우리"란 우리 모두이다. "우리 자신"(our own)도 우리 모두이다. 따라서, 우리는 함께 서로서로 돌보는 우리 모두이다.

· 우리는 우리 자신을 돌본다.[67]

이것이 우리의 모두(冒頭: 말의 첫머리-역자)이다.

　　정책은 언제 어디서나 도덕적 문제이다. 단순한 경제적 문제도 아니고, 기술적인 문제는 더더욱 아니다. 정책 논쟁에서 이기려면, 우리는 주류가 그러는 것처럼 도덕적 이슈를 다루어야 한다. 우리는 더 높은 도덕적 지위를 차지할 수 있다. 그러기 위해서 우리는 화폐의 기원, 본질, 기능, 작동원리 등에 관한 스토리, 즉 화폐에 관한 현대화폐이론(MMT)의 대안적 이해를 개발할 필요가 있다.

　　이 목표를 위해, 우리는 국가와 화폐, 즉 국가와 재무부, 그리고 중앙은행이 통화 시스템의 중심에 있다는 사실로부터 시작한다. 한 측면에서 보면, 통화 시스템은 신용과 부채로 이루어진 한 세트이다: 나는 너에게 빚을 졌고, 너는 나에게 빚을 졌다.

· 우리의 테마 : "화폐란 서로에게 진 빚이다", 또는 "화폐는 우리를 묶는 끈이다"

이러한 채무증서들(IOUs)은 대차대조표에 기록되고, 그 기록과 관리의 큰 부분을 은행이 처리한다. 총액 수준에서 모든 채무증서는 서로 상쇄되어야만 한다. 즉, 항상 차변과 대변에 동시에 기록된다. 하지만, 이는 모든 재미와 행위가 사라지게 한다. 신용과 부채는 필연적으로 사회적 관계를 나타낸다. 즉, 채권자와 채무자는 사회적 유대 안에서 서로 연관되어 있다.

　　우리는 일반적으로 채무자보다 채권자가 되는 편이 더 낫다고 생각하지만, 역사 전체에 걸쳐 양 당사자는 항상 이 채무 관계로 오염된 것으로 여겨져 왔다. 셰익스피어도 이를 두고 "빌리는 사람도 빌려주는 사람도 되지 말라"고 했다. 어쨌든, 경제의 많은 부분이 화폐 시스템을 통해 조직되고 이

67　브루스 스프링스틴의 2012년 앨범 Wrecking Ball에 실린 한 노래의 제목으로, 오바마 대통령이 대선 캠페인 기간 내내 이용했다.

를 지향하는 사회에서 부채는 피할 수 없다. 이 사회 자체가 여러 층의 부채와 신용으로 구성되어 있다.

우리는 이미 국가가 통화 단위를 선택함을 지적했다. 엄청나게 많은 종류의 물품들을 물물교환하는 수많은 이기적 개인들의 흥정이 어떻게 하나의 측정 단위로 안착할 수 있었는지 이해하기 어렵다. 어쨌든, 적어도 오늘날 통화 단위(파운드, 달러, 엔)를 선택하고, 그 단위로 세금을 부과하고, 그 단위로 가치가 표시되는 통화를 발행하는 것은 국가라는 점은 너무나 분명하다(물론, 우리는 몇몇 사소한 예외가 있다는 사실에 주의해야 함을 인지하고 있다. 유럽 경제통화동맹(EMU: Economic and Monetary Union) 회원국들이 공동의 통화 단위를 채택하고, 스스로 부과한 규정을 통해 통화 발행을 제한하기로 한 경우는 주요 예외에 해당한다).

3. 세금에 대한 현대화폐이론(MMT)의 관점

현대화폐이론(MMT)의 대안적 프레임에서는 "세금이 통화를 추동한다(drive)"라고 말한다[아래에서 설명하듯, 정부나 군주 등 특정 지역을 관장하는 주권적 권력이 특정 통화를 세금 납부 수단으로 정해야, 해당 지역에서 그 통화에 대한 수요가 창출되고 유통된다는 의미-역자]. 이를 좀 더 발전시켜 보자.

현대화폐이론(MMT)의 대안적 관점에서 보면, 통화 시스템은 국가 화폐 시스템이다. 이 프레임에서 보면, 세금의 가장 중요한 목적은 국가 화폐에 대한 수요를 창출하는 것이다. 나아가, 국가는 지출을 위해 세금이 필요하지 않다. 사실, 세금은 지출할 수도 없다. 그렇다면, 세금은 왜 필요할까?

· **현대화폐이론(MMT)의 관점 : 세금은 통화에 대한 수요를 창출하여, 판매자가 기꺼이 그 통화를 수용하고 재화와 서비스를 팔도록 한다.**

세금은 대부분 비자발적인 부채이지만, 정부에 대한 판매 대부분은 자발적이다. 세금 납부 수단을 얻기 위해 사람들이 정확히 무엇을 하는지는 적어도 부분적으로는 재량에 따라 결정한다(정확히 말해, 세금 납부 수단은 "통화"이다. 기술적으로, 세금은 중앙은행 지급준비금을 이용하여 납부되고, 납세 과정은 민간은행이 처리한다). 하지만, 죽음과 세금만은 피할 수 없다고 사람들은 말한다. 사람들 대부분은 세금 납부 수단을 얻기 위해 무언가를 팔아야 한다.

세금은 두 가지 다른 중요한 목적도 있다. 세금은 비용을 증가시키고 순소득을 감소시킴으로써 수요를 조절하는 데 도움이 된다. 이는 경제가 완전 고용에 도달했을 때 특히 중요하다. 정부가 자원 소비를 계속 늘리면, 비정부 부문이 자원 사용을 줄이지 않는 한 물가가 상승할 것이다. 세금은 민간 지출을 감소시켜, 정부와 민간 사이의 자원 경쟁을 완화한다. 이것이 인플레이션 압력을 약화시킨다.

· 우리의 밈 : 세금은 통화 가치를 강하게 유지한다.

여기에 더해, 죄악세(sin taxes)는 "죄"에 대한 비용을 높임으로써 사회적으로 바람직하지 않은 행동을 줄이는 데 이용된다(반대로, 세금 공제는 바람직한 행동에 대한 보상으로 사용된다). 높은 담뱃세는 흡연을 억제하는 데 유용하다는 사실이 입증되었다. 이는 소득이 제한되어 있고 아직 중독되지 않은 젊은 층에 특히 그러하다. 세금의 또 다른 용도는 세대에 걸쳐 과도한 부의 축적을 방지하는 수단이다. 자선적 기부에 대한 세금 공제는 사회적으로 유용한 기부를 유도할 수 있다. 이상에서 볼 수 있듯, 세금은 통화를 추동하는 것에 더하여, 죄와 싸우고, 불로소득의 상속을 줄이고, 자선적 기부를 늘리는 등 공익적 목적을 달성하는 데 사용될 수 있다.

· 우리의 밈 : 세금은 죄와는 싸우고 자선에는 보상할 수 있다.

4. 지출에 관한 현대화폐이론(MMT)의 관점

중앙정부 수준에서 보면 "그 무엇에 대해서도 세금으로 지불하지 않는다." 대신, 세금은 세 가지 목적에 기여한다. 즉, 통화를 추동하고, 과잉 수요를 방지하며, [사회적으로 바람직한 행동을 하도록-역자] 사람들의 선택에 영향을 미친다. 이 모두는 공공 정책의 합당한 목적이고, 막대한 사회적 편익을 가져다준다. 우리는 이러한 점을 강조하고, 세금에 대한 보수주의 밈(세금은 정부의 지출을 위해 납부된다)을 버려야 한다.

다른 한편, 지방 정부는 통화 발행자가 아니라 "사용자"이다. 지방 정부는 소득(세금, 채권 발행, 연방정부의 "이전"(또는 "블록 보조금"[지방 정부의 특정 프로그램을 위한 미국 연방정부의 지원금-역자] 등)이 필요하다. 이는 사실이다. 연방정부는 결코 고갈될 수 없다. 특히 사회적 지출과 관련해서, 주 및 지방 정부의 지출 재원 마련을 돕기 위해 더 적극적으로 나서야 한다.

· **우리의 밈 : 주권 정부는 항상 사회적으로 바람직한 프로그램에 재정을 지원할 수 있다. 자신의 통화를 스스로 발행할 수 있는 주권 정부에게 키보드가 고갈될 수는 없다.**

하지만, 재정적으로 부담 가능하다는 사실만으로는 충분하지 않다. 특정 진보적 정책에 관한 논쟁에서 이길 수 있는 유일한 방법은 더 건전한 도덕적 근거를 강조하는 것이다. 우리는 우리의 우월한 도덕성(morality)에 부합하는 프레임을 구성해야 한다.

앞서 언급했듯, 브루스 스프링스틴은 진보적 정책의 틀을 짜는 법에 대해 잘 알고 있다[다음은 스프링스틴의 히트곡 'We take care of our own'의 가사 일부이다-역자].

우리는 우리 자신을 돌보지요,
우리는 우리 자신을 돌보아요

이 깃발이 휘날리는 곳 어디에서든,

우리는 우리 자신을 돌봅니다.

[이 프레임에서-역자] 사회 안전망에 대한 대안적 관점은 이렇게 된다.

· 우리는 노인이 길거리에서 자게 내버려 두지 않는다. 우리는 우리 자신을 돌본다.
· 우리는 아이들이 굶주리게 하지 않는다. 우리는 우리 자신을 돌본다.
  우리는 모두 이 위대한 국가의 이해당사자이다. 우리는 우리 자신을 돌본다. 백인, 흑인, 갈색 인종 가리지 않고, 우리는 우리 자신을 돌본다. 젊든 늙든, 건강하든 아프든, 우리는 우리 자신을 돌본다. 남성, 여성, 레즈비언, 이성애자, 게이, 퀴어, 양성애자, 트랜스젠더 가리지 않고, 우리는 우리 자신을 돌본다.

다음은 세금과 정부 지출에 관한 현대화폐이론(MMT)의 관점이다.

· 우리는 통화 가치를 견고하게 유지하기 위해 세금을 낸다. 강한 통화는 우리의 국가를 강하게 유지하게 한다. 강한 통화와 강한 국가는 우리가 우리 자신을 돌볼 수 있게 한다.
· 우리가 우리 자신을 돌볼 수 있도록 도울 좋은 정부가 필요하다. 국가를 강하게 유지하려면 좋은 공공 서비스와 인프라가 필요하고, 그 결과 우리는 우리 자신을 돌볼 수 있게 된다. 우리 정부는 우리의 국가가 강하게 유지되도록 지출해야 하고, 그러면 우리가 우리 자신을 돌볼 수 있게 된다.

정부가 자신의 통화를 지출할 권한은 헌법에 명시되어 있다. 즉, 헌법은 의회에 통화 발행에 대한 유일한 권한을 부여하고 있다. 정부가 지출할 수 있는 금액은 매년 의회의 승인으로 결정된다. 정부 지출을 제약하는 요인은 세수나 소파 쿠션 밑에서 찾을 수 있는 잔돈이 아니다. 정부가 충분히 지출하지 않는다면, 그것은 의회의 잘못이다.

· 우리 정부는 항상 우리 자신을 돌보는 데 필요한 지출을 감당할 수 있다.

기술적으로 실현 가능한 것이면 무엇이든 재정적으로 감당할 수 있다. 정부는 주권 통화의 발행자이기 때문이다. 궁극적으로, 모든 것은 [정부 재정을 확보할 수 있느냐의 문제가 아니라-역자] 기술, 자원, 정치적 의지의 문제일 뿐이다.

· 우리는 우리 자신을 돌볼 수 있는 기술을 갖추고 있다. 우리는 우리 자신을 돌볼 수 있는 자원이 있다.
· 부족한 것은 정치적 의지뿐이다. 정책 결정자들의 의지를 끌어내려면, 민주주의가 필요하다.

통화를 발행하는 주권 국가는 자국 통화로 판매하는 것이면 무엇이든 구매하는 데 필요한 돈을 댈 수 있다. 그렇다! 정부에게 돈이 고갈될 수는 없다. [자신의 통화를 발행하는 정부의 재정이 고갈되어 지출할 수 없다는 말은-역자] 야구 경기에서 숫자가 부족해서 전광판에 점수를 표시할 수 없다는 말만큼이나 어처구니없는 말이다. 연준에게 지급준비금이 고갈될 수 없고, 은행에 예금이 고갈될 수 없다[연준은 지급준비금을, 은행은 예금을 '자체적으로' 창조한다는 의미-역자].

사실이 이러한데, 재정에 관해 더 할 말이 있을까.

5. 인플레이션에 관한 현대화폐이론(MMT)의 대안적 프레임

정부 지출을 말할 때 가장 큰 우려 중 하나는, 과도한 정부 지출이 인플레이션을 유발할 수 있다는 점이다. 이 주제에 대해 좀 더 자세히 살펴보고, 이에 대한 우리의 관점을 재구성하는 방법을 제시해 보자.

문제는 재정이 충분한가가 아니다. 재정 지출이 통화의 가치와 사적 이익 추구에 미치는 영향에 관한 것이다. 스테파니 켈튼(Stephanie Kelton) 의[68] 말처럼, 어떤 돈이 정부 지출에서 나온 것이든 민간 지출에서 나온 것이든, 누구도 신경쓰지 않는다. 어떤 재화의 공급이 부족할 때, 정부나 민간 구매자가 더 많이 구매하면 가격이 상승할 수 있다.

하지만, 바람직하지 않은 구축효과[정부 적자가 과도하면 금리가 상승하여 민간의 대출과 투자가 감소하는 효과-역자]와 가격 상승 압력을 피하고자, 정부의 구매는 계획적으로 할 수 있고, 또 그래야 한다. 민간 부문에서는 계획적 구매가 더 어렵다. 기업들은 서로 경쟁하고 있고, 입찰 전쟁에서 "승리"하는 것이 최고를 차지하기 위한 투쟁의 일부가 될 수 있기 때문이다. 정부는 자신의 행동이 국가 전체에 미칠 결과를 고려할 수 있고, 또 반드시 그래야만 한다.

공공의 목적이 사적 목적보다 우선하는 경우(가령, 제2차 세계대전 당시 고무 사용), 정부는 가격 압력을 줄일 수 있는 여러 가지 대응책을 가지고 있었다. 민간 소비를 줄이기 위한 애국적 저축 장려, 임금 및 가격 통제, 할당 등이 예이다. 또한, 세금이라는 강력한 수단도 있다. 개별 소비세는 민간 구매자의 비용을 높이고, 소득세는 처분가능소득을 줄여 공공 목적의 생산을 위한 [자원의-역자] 여유분을 만들어 낸다. 이럴 때, 세금 인상은 통화를 강하게 만든다. 증세는 정부 지출을 위한 재원 마련용이 아니라, 치명적인 고인플레이션을 피하기 위해 필요하다. 즉, 세금은 (인플레이션 압력이 존재할 때) 인플레이션 압력을 완화여 정부의 지출 여력을 확보해 준다.

---

68 미국의 경제학자이고, 현대화폐이론(MMT) 지지자이고, 버니 샌더스 상원의원의 경제 자문역이었다. 다음 저서를 보라. Stephanie Kelton, *The Deficit Myth: Modern Monetary Theory and the Birth of the People's Economy*, Public Affairs, New York, 2020.[한국어판: 이가영 옮김, 2021.『적자의 본질』, 파주: 비즈니스맵]

공급이 부족할 때, 저소득층보다 고소득층이 인플레이션 압력에 더 큰 영향을 끼친다는 근거로 누진세가 정당화된다. 마트의 계산대는 돈의 출처를 묻지 않는다. 하지만, 부자들은 시장에서 더 많은 돈을 쓰지만, 그들의 지출은 정부 지출처럼 계획되거나, 예산 제약이 강력하거나, 경제 전체의 상황에 따라 조정되지 않는다. 그리고, 부자들의 지출은 일상생활에 필수 불가결한 것이 아니라, 대부분 재량에 따라 이루어진다. 실제로, 한 부유층 집단이 과시적인 소비를 늘리면 다른 부유층 집단도 그 챌린지에 동참한다. 이를 미국에서는 "존스 따라하기"(keeping up with the Joneses)라 부른다[자신의 사회적 계급이나 물질적 부를 주변 사람들과 비교하는 태도를 지칭함-역자].[69] 그 다음에는 차례로 부자가 아닌 사람들도 이들을 따라 하려 노력하게 된다. 슈퍼 부자들이 막대한 부의 상당 부분을 소비하지 않는 것은 사실이다. 하지만, 그들은 가장 숙련된 노동력과 가장 환경 파괴적인 생산 공정을 사용하고 기술적으로 더 진보된 "장난감"을 구매한다. 개인 제트기와 유조선 크기의 요트를 생각해 보라. 이들의 소비는 평범한 사람들의 일반적 공산품 소비 수요 증가보다 훨씬 더 인플레이션 유발적이다.

자원이 부족할 때는 통화 가치를 보호하기 위해 부유층에 대한 세금을 인상해야 한다.[70] 우리는 정부 지출에 필요한 "재원을 마련하려고" 부유층에 세금을 부과하는 것이 아니다. 정부는 가난한 사람들을 부양하려고 부자

---

[69]   소스타인 베블렌의 1898년 저서 『유한계급론』(Theory of Leisure Class)이 "과시적 소비"("존스 따라하기"라고도 불린다)와 "악의적 차별화"("매우 샘난다"(green with envy)라고도 불림)[일반 대중이 살 수 없는 고가의 소비를 통해 자신의 부를 과시하고, 대중과 차별화하려는 성향을 의미함-역자]라는 개념을 대중화시켰다.

[70]   앞서 언급했던 여러 논점 또한 기억해야 한다. 즉, 부유층의 소비 성향[추가 소득 중 소비하는 비율-역자]이 상대적으로 낮으므로, 금리 인상이 큰 영향을 미치려면 부유층에 대한 세금 인상 폭이 커야 한다는 점, 또한 인플레이션 상승이 정말 위협적이라면 중산층에도 세금을 부과해야 한다는 점 등이다.

들의 돈을 강탈하는 로빈 후드가 아니다. 그리고, 빈곤층을 위한 지출에 필요한 만큼만 부유층에 세금을 부과해서도 안 된다. 부자들이 더 이상 부자가 아니게 될 때까지 세금을 부과해야 한다.

스테파니 켈튼의 말처럼, 돈은 부자에게서 자라지 않는다. 우리는 가난한 사람들의 은행 계좌에 키보드를 두드려, 그들이 가난해지지 않도록 할 수 있다. 부자들의 지출이 인플레이션을 일으켜 통화 가치를 위협할 때, 우리는 부자들에 대한 세금을 인상해야 한다. 또는, 그들의 부가 우리의 민주주의를 위협할 때도 그렇게 해야 한다. 부자들의 민주주의 위협, 이것이 가장 큰 위협이기 때문이다.

부자들은 또한 인플레이션 조짐이 보이면 국내 통화를 안전한 피난처로 빼돌림으로써 국내 통화 가치를 떨어뜨릴 가능성이 크다(아르헨티나에서 그랬던 것처럼, 부자들은 국내 통화 가치 하락 압력을 유발하여, 인플레이션 공포를 높이고, 페소에서 달러로 연쇄적인 자금 유출을 일으킬 수 있다). 부자들의 반사회적 행동으로부터 통화를 보호하려면 누진적 소득세와 상속세가 필요하다. (그리고, 부자들이 조세 피난처로 도망가는 것을 막기 위해 자본 통제도 필요할 것이다.)

또한, 다양한 종류의 죄악(sin)을 막기 위해 부유층에 대한 세금(특히, 양도소득세)을 활용해야 한다는 주장도 강하게 제기되고 있다. 과잉 투기의 죄, 고리대금업의 죄, 사치스런 재화와 서비스를 과시적으로 소비하는 죄, 과도한 불평등의 죄 등. 죄악세가 이상적이라면, 그것이 죄를 일소할 것이기에 세입은 더 이상 증가하지 않는다. 우리가 그 이상을 달성할 수는 없지만, 죄를 덜 즐겁고, 큰 비용이 들게 만들 수는 있다. 투기, 환경 파괴, "인버전"(inversion: 규제와 과세를 피하기 위해 본사를 해외로 이전하는 행위), 과시적 소비 등 부자들이 선호하는 위험한 행위들에 세금을 부과하여 죄의 대가를 높여야 한다.

이미 정상에서 삶의 모든 혜택을 누리고 있는 사람들이 죄를 지었을 때 더 많은 고통을 받아야 하는 것은 당연한 일이다. 한 박스에 6개 들어있는 맥주 한 잔을 가끔 즐기곤 하는 노동자의 죄 [음주-역자]에 세금을 부과하지 말라. 진정한 죄인, 즉 투기와 과소비라는 반사회적인 죄를 지을 수 있는 충분한 수단을 가진 사람들에게 세금을 부과하라.

지금까지 설명한 대로, 우리가 선호하는 인플레이션 테마을 요약해 보자.

· 우리는 우리의 통화 가치를 유지하기 위해 세금을 사용한다.
· 우리는 투기 과잉이 우리의 통화 가치를 위협할 때 세금을 올린다
· 완전 고용에 가까워지면, 인플레이션 압력을 피하기 위해 세금을 올리거나 정부 지출을 줄일 필요가 있다.

6. 정부의 재정 적자에 관한 현대화폐이론(MMT)의 관점

정부 재정 적자에 대한 스토리를 다른 틀로 생각해 보자. 통상적인 정의에 따라, 적자란 정부가 경제에서 거둬들인 세금보다 경제에 지출한 금액이 더 많다는 것을 의미한다. 이 적자는 우리 [민간 부문-역자]의 저축을 늘려준다. 정부는 보통 우리에게 이 저축으로 안전한 국채를 사도록 한다. 그리고, 국채가 제공하는 이자는 우리의 저축이 계속 증가하게 한다.

세금보다 많은 정부 지출을 "적자"로 불러서는 안 된다. 그것은 정부가 우리의 저축을 도와준 것이다. 또한, 국채는 우리가 진 "빚"이 아니라 우리의 순금융자산이다.

· **세금보다 많은 정부 지출은 우리의 저축을 증가시킨다.**
정부의 적자와 부채라는 용어는 나쁜 이미지로 프레임 한 것이고, 저축과 부는 좋은 이미지로 프레임 한 것이다. [뉴욕 맨하탄의-역자] 타임스퀘어 광장에 서 있던 부채 시계는 우리 정부의 부채가 아니라 우리의 순금융자산을 보여준다. 오바마 대통령, 트럼프 대통령, 바이든 대통령은 우리에게 수조

달러의 금융 자산을 안겨, 월스트리트와 코로나19가 우리에게 부과한 손실을 일부 만회해 줬다. 백악관의 후임자들도 똑같이 할 것이다. 미국 대통령님, 감사합니다!

· 정부의 채권은 우리의 부를 증가시킨다.

물론, 앞서 설명한 것처럼, 정부는 재정의 균형을 맞추더라도 지나치게 많이 지출할 수 있다. [정부가 과도하게 지출하여-역자] 경제에 사적 목적을 위한 자원이 충분히 남지 않을 수도 있다. 이는 인플레이션과 통화 가치 하락을 초래할 수 있다. 그러나, 재정 적자가 자동으로 인플레이션을 유발한다는 인과관계는 존재하지 않는다. 실제로, 정부의 사후적 재정 적자 (혹은 흑자) 상태는 큰 부분 정부의 의지와 무관하다. 비정부 부문의 행동에 따라 크게 달라지기 때문이다.

사실, 회계 기간이 끝날 때까지는 정부가 "적자를 내고 있는지" 알 수 없다. 회기가 지나서야 해당 기간 동안의 모든 지출과 세입을 합산하고 둘 사이의 차이를 계산할 수 있다. "적자 지출"[빚을 내서 지출하는 행위-역자] 같은 것은 존재하지 않는다. 모든 정부 지출은 [흑자일 때나 적자일 때나-역자] 항상 똑같아 보이고, 키보드를 두드려 누군가의 은행 계좌에 예금을 입력하는 형태로 이루어진다. 유사하게, 모든 세금도 [흑자일 때나 적자일 때나-역자] 항상 똑같아 보이고, 키보드를 두드려 누군가의 은행 계좌에서 예금을 차감하는 형식을 취한다. 재정 적자는 사후적으로만 존재한다.

"적자 지출"이라는 용어는 절대로 사용해서는 안 된다. 잘못된 프레임일 뿐만 아니라, 그런 것이 존재하지도 않기 때문이다. 경제 전체의 집계 수준에서, 정부 적자는 (그와 똑같이) 비정부 부문의 흑자를 창출하고, 정부 흑자는 비정부 부문의 적자를 창출한다. 비정부 부문의 예산이 "균형"(지출과 수입이 같음)을 이루어야만, 정부의 재정도 "균형"(정부의 지출과 세입이 같음)을 이룬다.

비정부 부문의 균형은 복잡하게 결정되지만(실제로, 부분적으로는, 정부의 행동에 따라 달라진다), 적어도 어느 정도는 민간이 재량적으로 선택한다고 볼 수 있다. 비정부 부문(국내 민간 부문과 "해외"를 포함)이 자신의 재정에 행사하는 재량권의 정도만큼 정부의 재정 결과에 대해 정부의 재량권은 축소됨을 의미한다.

반복해 보자. 비정부 부문이 자신의 재정 결과를 스스로 결정(즉, 수입보다 더 많이 저축하거나 지출할지 여부)할 수 있다고 믿는다면, 정부는 자신의 재정 적자를 임의로 결정할 수 없다고 믿어야 한다. 따라서, 정부와 비정부 부문 사이의 필연적 밸런스는 불가분하게 서로 엮여 있다. 정부 재정 적자의 밸런스가 깨졌다(imbalance)거나 지속 불가능하다고 말하는 것은 말이 되지 않는다.

비정부 부문이 흑자를 기록할 때, 정부는 그만큼 적자를 기록한다(완벽한 밸런스이다). 이는 비정부 부문이 그렇게 하고자 하는 한 지속될 수 있고, 완벽히 지속 가능한 밸런스이다. 밸런스들이 밸런스를 이룬다(Balances balance)![즉, 정부나 비정부 부문의 재정 수지'들'(balances)은 독립적으로 결정되지 않는다(balance)는 의미-역자]

이는 너무 당연하다[이는 항등식이기 때문에 항상 성립한다-역자].

· 밸런스들이 밸런스를 이룬다. 반복해야 할 테마이다.

정부의 부채를 삭감하라는 요구는, 항등식 관계에 따라, 우리[민간 부문-역자]의 금융자산을 축소하라는 요구와 사실상 같다[여기서 항등식 관계란 '정부의 흑자(적자)는 민간 부문의 적자(흑자)와 항상 같다'는 의미이다. 따라서, 정부 재정 적자의 축소는 민간 부문의 흑자 감소를 의미한다-역자]. 정의상 재정 긴축론자는 부의 파괴자이다. 그리고, 그들은 단순한 부의 파괴자가 아니다. 우리가 보유할 수 있는 가장 안전하고 유동적인 자산, 즉 정부의 채무증서를 파괴하자고 주장하는 사람들이다.

· 우리의 밈 : 재정 긴축은 우리의 금융자산을 파괴한다.

우리는 정부가 우리에게 빚을 지는 걸 좋아한다. 도대체 왜 오스트리아학파[대표적인 보수주의 자유주의 경제학파로, 하이에크가 대표적-역자]는 "정부가 나에게 진 빚을 줄이면서" 판을 뒤집으려 할까? 우리 모두가 정부에 빚을 졌다면 그들은 더 행복할까? 정부의 차용증을 보유하는 것은 "감옥을 공짜로 탈출" 할 수 있는 카드를 쥔 것과 같다. 이것을 갖고 있으면, 최악의 상황이 오더라도, 세금이나 기타 공과금을 납부하고 감옥에 가지 않을 수 있다.

적자 삭감은 이윤 파괴자이기도 하다. 우리 모두 아는 것처럼, 정부의 적자는 가계와 기업 등 비정부 부문의 흑자를 의미한다. 이는 기업에게 총 이윤(수입에서 지출을 뺀 금액)을 의미한다.[71] 정부 적자의 감소는 이윤 감소와 같은 말이다.

· 우리의 밈 : 재정 적자 매파는 이윤 파괴자이다. 이들은 무의식적으로 자본주의의 적이다.

현대화폐이론(MMT)은 이윤을 보호하는 데 정부가 중요한 역할을 한다는 점을 잘 인식하고 있다. 재정 적자는 곧 민간의 이윤을 의미한다.

현대화폐이론의 이 설명에 무엇이 잘못되었단 말인가?

사실상, 정부 지출은 우리 주머니에서 돈을 뺏는 일이 아니라, 반대로 우리의 주머니를 채워준다!

· 또 하나의 밈 : 정부 지출은 우리의 주머니에 돈을 채워준다!

정부가 열심히 일하는 국민의 주머니에서 돈을 빼앗아서 재정 흑자를 내는 것이 도덕적이라 할 수 있나?

현대화폐이론(MMT)은 그렇게 생각하지 않는다.

---

71 우리는 칼레키(Kalecki)의 이윤 방정식((다른 모든 것이 같을 때) 정부 적자가 이윤에 추가된다는 점을 수학적으로 증명하는 방정식)을 살펴볼 수도 있지만, 기술적인 세부 사항은 잠시 보류한다.

7. 돈에 관한 토론은 왜 이리 어려울까

한마디로 돈은 두려운 주제이다.

분명히 돈보다 더 도덕성과 밀접히 연관된 경제적 주제는 없다. 우리는 "너무 적게" 가진 사람뿐 아니라 "너무 많이" 가진 사람에 대해서도 도덕적 판단을 내린다. 하지만, 여러분은 아직 적당한 돈을 가진 사람은 만나본 적이 없을 것이다.

우리는 흔히 "낭비적으로" 소비하는 사람을 "두뇌보다 많은 돈"을 가진 사람으로 분류한다. 보편적으로 돈을 절약하는 것이 현명하다고 간주하고, 우리는 "헤프게 돈을 쓰는 사람"이 되고 싶어 하지는 않는다. 하지만, 다른 한편으로, 돈을 "쌓아두는" 사람은 구두쇠로 조롱받는다. 우리 모두가 가여운 동전 모으는 늙은 스크루지를 기억한다(그는 크리스마스 유령에게 겁을 먹고 그렇게 하는 것이 잘못임을 깨달았다).

지크문트 프로이트(Sigmund Freud)는 돈을 배설물, 특히 금에 대한 사랑을 똥에 대한 아기의 집착과 연관 지었다. 오늘날의 금 벌레는 똥을 싸지 못하는 아기의 성인 버전이라고 할 수 있다. 캐나다 경제학자 테드 윈슬로우(Ted Winslow)는 프로이트가 비합리적이고 궁극적으로는 위험한 "돈에 대한 사랑"이라는 존 메이너드 케인스(John Maynard Keynes)의 견해에 큰 영향을 미쳤다고 주장한다.[72]

케인스의 전기 작가인 로버트 스키델스키 경(Lord Robert Skidelsky)은 "돈에 대한 사랑"(흔히 악의 근원으로 인용됨)은 도덕적으로 비효율적(부 자체를 위한 목적 없는 부의 추구를 의미)이고, 경제적으로도 비효율적(구두쇠 심리가 작동하면 실제로 돈을 쓰지 못하게 되고, 결국 경제의 수요를 위축함)이라고 강조한

---

[72] E. G. Winslow, "Keynes and Freud: Psychoanalysis and Keynes's Account of the 'Animal Spirits' of Capitalism," *Social Research*, vol. 53, no. 4 (Winter 1986), pp. 549 – 78.

다.[73]

　크래칫 가족이 크리스마스를 즐길 수 없을 만큼 가난하게 만든 것은 다름 아닌 스크루지의 돈에 대한 사랑이었다. 이는 다시 상인들로부터 잠재적인 크리스마스 매출을 빼앗아 버렸다. 또한, 스크루지는 불쌍한 거지들에 동전을 나눠주지 않고, 그래서 그들이 죽으면 과잉 인구가 감소하니 더 좋은 일이라고 주장하기도 했음을 기억하자.[74] 이를 다음과 같이 표현(노래)하던, 대공황 시대에 유행했던 자선에 대한 인식과 비교해 보라: "형제여, 한 푼을 아낄 수 있는가?" 당시는 거의 모든 사람이 어려운 시절을 겪고 있었는데, 이러한 유인물이 호의적으로 받아들여졌다.

　이러한 극단적인 태도는 돈이 없는 사람들에 대한 우리의 정신분열증적인 태도를 반영한다. 우리의 자선적인 자아는 돕고 싶지만, 냉정하고 이성적인 우리의 자아는 "그릇된" 자선이 나태를 부추기지나 않을지 우려한다.

　돈은 세상이 돌아가게 하지만, 돈으로 행복을 살 수는 없다고 말하기도 한다. 적어도 비틀즈(Beatles)에 따르면, 돈으로는 사랑을 살 수 없다. 복권을 구매했지만 당첨되지 않은 사람들보다 복권에 당첨된 사람들이 더 행복해지지는 않더라는 증거가 있다.[75] 다른 연구에 따르면, 금전적 수입이 증가함에 따라 행복도가 높아지는 경향이 있다.[76]

　여전히 역설이 존재한다. 부유한 지역 사회가 가난한 지역 사회보다

73　Robert Skidelsky, *Keynes: The Return of the Master,* Public Affairs, New York, 2009, p. 142.

74　이것은 아마도 '가난한 사람들을 돕는 일은 더 많은 (가난한) 자녀를 낳도록 장려할 뿐'이라는 맬서스의 이론에 대한 찰스 디킨스(Charles Dickens)의 조롱일 것이다.

75　https://www.bbc.com/future/article/20130326-why-money-cant-buy-you-happiness

76　https://www.theguardian.com/commentisfree/2016/may/17/money-cant-buy-happiness-wishful-thinking

더 행복하지만, 개인에게 더 많은 돈이 반드시 더 큰 행복으로 가는 길은 아니다. 여러분의 소득이 증가함에 따라 이웃도 소득이 더 많은 고급 지역으로 이사하게 되고, 따라서 **여러분의 (새로운) 이웃에 비해 상대적으로** 더 나아지지 않는다. 여러분이 직면하는 문제는, 여러분이 아무리 많은 것(즉, 돈)을 가지고 있더라도 누군가는 더 많이 가지고 있다는 사실이다.

따라서, 개인이 사회적 사다리를 올라가고 더 많은 돈을 갖는다고 해서 더 행복해지지는 않는다. 하지만, 여러 사회적 집단에서 행복의 정도를 비교해 보면, 소득과 행복 사이에 상관관계가 있는 것으로 나타났다. 돈으로 행복을 사는 두 가지 방법이 있는 것 같다. 더 많은 인간관계(일반적으로 가난한 사람들이 더 외롭게 지낸다)를 만드는 방법, 그리고 다른 사람을 고용하여 집안일을 시킴으로써 시간을 "사는" 방법.

돈으로 행복(또는 사랑)을 살 수는 없지만, 돈이 많으면 행복(또는 사랑)을 빌리기가 더 쉬워진다!

그러나, 이 점에서도 우리는 아쉬움이 있다. 설거지, 머리 자르기, 심지어 아이를 돌보기 위해 누군가를 "고용"하는 것은 괜찮지만, 성적 쾌락을 제공하기 위해 누군가를 "고용"하는 것은 괜찮지 않다고 생각한다. 또한, 맥락도 중요하다. 치과에서 치과 위생사에게 돈을 주고 치아를 청소하는 일은 완벽히 괜찮다. 하지만, 스스로 양치질을 할 수 없는 장애가 없는 한, 매일 밤 취침 전에 누군가를 고용하여 양치질을 시켰다고 말한다면, 사람들 대부분은 충격에 빠질 것이다.

우리가 혐오하는 것은 단지 돈을 "허투루" 쓰는 것이 아니다. 돈이 부패하게 사용될 수 있다는 두려움이 있기 때문이다. 따라서, (적어도) 서구 사회에서는 차량 등록 절차를 빠르게 처리하기 위해 차량등록소 직원에게 금품을 제공하는 것은 적절하지 않은 것으로 간주한다. 또한, 표나 사법적 결정을 매수하거나, 범죄를 저질렀을 때 이를 봐달라고 경찰에게 돈을 주는 행위도 허용되지 않는다. 일반적으로 돈을 벌기 위해 아기나 장기를 파는 것도 허용되지 않는다. 마찬가지로, 우리는 "오직 돈을 위해서만" 일하는 사람들과 "돈을 위해서라면 무엇이든 할 수 있는" 사람들도 믿지 않는다. 우리는 사람들이 돈을 "자신의 힘으로 벌기"를 바라지만, 여러 돈벌이 수단을 용납할 수 없는 것으로 규정한다.

케인스는 "돈벌이"를 중심으로 조직된 경제에서 발생하는 실존적 갈등을 강조했다. 돈에 대한 사랑이 우리 경제를 추동하고 있다. 이는 "현명하고, 쾌적하고, 잘" 사는 데 필요한 물질적 안락함을 제공한다. 하지만, 돈에 대한 사랑은 결코 만족될 수 없기에, 일종의 신경증이기도 하다.[77] 돈을 쌓아두려는 열망에 더해 과도한 불평등으로 인해 한 나라의 부 대부분이 소수의 부자 손에 들어간다. 이들은 지출보다는 저축하려는 사람들인데, 내수가 부족하게 하고 일자리 창출을 어렵게 한다.

이에 대해 케인스는 다음과 같이 말했다.

현대 자본주의는 단순히 기존의 생활 수준을 유지하는 데 그치지 않고, 경제적 걱정으로부터 자유로운 경제적 낙원으로 인도할 수 있다고 믿어졌다. 이제 우리는 기업가들이 우리를 현재보다 훨씬 더 나은 목적지로 이끌고 있는지 의심하고 있다. 이들을 수단으로 생각하면 용인할 수 있겠지만, 목적으로 생각하면 그다지 만족스럽지 않다. 사업과 종교를 서로 다른 영역으로 구분하고 유지하는 것의 물질적 이점이 도덕적 단점을 상쇄하기에 충분한지 사람들이 의문을 품기 시작했다.[78]

"부도덕하게" 돈을 추구하는 것이 우리를 잘 살게 하는 한에서 우리는

Skidelsky, Keynes, p. 144.

https://gutenberg.ca/ebooks/keynes-essaysinpersuasion/keynes-essaysinpersuasion-00-h.html#Short_View

그것을 [도덕적으로-역자] 용인한다. 그러나, 돈을 향한 무한경쟁이 천국으로
이어질 것이란 주장에 의심이 점점 커지고 있다. 케인스는 다른 글에서 다
른 길을 예견했다.

> 부의 축적이 더 이상 사회적으로 중요하지 않을 때, 도덕 규범에 큰 변
> 화가 일어날 것이다⋯소유물로서의 돈에 대한 사랑—삶의 즐거움과 현
> 실의 수단으로서의 돈에 대한 사랑과는 구별되는—은 다소 역겨운 정
> 신병적 성향, 즉 반(半)범죄적이고 반(半)병리적 성향 중 하나로 인식될
> 것이다. 사람들은 이런 이들을 몸서리치며 정신병원으로 데려간다.[79]

　돈에 대한 사랑에 관해 이런 따끔한 비난(반(半)범죄적이고 반(半)병리적
이다)은, 프로이트가 그것을 '똥에 대한 아기의 사랑'에 비유한 것보다 훨씬
더 가혹하다!

---

79 https://gutenberg.ca/ebooks/keynes-essaysinpersuasion/keynes-essaysinpersua-
sion-00-h.html#Economic_Possibilities

・ ・ ・ ・

제7장

현대화폐이론과 정책

이 마지막 장에서 우리는 현대화폐이론(MMT)과 정책을 논의하고, 현대화폐이론이 미친 영향과 주요 정책 제언을 평가한다.

1. 현대화폐이론(MMT)을 다루는 정계 현황

지난 몇 년 동안 현대화폐이론이 헤드라인을 장식했다. 처음에는, 전문가와 정치인들이 "미친 소리"라며 일축하는 등 대부분 "부정적 기사들"뿐이었다.[80] 하원과 상원은 현대화폐이론을 국가에 대한 위협으로 비난하는 결의

---

80   빌 게이츠(Bill Gates)는 이를 "미친 소리"라 불렀다. (https://www.nytimes.com/2019/04/05/business/economy/ mmt-wall-street.html); Larry Fink called MMT "garbage" (Peggy Collins, "블랙록(BlackRock)의 CEO 래리 핑크(Larry Fink)는 현대화폐이론(MMT)은 '쓰레기'라고 말했다," Bloomberg, March 7, 2019. https://www.bloomberg.com/news/articles/2019-03- 07/blackrock-s-ceo-fink-says-modern-monetary-theory-is- garbage); 켄 로고프[하버드대학교 케네디스쿨 경제학 교수-역자]는 현대화폐이론(MMT)이 "넌센스"라고 불렀다; https://www.bloomberg.com/news/articles/2019-03- 07/blackrock-s-ceo-fink-says-modern-monetary-theory-is- garbage); Ken Rogoff called it "nonsense" (Ken Rogoff, "Modern Monetary Nonsense," Project Syndicate, March 4, 2019. https://www.project-syn-

안을 4건(그렇다, 네 건!)이나 발의했다. 당연히 모두 공화당 의원들이 주도했다.[81]

그러나, 팬데믹이 강타한 이후 현대화폐이론은 경제에 신속히 5조 달러[코로나19 창궐 전인 2019년 미국의 GDP 21.38조 달러의 23.4%에 달하는 엄청난 액수이다-역자]를 투입하는 긴급 "부양책"으로 수용되었다.[82] 많은 사람들이 이를 위험한 정책이라고 여전히 생각하고 있지만, 이는 코로나-19의 폐허로부터 경제를 구하는 데 필요한 대응책으로 여겨졌다. 경기 침체가 저점에 도달하면 원래의 정상적인 정책으로 돌아갈 것이라는 생각이었다.

---

dicate.org/commentary/federal- reserve-modern-monetary-theorydangers-by-kenneth-rogoff- 2019-03?barrier=accesspaylog); 로렌스 서머스[클린턴 정부 재무부 장관, 하버드대학교 총장, 하버드대학교 경제학 교수-역자]는 좌파 진영의 현대화폐이론(MMT) "수용"은 "재앙"이 될 것이라고 주장했다 " (Lawrence H. Summers, "The Left's Embrace of Modern Monetary Theory is a Recipe for Disaster," Washington Post, March 4, 2019. https://www.washingtonpost.com/opinions/the-lefts- embrace-of-modern-monetary-theory-is-a-recipe-for-disaster/2019/03/04/6ad88eec-3ea4-11e9-9361- 301ffb5bd5e6_story.html); 또한, 니케이 아시아 편집부(Nikkei Staff Writers)는 일본 중앙은행이 현대화폐이론(MMT)을 기각했다고 보도했다. (Nikkei Staff Writers, "Growing Modern Monetary Theory Debate Rattles Japan Officials," Nikkei Asia, May 28, 2019. https://asia.nikkei.com/Economy/Growing-Modern-Monetary-Theory-debate-rattles-Japan-officials).

81 이 네 가지 결의안은 다음 참조 https://hern.house.gov/uploadedfiles/mmt_-_117th.pdf; 상원의 가장 최근 결의안에 대해서는 버니 샌더스 상원의원이 막아섰다 : https://www.c-span.org/video/?c4962723/user- clip-bernie-sanders-debates-mike-braun-mmt; 상원의 이전 버전은 여기를 참조하시오: https://www.congress.gov/116/crec/2019/05/01/CREC-2019-05-01-pt1-PgS2576.pdf.

82 의회는 '코로나바이러스 원조, 구호 및 경제 보안법(CARES)(2020년 3월, 2조2,000억 달러), 2020년 12월 통합 세출법의 일부로(9000억 달러), 그리고 미국 구호 계획법(2021년 3월, 1조9,000억 달러) 등을 통해 코로나19 구호에 약 5조 달러의 예산을 책정했다. 이에 대해서는 다음을 참조. Yeva Nersisyan and L. Randall Wray, "Can Biden Build Back Better? Yes, If He Abandons Fiscal 'Pay-Fors'," Levy Institute Public Policy Brief No. 155, Annandale-on- Hudson, NY: Levy Economics Institute of Bard College, 2021.

하지만, 바이든 대통령은 뉴노멀(new normal)이 할아버지 세대의 노멀과 같지 않을 것이라는 점을 인식하고 있는 듯하다. 변종 바이러스, 기후 변화, 고질적인 빈곤과 불평등, 코로나19에 대응하지 못했고 다음 보건 위기에도 제대로 대비하지 못하는 의료 시스템, 저렴한 고등 교육 기회의 부족, 낡은 인프라, 기후 변화로 인한 난민 위기 등 우리는 여러 방면에서 팬데믹에 직면해 있다. 또한, 이러한 문제를 해결하려면 수조 달러에 달하는 막대한 비용이 든다는 점도 잘 알고 있다. 하지만, 놀랍게도 거의 3세대 만에 처음으로 바이든 대통령은 이러한 비용에 완전히 좌절하지 않았다. 그는 미국이 "더 나은 재건"(Build Back Better) 프로그램을 위해 수조 달러를 지출할 수 있고, 또 그래야 한다는 현실을 명확하게 받아들인 최초의 대통령이다.

하지만, 안타깝게도 그는 이 지출과 연계된 "재정 확보" 개념, 즉 "더 나은 재건" 프로그램에 대한 지출을 위해서는 증세가 불가피하다는 점을 상기시켰다(그에게 현대화폐이론(MMT)은 구호 패키지를 위한 것이지, "더 나은 재건" 프로그램을 위한 것은 아니었다).[83] "균형 예산"의 관점은 의회의 정책에도 각인되어 있다. 2010년 도입된 페이-고(Pay-As-You-Go)법과 2011년 예산통제법(Budget Control Act)에 따라, 지출을 늘리거나 세금을 삭감하는 재정 정책은 다른 분야의 지출을 줄이거나 징세를 변경하여 재정에 대한 충격을 "상쇄"해야 한다.

그러나, 지출 증가를 세금 인상과 연계하는 것은 물에 빠진 사람에게 바벨을 던지는 것과 같다. 지출 법안은 세금 인상 반대에 부딪혀 익사할 것이다.

현대화폐이론이 헤드라인에 오르면서 기자들이 항상 제기하는 질문 중 하나는 "워싱턴에서 현대화폐이론이 어떤 진전을 이루었나요?"이다. 알렉산드리아 오카시오-코르테즈(Alexandria Ocasio-Cortez) 하원의원과 일부

---

83 위의 연구 참조

의원들이 "지출과 재원 확보" 사이를 왔다 갔다 하는 게임을 거부하기 위해 현대화폐이론을 도입한 것을 제외하면, 특별한 진전은 없다. 현대화폐이론은 코로나-19 대응 재난구호 정책을 정당화하는 데만 사용된 일회성 정책으로 보인다.[84] 그러나, 현대화폐이론의 성공을 보다 낙관적으로 평가할 수 있는 일부 증거도 있다.

2019년 가을, 나는 존 야무스(John Yarmuth) 의원실(켄터키주 출신 민주당)의 초청으로 그가 위원장을 맡고 있던 하원 예산위원회에서 재정 적자에 관한 증언을 하게 되었다.[85] 내가 전해 듣기로, 청문회 전후로 야무스 의원과 예산위원회 직원들(최소한 민주당 소속)은 재정 정책에 대한 현대화폐이론의 설명을 적극적으로 고려하고 있다고 했다.

나는 또한 의회에 장기 예산 및 경제 전망을 제공하는 의회예산처(CBO)의 거시경제 분석 분과에서 시간에 구애받지 않는 발표를 요청받았다. 그들은 특히 국채 발행의 부담과 지속 가능성, 그리고 그것이 이자율의 장기 추세에 미칠 영향에 관해 다뤄주길 원했다. 그들은 래리 코틀리코프

---

84 현대화폐이론(MMT)이 정책적 고려에 끼친 영향에 대해서는 다음 두 보도를 참조. https://www.bloomberg.com/news/articles/2021-07- 23/modern-monetary-theory-embrace-of-big-budget-deficits- doesn-t-mean-mmt-has-won?sref=VvJhl47t ; https://www.nytimes.com/2019/04/05/business/economy/ mmt-wall-street.html. 이보다 낙관적 관점에 대해서는 David Von Drehle, "So Long, Balanced Budgets: Everyone's Into Endless Spending Now," Washington Post, April 7, 2020. https://www.washington-post.com/opinions/so-long- balanced-budgets-everyones-into-endless-spending-now/2020/04/07/1e2d49f2-78f5-11ea-9bee- c5bf9d2e3288_story.html) 참조. 저자는 "현재 모두가 무한 지출에 빠져 있다"고 주장했다; 또한 다음 글은 실제 정책이 현대화폐이론(MMT)을 따르고 있다고 주장한다. Greifeld (Robert Greifeld, "OpEd: Pandemic Moves Modern Monetary Theory from the Fringes to Actual U.S. Policy," CNBC, April 29, 2020.

85 이에 대해서는 다음 참고. https://budget.house.gov/legislation/hearings/reexamining-economic-costs-debt; 글로 쓰여진 증언은 http://www.levyinstitute.org/publications/statement-of- senior-scholar-l-randall-wray-to-the-house-budget- committee; 진술 동영상은 여기를 참조하시오: https://www.youtube.com/watch?v=46xhX-GGJWol.

(Larry Kotlikoff)가 대중화시킨 어처구니없는 접근법, 즉 무한한 시간 지평을 갖는 세대 간 회계 모델을 사용하고 있다고 경고했다.[86] 하지만, 그들은 청중이 현대화폐이론에 관심이 크고 반응도 따뜻할 것이라고 나를 확신시키기도 했다. 질문은 정말 진지하고 정중했다. 의회예산처는 저명한 현대화폐이론 옹호론자인 스테파니 켈튼 교수에게도 발표를 요청했다.

그러나, 현대화폐이론이 약진하고 있다는 가장 좋은 증거는 야무스 의원이 CNN과 진행한 놀라운 인터뷰이다.[87] 이 인터뷰의 맥락은 "더 나은 재건" 제안을 담은 바이든 대통령의 2022년 예산 요청에 관한 전망이었다. 이 인터뷰는 신선한 바람을 불러일으켰고, 중요 이슈에 관한 그의 일관된 초점은 하나의 돌파구를 제시했다. 기나긴 재정 긴축의 악몽을 끝낼 수 있을까?

야무스 의원은 자신이 이해한 현대화폐이론의 핵심을 다음과 같이 잘 요약했다.

> 역사적으로, 지금까지 우리가 항상 해온 일은 다음 질문으로 요약할 수 있습니다. "우리의 재정으로 무엇을 **할 수 있을까?**" 하지만, 그것은 올바른 질문이 아닙니다. 올바른 질문은 "**미국 국민이 우리**[정치인-역자]**에게 무엇을 요구하고 있는가?**"입니다. 그리고, 그 질문이 첫 번째 질문이 됩니다. 일단 그 질문에 답한 다음에는 "**그 요구를 위한 자원을 동**

---

[86] 이 방법론에 관한 자세한 비판은 다음을 참고하시오. James K. Galbraith, L. Randall Wray and Warren Mosler, "The Case Against Intergenerational Accounting: The Accounting Campaign Against Social Security and Medicare," Levy Institute Public Policy Brief No. 98, Annandale-on-Hudson, NY: Levy Economics Institute of Bard College, February 2009.

[87] https://www.c-span.org/video/?512625-5/washington- journal-rep-john-yarmuth-d-ky-discusses-president-bidens-fy- 2022-budget-request. Kelly Gerling의 충실한 필사는 다음에서 볼 수 있다: https://medium.com/@KellyGerling/rep- john-yarmuth-d-ky-03-talks-about-mmt-to-answer-what-do- the-american-people-need-us-to-do-da9a4f84ec98.

원할 수 있는가?"라고 질문해야 합니다.

그리고, 그는 "자원 동원"의 의미를 명확히 하고자 "역량"(capacity)이란 개념에 집중했다.

그래서, 예를 들어, 미국 가족 계획(American Family Plan)에는 보육지원으로 2,250억 달러를 투자하도록 되어 있습니다. 하지만, 보육 역량(capacity)이 충분치 않으니, 사람들에게 보육 비용을 지불하도록 2,250억 달러를 나눠줘야 한다고 말할 수는 없습니다…따라서, 그 돈의 일부를 충분한 **보육 역량(capacity)을 구축**하는 데 사용하여, 필요한 사람에게 실제로 서비스를 제공할 수 있게 해야 합니다.

이것이 정확히 현대화폐이론의 관점이다. 의회예산처는 재정 적자의 가능성보다는, 인플레이션을 유발할 수도 있는 자원 수요 증가에 초점을 맞춰야 한다. 그러나, "잠시만요", 진행자가 질문했다. "돈을 더 찍어낼 수 있고, 그래도 경제에 아무런 충격이 없다고요?" 야무스 의원은 이렇게 답했다.

충격이 있을 수 있습니다. 인플레이션이 너무 높으면요. 그래서, 가설적 상황을 하나 들어보겠습니다. "모든 미국 가정이 집을 살 수 있도록 20만 달러의 바우처를 지급한다"고 가정해 봅시다. 우리는 그렇게 할 수 있는 돈을 창조할 수는 있습니다. 하지만, 어떤 일이 벌어질까요? 글쎄요, 존재하는 주택이 충분하지 않으니 주택 가격이 천정부지로 치솟을 겁니다. 허풍이 아닙니다! 그리고, 또다시 거짓 약속을 하는 셈이죠. 그 사이에 주택 시장은 지속 불가능한 수준까지 상승하게 될 것입니다. 그래서, 경제에 투입할 수 있는 돈의 양에는 한계가 있습니다.

즉, 인플레이션을 일으키지 않는 지출 한계가 존재한다. 문제는 "돈"

이 아니라 자원에 대한 수요이다. 핵심은 사회적, 환경적으로 지속 가능한 경로를 따라 경제를 "재건"하여 경제적 역량을 끌어올리고, 역량의 증가 속도에 맞춰 단계적으로 지출을 늘리는 것이다. 야무스 의원은 계속해서 말한다.

> 국가 전체 수준에서 돈을 지출하고 투자를 한다면, 그것은 의미 있고 중요한 투자여야 합니다. 그리고, 실제로 경제적 역량을 강화해야 합니다…쓸모없는 프로젝트에 돈을 쏟아부을 수는 없습니다.

그는 바이든의 제안이 역량을 확대하여 인플레이션 압력을 완화할 것이라고 믿었다. 수조 달러의 지출에 관한 질문에 대해 야무스 의원은 이렇게 주장했다.

> 우리[주권 통화를 발행하는 중앙정부-역자]는 재정적으로 감당할 수 있습니다. 연방 정부 수준에서 보면, 시스템에 얼마나 많은 돈이 있는지는 우리가 결정하기 때문이죠 연방 정부는 가계, 기업, 주 정부 또는 지방 정부 등 여타 통화 사용자와 다릅니다. 우리[연방 정부-역자]는 우리 자신의 통화를 발행하고 미국 국민의 욕구를 충족시킬 수 있을 만큼 충분히 지출할 수 있습니다. 그 지출로 인한 인플레이션을 걱정**해야 한다**는 점이 유일한 제약입니다.

모든 미국인이 알고 있듯이, 이 통화 발행권은 미국 헌법이 의회에 부여한 권한이다. 하지만, 결국에는 정부의 재정 여력이 고갈되지 않을까? 한 청취자는 전화를 걸어 이렇게 말했다. "가계와 정부 사이에는 분명 차이가 있다는 데 동의합니다. 하지만, 정부도 한계가 있습니다. 정부는 국민보다 더 많은 돈을 가지고 있지 않으니까요 자원은 한정되어 있습니다." 야무스 의원은 다음과 같이 답변했다.

청취자의 코멘트로 돌아가 보지요. "우리는 국민보다 더 많은 돈을 가지고 있지 않다." 아닙니다, 우리는 충분한 돈을 가지고 있습니다. 우리에게는 인쇄기가 있습니다. "돈을 찍어 낸다"는 표현을 사용하기는 싫지만, 실제로 그렇습니다. 그리고, 생각해 보면, 미국은 230년 역사의 대부분의 기간 동안 부채를 쌓아 왔습니다.[88] 어떻게 그렇게 했을까요? 오랫동안 정부는 많은 돈을 발행해 왔고, 국민 누구에게도 국가 부채를 갚을 돈을 요구한 적이 없었기 때문입니다. 필요하면 우리는 언제든 부채를 조달할 수 있었습니다. 그리고, 앞으로도 그럴 것이라고 생각합니다. 다시 말하지만, 우리를 제약하는 것은 인플레이션 급등입니다.

이는 정확한 평가이다. 위험은 국가의 파산이 아니라 국가 자원에 대한 과도한 수요이다. 야무스 의원의 주장은 옳다. 230년 동안 그랬던 것처럼, 세수를 초과하는 지출에는 아무런 문제가 없다.

그리고, 우리는 계속해서 그렇게 할 것입니다. 왜냐하면, 우리 시민의 욕구가 세수보다 크기 때문입니다. 그리고, 순전히 세금에만 의존하여 정부 재정을 조달한다면 우리가 가진 돈으로는 미국인은 매우 심각한 고통을 겪게 될 것입니다. 시민이 원하는 서비스를 거의 제공할 수 없기 때문이죠.

---

88 1791년부터 2018년까지 연방 정부 부채 비율은 연평균 1.82%의 비율로 증가했다. [미국 건국 이후-역자] 이 비율이 200년 이상 매년 2%에 가까운 비율로 증가해 왔다면, 앞으로도 아무 문제 없이 계속 증가할 것으로 예상하는 것이 합리적이다. 다음을 참조하라. L. Randall Wray, "Testimony: Statement of Senior Scholar L. Randall Wray to the House Budget Committee, US House of Representatives. Reexamining the Economic Costs of Debt," November 2019. https://www.levyinstitute.org/publications/statement-of- senior-scholar-l-randall-wray-to-the-house-budget-committee

경제에서 더 많은 세금을 짜내면, 민간 지출이 줄어들고, 국민은 더 많은 정부 서비스가 필요하다. 해답은, 세금을 더 걷지 않으면서, 기존의 유휴자원을 활용하고, 국가의 역량을 강화하기 위해 더 많이 지출하는 것이다.

산더미처럼 쌓인 정부 부채는 어떻게 할까? 누가 이 부채를 보유하고, 누가 모두 갚을까? 야무스 의원은 계속해서 말한다.

> 이제 많은 사람이 우리가 빚을 너무 많이 지고 있어서 손주들이, 그리고 그 후세대가 그 빚을 떠안게 될 것이라고 말합니다. 하지만, 이는 사실이 아닙니다. 저는 미국 국민에게 통화 시스템이 **실제로** 어떻게 작동하는지에 대한 교육이 필요하다고 생각합니다.
>
> 저는 뒤돌아봅니다. 폴 라이언 의원이 예산위원회 위원장이었을 때, 그리고 그 이전에도, "아, 우리가 빚을 너무 많이 쌓고 있어, [이 때문에-역자] 금리가 [올라서-역자] 다른 모든 지출을 밀어낼 것"이라며, 암울하고 파멸적인 예측을 했던 기억이 납니다.
>
> 글쎄요, 사실 2009년 경기 침체 이후 팬데믹 이전인 작년까지 국가 부채가 기본적으로 두 배로 증가했습니다. 그리고, 사람들이 경고했던 일 중 어느 것도 벌어지지 않았습니다. 인플레이션도 없었고요. 금리는 오히려 기록적인 저금리를 유지했습니다. 그리고, 달러는 다른 통화에 비해 정상적인 수준에서 거래되고 있었습니다.
>
> 그래서, 많은 경제학자가 이렇게 말하기 시작했어요. "잠깐만요. 어쩌면 우리가 부채에 대해 완전히 잘못된 방식으로 생각하고 있는지도 모릅니다."

정확하다! 그런데, 중국의 미국 국채 보유는 어떤가? 우리가 중국으로부터 너무 많이 빌린 것이 아닌가?

그 질문을 해주셔서 감사합니다. 중국은 대략 1조 달러의 미국 국채를 보유하고 있습니다. 그게 다입니다. 만약 그들이 1조 달러의 국채 대신 1조 달러를 원한다고 하면, 우리는 1조 달러를 그들의 계좌에 넣어 줄 것이고, 이는 아무런 문제도 아닙니다. 그리고, 그들은 그 돈으로 원하는 대로 할 수 있습니다. 여기에 둘 수도 있고 집에, 중국으로 가져갈 수도 있고요. 우리는 누구와도 그렇게 할 수 있습니다.

야무스 의원에 따르면, 다른 사람들도 이 점을 이해하고 있지만, 대부분은 공개적으로 그러한 발언을 하는 것을 두려워한다고 확신했다. 현대화폐이론(MMT)의 지지자들은 이러한 아이디어를 공개적으로 드러내어, 우리의 선출직 대표들이 정부 지출에 대해 진실을 말할 용기를 갖도록 돕고 있다.

2. 현대화폐이론의 접근법과 "재원을 우선 마련하고 지출하는 재정 원칙"

팬데믹이 강타했을 때, 트럼프 행정부는 신임 바이든 대통령처럼, "재원을 우선 마련하고 지출하는 재정 원칙"에 구애받지 않고 신속하게 구호책을 추진했다. 비상 상황에서, 현대화폐이론은 "돈을 찍어서 하는 정부 지출"(money-financed spending)이라는 "새로운" 접근법(때로는 프리드먼의 헬리콥터 머니에[89] 비유되기도 함)이라며, 호의적으로 언급되었다. 그러나, 팬데믹이 사그라지면서 분위기가 바뀌었고, "재원을 우선 마련하고 지출하는 재정 원칙"의 필요성이 다시 제기되었다. 옐런 재무장관은 바이든의 "더

---

89 Willem H. Buiter, "The Helicopters Are Coming," Project Syndicate, March 26, 2020. https://www.project- syndicate.org/commentary/helicopter-money- coronavirusrespon-seby-willem-h-buiter-1-2020-03? barrier=accesspaylog.

나은 재건" 제안과 같이 지출을 크게 늘리려면 이런 방식이 필요하다고 주장했다.**90**

> 팬데믹과 같은 비상사태에 대처하기 위해 우리는 진실로 재정적 여유(fiscal space)가 필요합니다. 우리는 재정적 여유를 모두 소진하고 싶지 않으며, 장기적으로 연방 재정을 지속 가능한 수준으로 유지하려면 적자를 억제해야 합니다. 따라서, 저는 우리가 이러한 역사적인 투자에 대한 비용을 조달하여 지불해야 한다고 믿습니다.

현대화폐이론(MMT)은 이런 관념을 거부한다. 재무적 측면에서 재정적 여유 같은 것은 존재하지 않는다. 재무부가 수표를 써서 발송하고, 연준이 은행에 지급준비금을 입금하고, 은행이 [수표 수취자의-역자] 계좌에 예금을 입금할 때, 연방 정부의 지출은 "지급"된다. 재정 수지는 오직 사후적으로만 결산한 후 결과로 나타날 뿐이며, 재정 지출 능력에 영향을 미치지 않는다. 사후적으로 확인하는 회계적 결과 말고는, "적자 지출"과 같은 것은 존재하지 않는다(지출이 발생하는 시점에서는 최종적인 결산 결과를 알 수 없다).

의회는 스스로 제약을 부과해 왔다. "재정 점수"(즉, 지출 프로그램이 승인될 경우 적자가 늘어날지 여부를 계산하는 것), "재원을 우선 마련하고 지출하는 재정 원칙", 일시적 강제 관리(sequestration)(정부 지출이 부채를 증가시킬 때 지출을 막는 것) 등을 법제화했기 때문이다. 하지만, 이는 실질적으로 재정적 제약이 아니라 정치적 제약이다. 정치적으로 가능하기만 하면, 이런 제약들은 종종 무시되곤 했다는 사실이 그 증거이다. 트럼프의 감세안이 통과되도록 한 것, 팬데믹 구호금을 지급한 것 등이 사례이다.

---

90 Janet Yellen in "Meet the Press – May 2, 2021". https://www.nbcnews.com/meet-the-press/meet-press-may-2-2021-n1266079.

게다가, 재정 적자는 다른 경제 부문 [민간 및 해외-역자]의 재정 수지는 물론 경제적 성과에 따라 달라지기 때문에, 실제로 정부 재량으로 결정할 수 있는 것이 아니다. 그럼에도 불구하고, 중앙정부는 만기가 도래하는 모든 비용을 지불할 수 있다. 청구서를 지급할 수 있다는 점에서 재정 수지는 항상 지속 가능하다. 지금 적자를 최소화하여 나중에 사용할 수 있도록 "화약을 건조하게 유지해야 한다"와 같은 것은 없다. 오늘 지출을 미룬다고 나중에 더 많이 지출할 수 있는 것이 아니다. 유휴 자원을 활용했더라면 생산할 수 있었던 생산물을 잃게 될 뿐이다.

중요한 것은 돈이 아니라 자원이다. 다중 팬데믹에 대처하는 문제는 결국 유휴 자원을 동원하고, 이미 고용된 자원을 [고령화 사회, 기후 위기 등에 대처하기 위한 새로운 분야로-역자] 전환하고, 새로운 자원을 창출하는 일이 관건이다. 현재 사용 중인 자원을 어떻게 선호하는 용도로 전환할 수 있을까? 세금, 소비 연기, 애국적 저축 등이 그 방법이다 (또한, 필요하다면, 배급과 규제를 통해 우선순위가 낮은 사적 용도로부터 자원을 회수할 수도 있다). 이러한 방법은 제2차 세계대전 중에 사용되었던 방법이며, 1940년 존 메이너드 케인스가 전쟁 비용을 어떻게 지불할 것인가에 대한 조언을 담은 책에서 논의한 바 있다. 일단 [크게 중요하지 않거나 낭비되는 사적 부문의-역자] 자원이 풀리면, 정부 지출은 그것을 공공의 목적을 달성하는 데 할당할 수 있다.

세금은 정부 지출을 위한 재원을 마련하기 위함이 아니라, [민간의 자원 사용을 줄여서-역자] 공공이 사용할 수 있는 자원을 확보할 수 있게 한다. 자원을 사적 사용에서 공적 사용으로 전환하려면 세금을 통해 사적 지출을 줄여야 한다. 진보주의자들은 일반적으로 부자들에 대한 증세를 선호한다. 하지만, (사적) 지출 1달러를 줄이려면 부자에게서 얼마나 많은 세금을 부과해야 할까?

백만장자에 대한 소득세는 어떤가? 이는 백만장자의 소비 성향에 따라 달라진다. 그들이 사용하고 있는 1달러 가치의 자원을 확보하기 위해 그들의 소득을 얼마나 줄여야 할까? 백만장자가 요트를 사려는 욕구를 줄이려면 많은 세금이 필요할 것이다. 많은 진보주의자가 제안하는 **억만장자**에 대한 부유세는 어떨까? 억만장자에 대한 부유세를 주장하는 사람들의 주장 중 하나는 세금이 너무 적어서 부자에게 타격을 입히지 못하고 있다는 점이다. 즉, 그들의 소비 패턴을 전혀 바꾸지 못할 것이라는 의미이다. 부자는 상대적으로 그 수가 적고 소비 성향이 상대적으로 낮다[즉, 보유하는 부 대비 소비액이 상대적으로 적다-역자]. 이들의 지출을 줄여 충분한 자원을 확보하려면 큰 폭의 세금 인상이 필요할 수 있으며, 탈세(불법)와 회피(합법적인 방법으로 세금을 줄이는 것)를 줄이는 조치도 필요하다.

선호하는 세금이 자원을 확보하는 데 특별히 효과적인 방법은 아니다. 설사 효과가 있다고 하더라도 계획된 지출과 세수를 일치시키려고 노력할 이유가 전혀 없다. 민간 지출을 1달러 줄이는 데 수십 달러의 세수가 필요할 수 있기 때문이다.

"재원을 우선 마련하고 지출하는 재정 원칙"은 지출을 세수에 맞추기는 하지만, 인플레이션을 억제하는 데에는 효과적이지 않을 수 있다. 인플레이션을 통제하려면, 인플레이션 압력을 유발하지 않을 만큼 민간 지출을 감소시킬 정도로 세금을 부과해야 한다. 이는 정부가 원하는 지출보다 적을 수 있지만, 고소득 가구를 대상으로 하면 훨씬 더 많을 수 있다. 의회예산처는 "재정 점수"를 매길 때 이 점을 인지해야 한다. 즉, 인플레이션과 싸우는 능력에 있어서 모든 세금이 같지 않다는 점을 알아야 한다.[91]

마지막으로, 균형 재정을 운영한다고 하더라도, 왜 소망하는 불평등 감소는 세금 인상과 같이 갈 수밖에 없나? 우리가 불평등 감소에 대해 진지하게 생각한다면, 상위 1% 부자에게 많은 세금을 부과할 필요가 있다. 이는, 현재 불평등의 정도를 고려할 때, 저소득층을 대상으로 하는 정책에 지

---

[91] Nersisyan and Wray, "Can Biden Build Back Better?" 참조.

출해야 하는 금액보다 훨씬 더 많은 세금이어야 한다.

큰 걱정거리 중 하나는, 전 국민 국가건강보험(Medicare for all), 그린 뉴딜, 21세기 미국으로 이끌 인프라 건설, 다음 팬데믹에 대한 준비 등 막대한 정부 지출 프로그램을 시행하려면 많은 지출이 필요하고, 어쩌면 이것이 인플레이션을 유발할지도 모른다는 점이다. 이 말이 옳다고 가정해 보자. 어떻게 인플레이션을 피할 수 있을까? 민간의 자원 사용을 줄여 공공 자원을 확보해야 한다.

소비 또는 소비될 가능성이 큰 소득에 대해 광범위하고 누진적인 세금을 부과하는 것이 사적 자원 사용을 줄이는 데 더 효과적이다(저소득층은 제외). 그러나, 정책 목표 중 하나가 빈곤과 불평등을 줄이면서 적당한 소득을 가진 사람들의 기회를 늘리는 것이라면, 이는 정치적으로 인기가 없고 비생산적일 수 있다. 이러한 이유로 우리는 관대한 면세 혜택을 포함한 일반과세 확대 형태로 한시적인 추가 과세를 지지해 왔다. 인프라 건설을 위해 [민간의-역자] 자원 사용을 줄이기 위함이다.[92] 일단 이렇게 국가의 역량을 강화하고 나면, 우리는 예를 들어 5년 후부터 연금을 단계적으로 인상하는 등 소비를 촉진할 것이다. 그리고, 하위 계층의 소득과 부를 늘리기 위한 추가 조치도 필요하다.

그러나, 이 모든 것은 자원 수요에 따라 달라질 수 있다는 점에 유의해야 한다. 광범위한 그린 뉴딜에 대한 우리의 대략적인 추정에 따르면, 이러한 인플레이션 방지 조치는 필요하지 않을 것이다. 바이든이 추진하는 "더 나은 재건" 계획은 추가적인 자원이 필요하고, 인플레이션 압력을 완화하기 위한 정책도 필요할 수 있다.

---

92 Yeva Nersisyan and L. Randall Wray, "Can We Afford the Green New Deal?" Levy Institute Public Policy Brief No. 148, Annandale-on-Hudson, NY: Levy Economics Institute of Bard College, 2020.

아마도 가장 중요한 점은 경제의 자원이 감당할 수 있는 속도로 프로젝트를 계획하고 신중하게 단계적으로 진행하는 것이다. 이것이 바로 야무스 의원이 제안한 방법이며 합리적인 방법이다. 하지만, 이는 계획(planning)이라는 두려운 단어를 상기시킨다 ['계획경제'에 대한 거부감을 말한다-역자]. 전 세계적인 팬데믹과 우리가 직면한 기후 재앙이 우리에게 가르쳐준 것이 있다면, 계획은 더 이상 두려운 단어가 될 수 없다. 계획 없이 일을 진행했을 때, 우리 앞에 놓인 전망은 정말 끔찍하다.

그러나, 중요한 점은 주요 공공 프로젝트에 "자금을 조달"(finance)하기 위해 현재의 제도를 변경할 필요가 전혀 없다는 사실이다 [즉, 현재의 제도 하에서도 얼마든지 가능하다-역자]. 관련 지출을 의회가 승인하기만 하면, "자금 조달" 방법은 연준과 재무부가 이미 알고 있기 때문이다. 궁극적인 제약은 재정이 아니라 자원이다. 세금은 자원을 확보하는 데 일부 역할을 할 수 있지만, 재정 목적으로는 필요하지 않다. 재정적 결과는 정부의 의도로 결정되는 것도 아니고, 걱정할 필요도 없다. 재정 수지는 경기 순환에 따라 움직이며, 다른 경제 부문의 재정 수지와 상호작용하며 결정될 것이다. 금리는 시장이 아닌 중앙은행의 정책으로 결정된다 [만기 1년 이하의 단기 금리는 중앙은행이 정한다는 점은 논란의 여지 없이 분명하다. 문제는 장기 금리를 결정하는 힘이다. 장기 금리는 단기 금리와 분명 차이(스프레드)가 있고, 수시로 변화한다. 하지만, 장기 시계열로 보면 장기 금리도 '추세적으로' 단기 금리를 따른다. 또한, 중앙은행이 마음만 먹는다면, 국채 유통시장에서 장기 국채를 적극적으로 매입하는 정책을 통해 장기 금리를 원하는 수준으로 낮출 수 있음도 증명해 보였다. 이런 의미에서 모든 금리는 중앙은행이 결정한다는 말이다-역자]. 필요에 따라 자원을 동원하고 방출하는 정책을 통해 인플레이션을 피할 수 있다.

3. 현대화폐이론의 정책 어젠다

큰 틀에서 보면 현대화폐이론은 주권 통화 시스템이 어떻게 작동하는지를 묘사[있는 그대로를 정확히 서술함-역자]하는 이론이다. 많은 현대화폐이론 지지자가 진보적이지만, 현대화폐이론이 주권 통화에 관한 토론을 불러왔음을 이해하면, 중도와 보수주의자 모두 수긍할 수 있다. 진보적인 현대화폐이론 지지자들은 그린 뉴딜, 전 국민 국가건강보험, 불평등을 줄이기 위해 백만장자와 억만장자에 대한 세금 부과, 가격 폭리를 줄이기 위한 반독점 조치, 하위 계층의 소득을 높이기 위한 다양한 복지 프로그램, 인종 및 젠더 차별을 줄이기 위한 정책 등과 같은 정책들을 지지한다. 그러나, (매우 중요한 "그러나"이다!) 이러한 정책들이 반드시 현대화폐이론을 추종하는 것은 아니다.

현대화폐이론(MMT)이 말하고자 하는 점은, 그러한 정책을 위한 재정은 제약 조건이 아니라는 점이다. 자원과 정책은 제약되어 있지만, 돈이 부족한 것은 아니라는 말이다. 보수주의자나 자유주의자는, 재정이 제약 조건이 아니라는 점을 이해하더라도, 단순히 "자유 시장" 해법이 더 나은 방법이라는 이유로 이러한 정책[정부의 개입-역자]에 반대할 수 있다. 우파 정치인들 대부분도 재정이 실제로 제약되어 있지 않다는 사실을 이미 이해하고 있을 가능성이 크다. 그들은 왜 진보적인 정책에 대해서만 재정 문제를 제기할까?

보수주의자들은 새로운 전쟁을 위해 더 많은 군사비 예산을 요구할 때, 부자들을 위한 더 많은 감세를 주장할 때, 대기업에 대한 더 많은 보조금을 요구할 때도 "재원을 우선 마련하고 지출하는 재정 원칙"을 강요하지 않는다. 그들은 "낙수효과"를 언급하며, 부자 감세가 "감세액보다 더 많은 세수로 돌아온다"는 어처구니없는 래퍼 곡선(Laffer Curve) 논리를 내세울지 모른다. 하지만, 낙수효과는 결코 작동한 적이 없음을 그들도 잘 알고 있다.

부자 감세는 항상 더 많은 소득과 부를 상위 계층으로 재분배하며, 감세를 상쇄할 만큼 충분한 세수를 창출하지 못하므로, 재정 적자만 더 키울 뿐이다.

많은 공화당원들은 전쟁을 위한 군사비 지출이나 부자 감세가 재정 적자를 늘리기를 진심으로 희망한다. 그러면 사회적 지출을 줄이거나, 최소한 그것에 더 강하게 반대할 구실이 생기기 때문이다. 모두가 이해하는 것처럼, 이는 "짐승을 굶겨 죽이려는" 단순한 전략이다. 안타깝게도, 이 "재원을 우선 마련하고 지출하는 재정 원칙"이라는 게임을 하는 사람들 대부분이 민주당 지지자들이다. 이는 지난 반세기 동안 정책적 재앙이었다.

따라서, 현대화폐이론(MMT)은 필연적으로 진보적 정책이나 보수적 정책 중 한쪽을 지지하는 것은 아니라는 점을 분명히 할 필요가 있다. 이는 재정은 제약 조건이 아니라는 점을 이해함에 따라 취하는 정책 선택의 문제일 뿐이다.

하지만, 현대화폐이론(MMT)을 직접적으로 추종하는 세 가지 정책이 있다. 이들은 현대화폐이론(MMT)의 의미를 이해하는 사람이면 모두 지지해야 하는 핵심 정책이라고 할 수 있다. 현대화폐이론(MMT)은 일자리 보장제(job guarantee)를 지지하는 것으로 가장 유명하다. 다음으로, 중앙은행의 금리 목표제, 그리고 변동환율제가 그 뒤를 잇고 있다. 각각을 살펴보고, 왜 이들 정책이 현대화폐이론(MMT)이 발전시킨 경제적 이해로부터 도출되는지 설명해 보자. 역순으로 살펴본다.

변동환율제

현대화폐이론(MMT)은 다음과 같이 통화 주권을 갖추기 위한 5가지 필요조건을 제시한다.

1. 정부가 통화 단위 [원, 달러, 엔, 위안, 유로 등-역자]를 선택하고 그 단위

로 표시되는 통화를 발행한다.

2. 정부가 부채(세금, 수수료, 벌금, 그리고 옛날에는 종교 당국이나 정복자의 경우 십일조와 공물)를 부과한다.

3. 정부는 이러한 부채를 자신이 발행한 통화로 납부하도록 한다.

4. 정부가 기타 부채(예를 들어, 장단기 국채)를 발행하는 경우, 해당 부채는 자국 통화로 상환할 수 있다.

5. 정부는 자국 통화를 정해진 교환 비율에 따라 귀금속이나 다른 통화(즉, 일반적으로 외국 통화)로 교환해 주겠다고 약속하지 않는다.

마지막 조건은 변동(floating) 환율 통화를 의미한다. 여기서 "변동"이란 "자유 변동", 즉 "시장에서 결정되는" 환율을 의미하지 않는다. 대부분의 정부는 환율이 지나치게 크게 변동한다(절상 또는 절하)고 판단하면 어떤 식으로든 개입한다. 환율시장 개입에 사용하는 정책에는 금리 목표 변경(다음 섹션 참조), 수출입에 영향을 미치는 무역 정책, 자본 통제(국경을 넘는 금융 자본의 흐름 제한) 등이 있다.

이러한 정책 도구를 사용하여 환율을 "관리"하는 것과 "고정"하는 것의 중요한 차이점은, 전자는 정부의 개입이 재량적이지만, 후자는 정부가 고정 환율을 유지하기로 약속한다는 점이다. 환율이 어느 한 방향으로 움직이도록 압력이 가해지면 정부는 조치를 취해야 한다. 자국 통화를 고정된 가격에 금이나 외화로 "반환"(redeem)할 수 없다면, 정부는 약속을 어긴 것이다. 정부가 고정 환율을 유지할 수 있을지에 대한 의심조차도 외환 고갈로 이어질 수 있다. 즉, [환율 투기꾼들이-역자] 자국 통화를 기타 고정 환율 통화[대개 미국 달러화-역자]로 교환하려 할 것이다. 이는 일반적으로 통화 위기 또는 환율 위기로 이어져, 종종 치명적인 결과를 초래한다.

고정환율제를 채택하는 국가는 국내 정책 자율성의 일부를 포기해야 한다. 일반적으로 무역수지 흑자를 통해 금 또는 외화가 국내로 유입되도록 경제를 운영해야 한다. 하지만, 외화 유입은 보통 요소 소득(해외에서 얻은 이윤을 국내로 유입 등) 또는 자본 계정 유입(국내의 금융 자산을 판매)에 의한 것이다. 외화의 흐름이 고정환율제 국가에 불리하게 변화하면 [즉, 외화가 유출되면-역자], 이 나라의 정부는 긴축 정책을 시행하여 국민이 수입품을 구매하지 못할 정도로 가난하게 만들고, 국내 임금을 충분히 낮추어 수출이 증가하도록 하는 것이 일반적인 대응이다. 이것이 바로 정책 자율성의 축소가 의미하는 것이다. 국내에서 완전 고용과 생활 수준 향상을 추구하는 것이 불가능할 수 있다.

환율을 고정하는 것은, 다른 나라의 돈을 실제로 자국 통화로 채택하는 것보다는 다소 덜 심각할 수 있다. 후자를 "달러화"(dollarization)라 부르는데, 많은 국가가 공식적으로 미국 달러를 자국 통화로 채택하거나, 자국 통화의 가치를 달러에 엄격히 고정하고 국내 결제(세금 포함)에서도 달러를 받기 때문에 붙여진 이름이다. 제4장에서 설명한 경제 부문별 밸런스 접근법을 개발한 저명한 경제학자 윈 고들리(Wynne Godley)는 특정 통화를 자국 통화로 채택하는 것은 자발적으로 해당 통화 발행국의 식민지가 되는 것과 같다고 말했다. 그는 유로화를 채택한 유럽 국가들이 사실상 유럽 중앙은행(유로화 발행국)의 변덕에 휘둘리는 식민지가 되었다고 경고했다. 여기서는 자세히 다루지 않겠지만, 역사에는 "달러화"하거나 자국 통화를 미국 통화에 단단히 고정했던 국가들의 슬픈 이야기가 가득하다. 공평하게 말해, 몇몇 성공 사례도 있긴 하다. 예를 들어, 수출 대국(예컨대, 싱가포르)은 엄격한 고정환율제를 채택하고도 여전히 번영을 누리고 있다.

그러나, 일반적으로, 자국의 고유 통화를 채택하고 환율이 변동하게 하는 방식이 공익을 가장 잘 추구할 수 있도록 국내 정책 여력을 창출한다. 현대화폐이론(MMT)은 이것이 전 세계 모든 국가에 최선이라고 주장하는 것은 아니다. 하지만, 생활 수준을 높이기 위한 정책 여력을 활용할 수 있는 국가에는 변동환율제가 최선이다.

금리 목표제

현대화폐이론(MMT)은 중앙은행이 익일물(overnight) 금리(미국에서는 연방기금금리)[다음날 상환하기로 하고 돈을 빌리고 빌려주는 초단기 금리-역자]를 타겟으로 삼을 수 있고, 실제로 그렇게 하고 있다고 주장한다[여기서 자세히 다룰 수는 없지만, 현재 미국 연준은 연방기금금리를 타겟으로 삼지 않는다. 대신, 역레포 금리(RRP offering rate)와 연준에 예치한 초과지급준비금에 대해 지급하는 이자율(interest on excess reserve)을 이용해 초단기 금리, 즉 기준금리를 유지한다. 이는 대규모 양적완화 정책으로 인해 상시적 지급준비금 과잉 상태가 된 2009년 이후부터 그랬다-역자]. 금융위기 시 최종 대부자로서의 역할, 재무부의 은행으로서의 역할, 수표 청산 시스템의 운영, 금융 기관 규제 등의 역할을 제외하고, 금리 목표제는 중앙은행의 가장 중요한 정책이다. 이는 더 이상 논란의 여지가 없다. 25년 전 현대화폐이론(MMT)이 시작할 때만 하더라도, 많은 사람들이 중앙은행은 통화 공급을 통제할 수 있다고 생각했고, 실제로 통화 증가율 목표를 설정했다. 다행히도, 지금은 주요국 중앙은행 중 누구도 그런 시늉조차 하지 않는다. 중앙은행이 통화 공급을 목표로 삼을 수 있는 수단이 없다는 점은 널리 수용된 사실이다. 그러나, 중앙은행은 익일물 금리를 정하고, 실제로 달성할 수 있다. 실제로 원하는 특정 금리를 목표로 삼을 수 있다. 예를 들어, 중앙은행은 30년 만기 국채의 금리를 정할 수 있다. 이를 위해 중앙은행은 그저 목표 금리를 발표하고, 목표에 도달하기에 충분한 양의 국채를 매도 또는 매수할 준비를 하고 있으면 된다. 이는 오늘날 널리 알려진 방식이다.

[이는 매우 중요한 논점이므로, 재론할 필요가 있다. 앞서 지적한 것처럼, 장기 금리도 중앙은행이 통제할 수 있고, 실제로 그렇게 하곤 한다. 이는 '단기금리는 중앙은행이, 장기금리는 시장이 결정한다'라고 알려진 '통념'을 기각하는 주장이다. 첫째, 중앙은행이, 예를 들어, 장기 금리를 낮추기로 결정하면, 해당 금리에 도달할 때까지 해당 장기 국채를 (무한정) 매입할 수 있다. 둘째, 하지만, 일반적으로 중앙은행은 장기 금리를 통제하려 하지 않는다. 그 결과 장기 금리는 시장 환경에 따라 변동하는 것처럼 보인다. 그럼에도, 장기 금리는 단기 금리를 크게 벗어나지 않는다. 즉, 장기 금리도 '추세적으로' (중앙은행이 정하는) 단기 금리를 따라간다. 이 사실은 또 하나의 통념, 즉 '정부 재정 적자와 그에 따른 국채 발행 증가가 시장 금리를 밀어 올릴 것이다'라는 주류 담론을 기각한다. 이

통념은 은유적으로 '채권 자경단'으로 표현하고, 긴축적 재정정책을 옹호하는 논리로 이용된다. 하지만, 이는 현실과 전혀 다르다. 즉, 재정 긴축론을 주장할 근거가 없다-역자].

그러나, 익일물 목표 금리를 어느 수준으로 정할 것인지, 그리고 여타 금리를 정하고 달성하는 것의 효용성에 관해서는 논쟁적이다. 현대화폐이론(MMT)은 제로에 가까운 익일물 금리를 지지하는 것으로 유명하다. 2008년 글로벌 금융위기 이후 많은 중앙은행이 실제로 이 목표를 채택하면서 제로금리 정책이라고 불리게 된 정책이다. 경제학자들 대부분은 이를 위기에 대처하기 위한 일시적인 정책으로 보았지만, 존 메이너드 케인스를 따르는 현대화폐이론(MMT)은 이를 영구적인 정책으로 삼아야 한다고 주장한다. 이를 통해 여타 금리도 낮게 유지할 수 있다(익일물 금리는 다른 금리의 준거 금리가 된다). 이는 다시 일반적으로 고소득층으로 흘러가는 이자 소득을 감소시키는 데 도움이 된다(케인스는 이를 "금리 생활자의 안락사"(euthanasia of the rentier)라 불렀다. 그는 위험을 감수하지 않는 사람에 대한 이자 보상을 없애는 정책을 지지했다). 동시에 저금리는 대출 금리를 낮춰 저소득층(순채무자)에게 혜택을 주는 경향이 있다. 또한, 인프라와 같은 장기 투자 프로젝트의 자금 조달 비용을 낮춤으로써 민간 및 공공 투자를 촉진할 수 있다.

많은 현대화폐이론(MMT) 지지자들은 국채를 완전히 없애야 한다고 주장한다. 이들은 국채가 불필요하다고 생각한다. 모든 정부 지출이 중앙은행 계좌의 지급준비금으로 지불되기 때문이다. [정부 지출로 시장에 지급준비금이 과도하게 공급되면-역자] 채권을 매각하여 초과 지급준비금을 회수한다. 그 결과, 은행과 기타 사람들은 주권 정부에 대한 청구권인 무위험 자산[국채-역자]으로부터 이자를 얻을 수 있게 된다. 이는 불필요한 일이며 국채 보유자(대부분 기관과 고액 자산가)에게 소득을 제공할 뿐이다. 또한, 국채 발행은 주권 정부가 지출을 위한 "자금 조달"을 위해 저축자로부터 "차입"해야 한다는 신화(myth)를 퍼뜨린다. 이는 앞서 설명한 바와 같이 거짓이다.

따라서, 많은 현대화폐이론(MMT) 지지자들은 국채를 폐지해야 한다고 주장한다. 정부가 지급준비금에 대해 소액의 이자만을 지급하고 싶다면, 그렇게 해도 된다. 이는 익일물 금리를 제로 이상으로 유지하는 통화 정책의 일부로 볼 수 있다. 이에 반론도 있다. 연기금, 기타 퇴직연금, 보험 회사 등 일부 특정 기관에 이자를 지급하는 데에는 공공의 목적이 있다는 점이다. 이들은 장기 국채를 보유하여, 포트폴리오의 일부를 무위험 이자를 얻을 수 있도록 만들 수 있다. 그러나, 이것이 공공의 이익에 부합하는 것으로 보이려면, 국채 소유자를 공공의 이익에 봉사하는 기관으로 제한해야 한다. 다시 말하지만, 연금 저축이 그 예가 될 수 있다. 또는, 국채 구매 대상을 저소득 가구로 제한하고, 예를 들어, 대학 학자금으로 사용할 수 있는 개인 저축 국채도 한 가지 예이다. 이는 저소득 가구의 저축을 보상하고 장려하기 위한 공공 정책의 일환이 될 수 있다.

일자리 보장제

마지막 정책은 현대화폐이론(MMT)에서 가장 중요한 정책으로, 일하고 싶은 모든 사람에게 적절한 임금(사회보험 가입 포함)으로 일자리를 제공하는 보편적 일자리 보장제이다. 위에서 우리는 고용은 가장 근본적인 권리라는 현대화폐이론(MMT)의 관점에 대해 간략히 논의했다. 이는 "일하지 않는 자는 먹지도 말라"고 믿는 사회에서는 특히 그렇다. 자본주의는 생산 과정에 기여한 사람에게 돌아가는 소득에 높은 가치를 부여한다. 그러나, "시장"이 일하고 싶은 모든 사람에게 일자리를 제공할 수 있다는 잘못된 가정을 오랫동안 받아들여 왔다. 이는 사실이 아니며, 지금까지 그런 적이 한 번도 없었다. 자본주의하에서 기업은 이윤을 위한 생산물을 생산하는 데 필요하다고 생각하는 만큼만 고용한다. 다시 말해, 자본가는 고용을 통해 이익을 얻을 수 있다고 생각하는 경우에만 노동자를 고용한다. 이에 따라 잠재적 노동력의 상당 부분이 항상 실업 상태에 놓이게 된다.

그게 그렇게 크게 나쁘지 않다지만, 뒤처진 사람들은 성별, 인종, 나이,

출신 민족, 기타 차별을 받을 수 있는 모든 특징에 의해 가장 많은 차별을 받는 사람들이다. 차별은 이익이 되기 때문에 실행되고 영속화된다. 고용주는 특정 집단을 차별함으로써 임금을 적게 지급할 수 있을 뿐 아니라 다른 사람들의 임금을 낮게 유지하는 데도 이용할 수 있다. 이러한 차별은 자본주의의 본질에 내재되어 있다. 이는 노동자들끼리 서로 대립시키는 "분할 통치" 전략이다. "다른 사람"(성별, 인종 등으로 차별을 받는 집단)이 여러분의 일자리를 빼앗을 수 있다는 위협은 여러분도 복종하게 만든다. 이러한 위협은 자본주의의 역사만큼이나 오래되었다.

동등한 기회, 동등한 임금, 동등한 대우를 제공하는 보편적 일자리 보장제는 이러한 차별에 대응할 수 있게 한다. 이 프로그램이 제공하는 임금과 복지제도, 그리고 근무 조건은 다른 모든 고용주가 따라야 하는 노동 표준으로 기능한다. 이 프로그램은 "취업하기 가장 어려운 사람부터 채용"함으로써 "상향 평준화"를 이끈다. 이 프로그램은 노동자를 "있는 그대로" 받아들이고 [즉, 지금의 고용정책처럼, 직업훈련에 참여하게 하고 일자리는 스스로 찾게 하거나, 재산, 학력, 가족 구성 등 각종 조건을 만족해야 기회를 주는 것이 아니라-역자], 일자리와 적절한 대우를 제공하며, 고용주들끼리 경쟁하도록 만든다.

그러나, 현대화폐이론(MMT) 관점에서 중요한 것은 일자리 보장제가 통화의 가치를 "안정적으로 유지"시킨다는 점이다. 우리는 세금이 통화를 "추동"한다는 점을 알고 있다. 즉, 국민은 세금을 납부하기 위해 국가가 발행한 통화가 필요하고, 이 이유로 통화를 찾게 된다. 하지만, 이것이 통화의 가치를 결정하지는 않는다. 궁극적으로, 통화의 가치는 그 통화를 얻기 위해 무엇을 해야 하는지에 따라 결정된다. 여러분이 15달러를 얻기 위해 한 시간 동안 일해야 한다면, 한 시간의 가치는 15달러와 같다.

하이먼 민스키는 학생들에게 "미국의 최저임금이 얼마인가요?"라고 묻곤 했다. 한 학생이 손을 들고 시간당 3.35달러(1980년대 초의 법정 최저임금)라고 대답했다. 그러면 그는 이렇게 대답하곤 했다. "아니요. 일자리를 찾지 못하면 0달러를 받습니다"라고 대답했다. 그런 다음 그는 계속해서 다음과 같이 말했다. 일자리 보장제(그는 루스벨트 행정부로부터 남겨진 용어인 "최종 고용자"라고 불렀다)가 있었다면, 이 제도가 지급하는 임금이 "유효 최저임금"[실질적인 최저임금-역자]을 정할 것이다. 그리고, 그는 대공황기에 실직했던 수백만 명의 노동자에게 일자리를 제공했던 뉴딜 일자리 프로그램의 장점에 관해 이야기했다.

핵심은 요약하면 이렇다. 일자리 보장제는 한 시간 노동의 가치를 정립하고, 이를 안정적으로 유지하는 데 도움이 된다. 일자리 보장제 프로그램 외부[민간 부문-역자]에서 임금이 상승하기 시작하면, 고용주는 언제든지 일자리 보장제가 제공하는 임금보다 약간 더 높은 임금을 지급하여 일자리 보장제 참여자 중 일부를 채용할 수 있다. 예를 들어, 일자리 보장 프로그램이 시간당 15달러를 지급하는 경우, 민간 고용주는 시간당 가령 15.25달러를 지급하여 이들 인력을 고용할 수 있을 것이다. 이는 경제 성장에 따른 임금과 물가 인플레이션을 완화하는 데도 도움이 된다. 일자리 보장제는 민간 부문에 노동력이 필요할 때 노동력을 공급하고, 민간 부문이 노동자를 해고할 때 노동력을 흡수함으로써 통화의 가치를 안정적으로 유지하게 한다. 이렇게 하면, 경기 침체가 아무리 심해지더라도 임금이 시간당 15달러(우리의 예에서) 이하로 떨어지지 않는다. 이 프로그램은 실직자를 고용함으로써 임금과 소득을 유지하여 경기 침체가 너무 깊어지는 것을 방지하는 기능도 수행한다[경기 침체로 실업이 발생하면, 소득이 감소하고 소비지출도 감소한다. 이는 경기 침체를 더 악화시킨다. 하지만, 일자리 보장제를 통해 고용을 유지하면, 이 악순환을 차단할 수 있다-역자].

경제학자들은 이를 "자동 안정화 장치"라 부르며, 일자리 보장제는 가장 강력한 안정화 장치이다. 고용, 임금, 소득, 물가, 소비를 유지해 주기 때문이다. 이 프로그램에 대한 정부 지출은 자동으로 경기순환 방향과 반대로 작동한다(countercyclical). [민간 고용이 감소하는-역자] 경기 침체기에는 이 프로그램 참여자가 증가하여 정부 지출이 증가하고, 호황기에는 이 프로그램 참여자들이 민간 고용으로 이동하므로 정부 지출이 감소한다. 이것이 정확히 우리가 원하는 바이다. 시간이 오래 걸릴 수 있는 정치인의 재량적 조치가 필요하지 않다. 그리고, 주권 정부의 재정에 대한 우리의 올바른 이해를 고려하면, "예산은 어떻게 마련할 것인가?" 따위의 걱정은 없다. 미국 정부는 항상 감당할 수 있다.

현대화폐이론(MMT) 경제학자들은 지난 25년 동안 하이먼 민스키의 아이디어를 바탕으로 일자리 보장제를 실현하기 위한 정책안을 개발해 왔다. 어떤 종류의 일자리 창조 프로그램을 만들지, 급여 수준과 어떤 사회보험에 가입할지, 누가 프로그램을 운영하고 어떻게 관리할지, 프로그램의 규모는 얼마나 될지, 통화 가치 유지와 인플레이션 억제에 얼마나 효과적일지 등 모든 세부 사항을 구체적으로 연구하여 제시해 왔다. 파블리나 체르네바(Pavlina Tcherneva)의 저서에서 연구 결과 대부분을 잘 요약하고 있으므로, 이 모든 내용을 여기서 다시 언급할 필요는 없다.[93] 현대화폐이론(MMT)이 그런 것처럼, 일자리 보장제는 제기된 모든 비판을 쉽게 반박했다. 이미 의회에 제출된 여러 정책 제안과 일자리 보장제 운동에 전념하는 여러 단체가 존재한다. 그 중 "National Jobs For All Network"를 적극 추천한다.[94]

사람들은 종종 다음과 같이 질문합니다. 현대화폐이론(MMT)을 "시행" 하면, 정부 지출 증가가 인플레이션으로 이어지지 않는다고 어떻게 확신할 수 있는가? 우리의 대답은 다음과 같다.

1. 현대화폐이론(MMT)은 시행하고 말고 할 어떤 것이 아니다. 주권 정부

---

93   Pavlina Tcherneva, *The Case for a Job Guarantee*, Polity, Cambridge, 2020.[한국어판, 전용복 역, 2021. 『일자리보장: 지속가능한 사회를 위한 제언』, 과천: 진인진]

94   National Jobs For All Network. https://njfac.org

가 실제로 지출하는 방식에 대한 정확한 묘사이다. 이 이론은 재정 부담 (affordability)은 문제가 되지 않는다는 결론을 제시한다. 하지만, 지출 규모와 지출 대상은 중요한 문제이다. 우리는 공공의 목적을 달성하기 위한 지출을 선호한다. 그리고, 가장 중요한 공공의 목적 중 하나는 일하고 싶은 사람은 누구나 일자리를 얻을 수 있도록 보장하는 일이다.

2. 우리가 권장하는 주요 지출 정책은 일자리 보장제이다. 이는 완전 고용을 보장하여, 원하는 모든 사람에게 일자리를 제공한다. 이것이 우리가 도달할 명확한 목표이다. 또한, 인플레이션을 유발**할 수 없는** 지출이다. 이 정책이 지급하는 임금은 노동에 대한 "최저 가격"을 설정하고, 사회 전체의 준거 임금이 된다. 위의 예에서는 1시간=15달러이다. 모든 사람이 일자리를 얻으면 정부 지출은 증가를 멈추게 된다. 경제가 회복되면 이 프로그램 참여자는 [더 높은 임금을 제시하는 민간 부문으로-역자] 빠져나가고, 정부 지출은 감소한다. 자동으로! 이는 자동 안정화 장치이자 자동 인플레이션 방지 장치이기도 하다. "고정 가격/변동 수량 모델"(제3장 참조)이기 때문에, 그 자체로 인플레이션을 유발할 수 없다.

일자리 보장제가 유일한 정부 프로그램이 아니란 점도 사실이다. 자유주의자들[서구에서는 '자유주의'가 '진보'를 의미하는 경우가 많다-역자]은 여타 다양한 것을 원할 것이다. 보수주의자들은 다른 프로그램을 원할 것이고, 어쩌면 작은 정부를 원할 것이다. 현대화폐이론(MMT)은 민주적 절차를 통해 이 모든 것을 협상하고 최종 조합을 선택할 수 있도록 할 것이다. 그 조합이 무엇이든, 일자리 보장제는 완전 고용을 보장하고 물가와 경제 전체를 안정화하는 힘을 발휘할 것이다.

4. 결론

통화 시스템은 훌륭한 창조물이다. 이는 개인의 선택권을 보장하는 동시에, 정부가 정의로운 사회를 달성하는 데 필요한 자원을 활용할 수 있게 한다.

통화 시스템은 기업가적 이니셔티브(initiatives)를 촉진한다. 이는 한 나라 전체 생산물의 큰 부분을 조직하고, 분배하고, 자금을 공급한다. 통화 시스템은 정부가 공공의 목적을 달성하기 위해 사용하는 주요 메커니즘 중 하나이다.

생산과 분배를 조직하는 더 나은 방법이 있을 수 있다. 공공과 민간 사이에 자원을 배분하는 더 나은 방법이 있을 수 있다. 민간 부문이 자신의 이익뿐 아니라 공공의 이익에도 봉사하도록 유도하는 더 나은 방법이 있을 수 있다. 그러나, 우리는 아직 그것을 보지 못했다.

더 나은 시스템이 등장할 때까지는 현재의 통화 시스템에 대한 진보적인 밈(meme)이 필요하다. 지난 반세기 동안 진보는 후퇴해 왔다. 물론, 일부 전투(대부분 사회 영역)에서 승리한 것도 있다. 하지만, 거의 모든 경제적 전투에서 패배했다. 이러한 패배 중 적어도 일부는 돈에 대한 잘못된 프레임을 채택했기 때문이다.

우리는 통화 시스템이 중요하다는 사실을 인식해야 한다. 통화는 단순히 상품과 서비스의 교환을 원활하게 하는 데만 사용되는 것이 아니다. 통화 시스템은 그 기원부터 공익을 추구하는 데 중요한 역할을 해왔다. 통화는 또한 사익을 추구하는 데도 사용된다. 특히 최근에는 월스트리트의 엘리트 내부자들이 자신들의 이기적인 이익을 위해 통화를 활용하고 있다.

분명하게도, 통화 시스템이 모든 것을 할 수도 없고 해서도 안 된다. 자본주의는 사회적 공급 과정("경제")의 유례 없이 많은 부분을 화폐 영역으로 포섭하는 경향이 있지만, 너무 멀리 나아갈 수 있다. 자본주의의 확장을 제한해야 하는 영역이 분명 존재한다. 정부의 권한 범위 내에 있는 많은 기능들이 대표적이다.

우리는 판사와 변호사에게 돈을 지불하긴 하지만, 그들이 더 많은 돈을 제시하는 쪽에 판결을 팔아넘기는 것을 원치는 않는다. 우리는 고위직 후보자가 선거 자금을 받는 것은 허용하지만, 후보자가 기부자에게 자신을 팔아넘기는 것은 원하지 않는다.

진보적인 밈을 추진함에 따라, 우리는 지금보다 더 나은 정부, 심지어 가장 잘했던 때보다 더 나은 정부를 가질 자격이 있다는 점을 깨닫게 된다. 정부에 있는 많은 사람이 공익이 아니라 사익에 봉사하고 있다. 그들은 돈으로 매수된 사람들이다.

통화 시스템은 선한 일을 할 힘을 제공한다. 악한 일을 할 힘은 같은 동전의 다른 면이다. 하지만, 큰 부분 매수되고 무능한 정부라도 정부가 없는 것보다는 낫다.

2008년 글로벌 금융위기 이후 월스트리트에 대한 (매우 의심스러운) 구제금융조차 무대응보다는 낫다고 할 수 있다. 더 나은 정부는 우리에게 더 잘 봉사할 수 있다(허리케인 샌디에 대한 오바마 행정부의 대처와 카트리나에 대한 부시의 대처를 비교해 보라). 완벽함은 달성하기 어렵기도 하지만, 일정 정도의 성공을 위해 꼭 필요한 것은 아니다.

좋은 것은 완벽의 적이 아니다.

앞서 논의한 것처럼, 현대 인지 과학은 인간이 사용하는 어휘와 시청각적 기억을 통합한 스토리(story)를 통해 사고한다고 가르친다. 스토리는 독자의 참여를 유도하고 감정적 반응을 불러일으킨다. 일관된 내러티브(narrative)는 기억하기 쉽다. 스토리를 단순한 오락거리 정도로 생각할 수도 있지만, 사실 스토리는 오감을 통해 유입되는 정보를 처리하고 구성하여 더 잘 이해할 수 있게 한다.

브라이언 보이드(Brian Boyd)는 한 걸음 더 나아가 스토리텔링의 진화적 이점에 주목하며, 다음과 같이 주장한다. "스토리는 인류가 한 종으로서 성공할 수 있게 해준 적응 수단이기 때문에, 사실상 우리는 스토리 없이는 살 수 없다. 우리는 스토리를 즐기고, 스토리는 우리를 하나로 묶고, 협력과 가치를 공유하게 하며, 관심과 공감을 고취시킨다."[95]

　　이 책은 주요 아이디어를 강조하기 위해 돈에 관한 서로 다른 스토리를 들려주었다. 결국 다른 사람을 설득하는 방법은 스토리텔링을 통해서이다. 많은 경제학자가 복잡한 수학을 가지고 퍼레이드를 벌이기 좋아하지만, 그들의 모델은 말하고 싶은 단순한 스토리에 정교한 기교를 부린 것에 불과하다. 토론에서는 수학이 아니라 스토리가 이긴다.

그리고, 우리에겐 더 좋은 스토리가 있다.

케인스는 경제학자가 치과의사처럼 유용하게 여겨지는 날이 오기를 바란다고 말한 적이 있다. 이는 양날의 검과도 같다. 케인스의 말처럼 경제학자들이 실제로 치과의사처럼 겸손하고 유능한 사람이 되려면, 먼저 자신의 기술에 대해 겸손해져야 한다. 안타깝게도 그런 날은 여전히 요원하다. 경제학자들은 겸손한 경우가 드물고 종종 명확히 틀린다. 그들의 오류는 케인스가 바랐던 신뢰를 구축하지 못한다.

　　나아가, 경제학자는 매우 단순한 아이디어를 아무도 이해할 수 없는 수학적으로 복잡한 모델에 욱여넣는 데 선수이다. 이는 간단한 아이디어를 의도적으로 난해하게 만들기 위한 수법이다. 이 책이 경제학자라는 전문직업의 명성을, 적어도 치과의사가 받는 존경심의 반의반만큼이라도 높이고자 했던 케인스의 목표에 긍정적으로 기여할 수 있기를 희망한다.

95　Sue Bond, "Review－On the Origin of Stories: Evolution, Cognition, and Fiction by Brian Boyd (Belknap Press of Harvard University Press, 2009)," *Metapsychology*, vol. 13, no. 41 (October 6, 2009). http://metapsychology.mentalhelp.net/poc/view_doc.php?type=-book&id=5171.

. . . .

역자 해제

이 책의 의도와 의미를 제대로 이해하기 위해서는 그대로 읽는 것이 최선이다. 그래서, 스포일러 가득한 해제가 필요할지 의문이 들 수 있다. 그런데도, 해제를 쓰기로 결심한 이유는 두 가지이다. 첫째, 이 책을 읽음에 있어 독서 포인트를 제시하기 위함이다. 독서와 사색이 직업인 내 경험에 비추어 보면, 우선 마음속에 질문을 품고 그 답을 찾으려고 읽는 방식, 즉 '숨은 그림 찾기식' 독서가 매우 효율적이었다. 이러한 독서법은 질문, 즉 독서 포인트를 미리 알고 있을 때 가능하다. 이미 알고싶은 궁금증을 품고 이 책을 선택한 독자에게 이는 불필요한 스포일러가 되겠다. 하지만, 경제와 사회를 이해하고 싶지만, 어디서부터 시작해야 할지 몰라 질문조차 떠오르지 않는 독자에게는 이 해제가 도움이 될 것이라 믿는다.

이 해제의 두 번째 목적은 보충 설명을 제시하여 이 책의 이해를 돕는 일이다. 저자 스스로 밝히고 있듯, 이 책은 입문서와 전문서의 중간 정도에 위치한다. 번역 과정에서 [역자 주석]을 달아 최대한 부연 설명하고자 한 이유이다. 그러나 [역자 주석]은 한계가 있을 수밖에 없다. 이 해제를 통해 이 책을 보다 깊이 이해하는 데 도움이 되는 배경지식을 전하고자 한다.

1. 각 장의 독서 포인트

기술적으로 가능하고, 활용할 자원이 존재하는 한, 돈이 없어서 못 할 일은 없다.

이 책이 전하는 메시지를 이 한 줄로 요약할 수 있다. 이 책의 각 장은 이 명제를 이해하는 데 필요한 배경지식을 제공한다.

제1장은 '화폐(돈)란 도대체 무엇인가'란 질문에 답을 제시한다. 이 책은 모든 화폐란 ①부채 관계의 기록이고, ②국가가 정한 화폐 단위로 표시되고, ③국가가 그 가치를 보장하여, ④(납세의무와 부채 상환 등에 사용할 수 있도록) 양도할 수 있는 무엇이라 설명한다(독자는 이 정의에 포함된 4가지 조건이 어떤 의미하는지, 이 책을 읽으며 이해하게 될 것이다).

겉으로 보기에, 이 질문과 답은 현실과 아무런 관련도 없는, 순수 학문적 호기심처럼 보인다. 이 질문이 왜 '현실적으로' 중요한지 이해하지 못하는 독자는 여기에서 의욕이 많이 꺾일 수 있다. 하지만, 이는 매우 중요한 현실적 질문이다. 이 의문이 해소되어야만 정책 대안을 고민할 수 있기 때문이다. 웬만한 진보주의자라도 대안을 고려할 때, '우선 재원 마련 방안'부터 생각하지 않나? 이런 사고의 족쇄를 풀기 위해서는 돈이 무엇인지 이해해야 한다.

예를 들어, 좀 더 나은 사회를 바라는 우리는 항상 '할 일은 많은데 돈(예산)이 없다'고 말한다. 이는 개인이나 기업에는 맞는 말이지만, 정부에 대해서는 '거짓말'이다. 정부는 (이런 표현을 쓰고 싶지는 않지만) "돈을 찍어서 지출"하기 때문에, 정부의 곳간이 바닥나는 일은 없다. 심지어 은행이라는 이윤 추구 민간 기업조차 돈을 찍어서 빌려주고 이자를 받고 있다. 만약 이것이 진정 사실이라면, 우리는 더 나은 사회를 위해 훨씬 더 나은 개혁 방향과 많은 정책 대안을 생각해낼 수 있을 것이다.

'정부는 돈을 찍어 지출하므로, 정부 재정에는 제약이 없다', 또는 '은행도 스스로 돈을 창조하여 대출한다' 등의 명제를 이해하려면 우선 '화폐는 무엇인가'란 질문에 답을 찾아야 한다. 재정이 제한되어 있다는 통념이 왜 틀렸는지는 제2장부터 설명하는데, 돈의 본질에 대해 이해해야 다음 이야기도 이해할 수 있게 된다.

제2장은 위 두 명제가 현실 세계에서 실제로 어떻게 적용되는지를 자세히 설명한다. 즉, 정부와 민간은행이 돈을 창조하는 '실제 과정'을 상세히 설명한다. 세간에 널리 퍼져 있는 통념에 따르면, '정부는 세금을 걷고, 그 돈으로 지출한다. 따라서, 정부 지출을 늘리려면, 세금을 더 걷어야 한다.' 이 책 전반에 걸쳐 이 통념은 미신에 지나지 않는 '거짓말'이라 단언한다. 이는 어떤 주의(-ism), 이데올로기, 혹은 이론적 주장이 아니라 현실 그대로의 묘사이다. 정부 지출이 예산에 제약된다는 주장이 오히려 (틀린) 해석이고 주장이며, 어떤 이데올로기의 소산일 뿐이다. 놀랍게도, '정부의 예산 제약'이란 관념이 현실에 부합하는지, 주류 경제학(자) 대부분은 검증한 적이 없다. 가계와 기업에 적용되는 원리를 정부에 투사하여, 단지 그렇게 전제할 뿐이다. 평범한 우리 또한 그렇게 가스라이팅 당해 왔다.

정부는 매번 지출할 때마다, 자신의 돈(지급준비금)을 새로 창조하여 지출한다. 따라서, 세금을 얼마나 걷느냐는 정부가 얼마나 지출할 수 있느냐의 문제와 전혀 무관하다. 세금은 정부의 지출 재원이 아니다. 이와 비슷하게, 민간은행도 스스로 돈(은행예금)을 창조하고, 그것을 대출한다. 성실한 저축자의 예금을 다른 누군가에 대출하는 것이 아니다! 이는 참으로 놀라운 진실이다. 이것이 사실이라면, 우리는 더 나은 사회를 위해 훨씬 자유롭게 상상할 수 있을 것이다.

정부의 예산 제약이 존재하지 않는다면, 정부는 무한정 돈을 찍어서 지출해도 되는 것일까? 보수주의자들의 흔한 조롱이다. 제3장이 이에 대한 답을 제시한다. 정부가 돈을 창조하여 지출한다고 하여, 무제한 지출할 수는 없다. 현실적 제약이 존재하기 때문이다. 그것은 실물자원의 제약, 부자들의 과잉 소비 등으로 유발되는 인플레이션 가능성이다.

이 책은 인플레이션을 (정부 지출 증가에 따른) 통화량 증가로 설명하지 않는다. 대신 저자는 인플레이션은 주로 '실물자원의 제약'으로 발생한다고 설명한다. 정부 지출이 증가하면 통화량이 증가하고, 이 때문에 인플레이션이 발생한다는 통념은 틀렸다. 정부 지출이 통화량을 증가시키는 것은 맞지만, 유휴 자원이 존재하는 한 인플레이션은 발생하지 않는다. 즉, 인플레이션이 통화량에 비례하여 상승한다는 통념은 현실에 부합하지 않는 설명이다.

이 장은 또한, 민간 부문이 사용하는 통화(은행예금) 공급을 은행이라는 이윤극대화 추구 민간 기업에 일임하고, 은행의 행태를 규제하지 않고 방치함으로써 벌어지는 위험을 경고한다. 고삐 풀린 은행의 과도한 대출은 거의 항상 금융위기로 결과한다.

제4장은 부채의 증가(경제적 관계의 불균형 악화)에 따라 증가하는 사회적 불안정성을 다루고, 정부의 역할을 논의한다. 여기서 고대 국가로부터 주기적으로 실행된 부채 탕감의 역사를 소개한다. 왜 그랬을까? 왕이 자비로워서였을까? 그렇지 않다. 부를 축적한 채권자의 힘이 강해지면, 왕의 힘이 약해지기 때문이었다. 나아가, 불평등 증가는 채무자들의 활동을 제한하여, 사회 전체를 붕괴시키기도 한다.

이 사례는 현대 세계의 문제를 이해하는 데 중요한 통찰을 제공한다. 동서고금을 막론하고, 화폐를 중심으로 강화하는 불평등은 사회 전체를 재앙으로 내몬다. 근대 인류 역사에서 가장 불평등했던 시기는 제1차 세계 대전 직전의 19세기 말이었다. 이 불평등은 양차 대전을 거치면서 급격히 해소되었지만, 1980년대부터 다시 악화하기 시작했다. 현재의 불평등 정도는 19세기 말보다 악화하여 있다. 이는 제3차 세계 대전과 같이 인류 전체의 재앙을 불러올지도 모른다. 이 재앙을 피하려면 어떻게 해야 할까? 이 장은 부채 탕감과 적극적 재정 정책, 규제 등 정부가 적극적인 역할을 해야 한다고 제안한다. 이를 통해 불평등을 완화할 수 있기 때문이다.

이 장은 다소 유머러스한 사례도 소개한다. 적극적이고 확장적 재정정책을 주장하면, 보수주의자는 흔히 '정부부채의 위험'을 강조한다. 이에 대해 저자는 이렇게 질문한다: 정부의 부채는 민간(주로 부자)의 순자산인데, 당신은 이것을 축소하거나 없애자고 주장하는가? 진정 당신은 부자의 이익을 포기하자고 주장하는가? 당장 국채를 모두 회수하여 불태운다면, 당신은 동의하나? 이는 허풍이 아니다. 양적완화 정책을 통해 이것이 가능함은 실제 정책으로 입증되었다. 이로부터 정부와 민간은 상호 의존적이란 통찰을 얻을 수 있다.

이는 다음과 같은 질문으로 이어진다. 개인에게 참인 어떤 원리가 사회 전체에도 참일까? 이것이 제5장이 다루는 질문이다. 저자가 '경제학(자)의 거짓말'이라 부르는 것의 대부분은 이 원리를 이용하여 설명한다. '당신이 수입보다 많이 지출하면, 결국 파산한다'는 원리는 옳다. 주류 경제학(자)은 이 원리를 정부에도 그대로 적용하여, '정부가 세입보다 많이 지출하다 보면, 결국 정부도 파산한다'(나라가 망한다)라고 주장한다.

이들이 대중을 현혹하는 전략은 항상 같다. 우선 대중의 개인적 경험으로부터 출발한다. 너무나 직관적이므로, 대중은 쉽게 수긍한다. 그런 다음 그 원리를 정부와 사회에 적용한다. '여러분이 빚이 많으면 파산하는 것처럼, 정부도 마찬가지다'. 개인에게 참이니, 정부에도 참이라는 주장은 전문지식이 부족한 대중이 부정하긴 쉽지 않다. 개인과 정부가 다른지, 다르다면 어떻게 다른지, 고도의 지식이 필요하기 때문이다. 전문적 학습이 필요하지만, 대중은 그럴 여유가 없다. 주류 경제학(자)와 미디어는 이 점을 공략하여, 틀린 담론을 주입하려 애쓴다.

보수주의자들 또한 경제 전체를 정부 부문과 민간 부문으로 나누고, 양자 사이에 상충관계가 존재한다는 믿음을 퍼뜨리고 싶어 한다. 전략도 똑같다. 개인은 항상 선택에 직면한다. 저축할지 소비할지, 놀지 일할지, 대학에 갈지 취업할지, 항상 양자택일에 직면한다. 이 원리를 경제 전체에 적용하면, '정부 지출이 크면, 민간은 손해를 본다'는 주장에 이르게 된다. 이러한 상충관계 논리는 다양한 형태로 제시된다. '재정적자가 증가하면, 민간의 투자가 위축된다', '정부가 적극적인 고용정책을 써서 실업률이 낮아지면, 인플레이션이 발생한다' 등이 대표적이다. 개인적인 경험과 직관에 의존하니 설득하기 쉽다. 대중이 동의하면, 정치인들은 자학적 정책을 실행한다.

개인에게 옳은 원리가 경제 전체에도 맞는 말인가? 이 질문이 왜 중요할까? 정부와 민간 사이에 이러한 상충관계가 존재한다면, 정부는 소극적이어야 한다. 서민과 대중을 위한 정책이 나라 전체를 망하게 할 수도 있다지 않는가. 하지만, 그러한 상충관계가 허구라면? 이 장은 경제 전체에 존재한다는 상충관계가 대개 허구임을 설명한다.

제6장은 주류 경제학이 퍼뜨린 잘못된 통념을 뒤집기 위한 전략을 고민한다. 저자는 지금까지 설명한 진실을 전파할 궁리를 한다. 새로운 프레임을 짜라, 새로운 밈을 창조하여 공유하자. 대안적 프레임과 밈은 돈이 우리 모두를 이롭게 하는 데 쓰이도록 하자는, 따뜻한 마음과 도덕성에 호소해야 한다.

마지막 장인 제7장에서는 현대화폐이론을 진지하게 생각하는 미국의 정가 소식을 전한다. 지금까지 주요 경제학자, 정치인, 금융계 거물 등은 현대화폐이론을 난센스 혹은 '쓰레기'로, 그 지지자들을 '또라이'로 취급해왔다. 물론 그들이 현대화폐이론을 전문적으로 다루는 문헌을 진지하게 읽은 적도, 제대로 이해한 적도 없음은 쉽게 알 수 있다. 하지만, 2019년 미국 민주당 대선 후보 중 버니 샌더스가 큰 지지를 받고, 그가 현대화폐이론을 지지하면서 분위기가 크게 변했다(샌더스 선거캠프의 수석경제학자는 현대화폐이론가로 유명한 스테파니 켈튼 교수였다). 특히, 현대화폐이론이 밝힌 진실과 주장이 미국의 정가에 얼마나 영향력을 미치고 있는지를, 미국 하원의 예산위원회 및 위원장(야무스 하원의원)의 태도를 통해 전해준다. 미국 정가가 바뀌면 우리나라 정치인과 정책 결정자도 변할까?

　　마지막으로, 이 이론이 지지하는 대표적 정책 과제로 변동환율제, 금리목표제, 일자리보장제를 간략히 다룬다. 독자에게 더 공부할 거리를 제시하는 숙제처럼 보이기도 한다.

2. 더 깊은 이해를 위해: 현대통화금융 체제, 통화공급, 정부의 재정[96]

이 절은 이 해제의 두 번째 목적을 위한 것이다. 이 책에서는 구체적으로 설명하지 않고 있지만, 이 책과 경제의 작동원리를 이해하는 데 필수적인 구체적 지식을 전달하고자 한다. 처음에는 좀 복잡해 보일 수 있지만, 경제(학) 초심자라도 집중하면 이해 못할 것도 없다. 현대 금융통화제도의 특성, 그리고 정부 재정의 유·출입 과정을 구체적으로 보여주는 '연습문제'를 통해, 현실과 이 책을 더 잘 이해할 수 있을 것이다.

현대 금융통화체제

현대 경제에서 통화가 창조되고 정부의 재정이 운영되는 원리를 이해하기 위해서는 금융통화체제의 독특한 구조를 이해해야 한다. [그림 1]은 현대 금융통화체제의 구조를 보여준다. 여기서 누가 누구와 금융 거래를 하는지, 그리고 그 거래에 어떤 통화를 사용하는지가 핵심이다. 현대 금융통화체제는 크게 민간 부문(가계와 기업), 민간은행, 중앙은행, 정부 등 네 경제 주체로 구성된다.

　　이 체제의 가장 중요한 특징은 다음 세 가지로 요약할 수 있다. 첫째,

96　이 절은 역자의 최근 논문("국민연금 재정은 정부 재정과 분리되어 있나?", 『사회복지정책과 실천』, 제10권 제2호(2024.07.30.), 99~130쪽)의 일부를 가져와 여기에 맞게 (많이) 수정했다.

은행통화   은행통화 ⇌ 지급준비금   지급준비금

그림 1   현대 금융통화체제의 구조

금융 거래 상대방이 경제 주체에 따라 다르고, 제한되어 있다. 민간 부문은 오직 민간은행과만 금융 거래를 할 수 있다. 민간 부문은 정부나 중앙은행과는 직접 거래할 수 없다(예를 들어, 우리는 한국은행에 계좌를 개설할 수 없다). 민간 부문이 정부에 세금을 납부하는 경우에도, 정부에 직접 납부하는 것이 아니라 우리가 거래하는 민간은행을 통해야 한다(구체적 절차에 대해서는 아래 참조).

정부 또한 금융 거래 주체가 중앙은행으로만 한정된다. 정부가 민간 부문에 보조금을 지급하는 등 재정 정책을 취할 때도 반드시 중앙은행을 통해야 한다. 다음으로, 민간은행은 중앙은행과 민간 부문 중간에 존재하여, 양자 사이의 거래를 중개한다. 유사하게, 중앙은행은 정부와 민간은행 사이에서 거래를 연결한다.

현대 금융통화체제의 구조가 가진 두 번째 중요 특징은 '통화의 이원화'이다(e.g. Huber, 2023). 다른 말로, 서로 다른 두 가지 통화가 존재하고, 각 통화의 사용 주체도 다르다.[97] 우선, 가계와 기업 등 민간 부문 내부에서, 그리고 민간 부문과 민간은행 사이에서 사용하는 통화는 소위 '은행통화'로, 대부분 은행예금으로 존재하고 유통된다. 이 통화는 상식과는 달리 민간은

---

97   Huber(2023)는 이를 "이중 분리 순환 구조"(two-tier split-circuit structure)라 부른다. 이는 민간은행의 통화 발행권을 보장하기 위한 제도이다(한국어판, 유승경 역, 2023. 『주권화폐: 준비금 은행제도를 넘어서』, 진인진).

행이 창조(발행)하여 시중에 공급한다(구체적 과정에 대해서는 아래에서 설명함).

또 하나의 통화는 중앙은행이 발행하는 통화로, 중앙은행과 정부, 그리고 은행 간 거래에 사용한다. 중앙은행이 발행하는 통화를 '본원통화'라 부르는데, 여기에는 지폐와 동전, 그리고 기능적으로 가장 중요한 지급준비금으로 구성된다. 사실상, 지폐와 동전도 지급준비금의 일종이라 할 수 있다. 지폐와 동전의 공급 과정을 보면, 민간은행이 중앙은행에 지급준비금을 제시하면, 중앙은행이 지폐와 동전으로 교환해 주기 때문이다. 지폐와 동전은 지급준비금이 물화 된 형태이고, 지급준비금 대부분은 민간은행이 중앙은행에 예치한 예금 형태로 존재한다.

지급준비금의 사용 범위를 더 자세히 이해해 보자. 첫째, 지급준비금은 정부의 세수와 지출에 사용된다. 세금을 납부하는 경우를 예로 설명해 보자. 우선 알아야 할 사실로, 개인과 기업이 세금을 낼 때, 정부에 직접 이체하지 않는다. 정부는 은행통화(민간은행 예금)가 아니라 지급준비금으로 세금을 받는데, 개인과 기업은 지급준비금을 갖고 있지 않기 때문이다. 납세자는 자신의 거래 은행에 납세 대행을 요청한다. 은행은 납세액만큼 고객의 예금을 차감하고, 은행 자신이 보유한 지급준비금을 정부 계좌(중앙은행에 개설되어 있다)로 이체한다. 정부가 국채를 발행하여 판매할 때도, 그 대금을 지급준비금으로 받는다. 정부 지출은 정확히 이와 반대의 경로를 따른다. 정부는 중앙은행에 예금해 둔 지급준비금을 은행에 전달한다. 그러면, 은행은 그 액수만큼 수취인(가계나 기업)의 예금을 늘려준다(이하에서 설명하듯, 이 정부 지출로 증가한 민간의 은행예금은 민간은행이 스스로 창조한다).

둘째, 세금 유·출입의 경우로부터 알 수 있는 것처럼, 민간은행과 중앙은행 사이의 금융 거래는 지급준비금만 사용한다. 세금 징수와 정부 지출 외에도, 중앙은행은 통화정책을 실행할 때, 즉 기준금리를 변경하거나 유지하기 위해 공개시장조작을 수시로 시행하는데, 이때 사용하는 통화가 지급준비금이다.

셋째, 민간은행들 사이의 금융 거래에도 지급준비금을 사용한다. 예를 들어, A은행의 고객이 자신의 예금을 B은행에 계좌를 가진 거래 상대방에게 이체할 때, A은행은 B은행에게 지급준비금으로 송금한다. 이러한 은행 간 금융 거래는 모두 중앙은행 내부에서 일어난다. 즉, 두 은행 모두 중앙은행에 개별적으로 계좌를 개설하여 지급준비금을 예치해 놓고, 이 계좌들 사이에서 지급준비금이 이동한다. 이를 지급결제제도라 부른다.

현대 금융통화체제의 세 번째 중요 특징은 모든 통화가 '무에서 창조'된다는 사실이다. 다른 말로, 통화공급에 실물적 제약 요인이 존재하지 않는다. 이 점은 매우 중요한데, 금본위 제도와 비교하면 이해하기 쉽다. 과거 금본위제하에서는 발행된 통화를 발행 주체(중앙은행 혹은 민간은행 모두)에 제시하면 금으로 교환해 주어야 했다. 따라서, 통화를 발행하려면 그만큼의 금을 보유하고 있어야 했다. 하지만, 현대 통화는 금이나 그 무엇으로도 교환해 주지 않는다. 이런 의미에서 현대 통화를 '불태환통화'(fiat money)라 부른다.

이러한 현대 통화의 불태환성은 매우 중요한 개념이다. 주류 경제학(자) 대부분은 이를 잊고, 통화를 금덩이(어떤 실물)처럼 취급한다. 가장 대표적인 예를 하나 들자면, 정부가 지출을 늘리면, 민간이 쓸 돈이 부족해지고, 결국 경제 전체에 부정적 영향을 미친다는 주장이, 정부가 국채를 발행할 때마다 단골로 등장한다(2021년 겨울 기재부가 재난지원금 지급을 반대하면서 내세운 논리가 이것이었다). 이 주장의 바닥에는, 통화는 그 양이 제한되어 있고(통화의 희소성), 또한 누군가 사용하면 다른 누군가는 사용할 수 없는 것(배제성)이라는 전제가 자리 잡고 있다. 놀이터의 그네처럼 한 사람이 이미 타고 있으면, 다른 사람은 이용할 수 없다. 통화가 그런 것인가? 이는 현대의 통화를 금이나 은 등 어떤 물리적 실체를 가진 물건처럼 여기는 관념이다. 그러나 이는 전혀 사실이 아니다.

통화는 아무런 물적 기반 없이 창조되므로, 누군가(정부) 더 많이 사용한다고, 다른 누군가(민간)가 못 쓰는 일은 없다. 지급준비금은 중앙은행이 무에서 창조하여 공급한다. 실무적으로 설명하면, 지급준비금을 발행할 필요를 의사결정자가 인정하고 명령하면, 컴퓨터 키보드로 숫자를 입력함으로써 새로운 지급준비금이 창조된다. 은행통화는 민간은행이 발행한다. 지급준비금의 창조(발행)처럼, 이 또한 은행이 키보드를 전산망에 입력하여 창조한다. 가장 널리 인용하는 통화량 지표는 M2이다. 여기에는 중앙은행이 발행하는 본원통화와 다양한 종류의 예금(금융기관에는 부채)이 포함되어 있다. 2024년 5월 말 현재 우리나라 M2(약 4,009조)의 구성을 보면, 본원통화(277.7조(지폐와 동전 175.4조, 지급준비금 102.3조))는 7%에 불과하다. 나머지 93%의 통화는 어디에서 왔는가? 하늘에서 떨어졌나? 중앙은행이 찍었나? 아니다, 민간은행이 창조했다.

무에서 창조한 통화를 발행 주체에게 돌려주면, 그만큼 통화가 폐기되어 통화량이 감소한다. 예를 들어, 세금은 지급준비금을 정부에게 돌려준다(더 정확히 말하면, 민간은행으로부터 중앙은행에 개설된 정부 계좌로 이동시킨다). 그러면 이 세금만큼 지급준비금이 감소한다. 이는 이론이 아니다! 실제로 세금을 걷으면 한국은행은 본원통화량이 감소했다고 발표한다. 반대로, 정부가 지출하면 본원통화량(더 정확히 말해, 지급준비금)이 증가했다고 발표한다. 없어졌던 지급준비금이 다시 나타난 것이다. 어떻게 이것이 가능한가? 중앙은행이 예금의 숫자를 줄이고, 늘리고 하는 방식으로.

다른 한편, 모든 은행통화(은행예금)는 대출로 공급된다. 은행이 신용도 높은 사람의 대출 신청을 수용하면, 차주의 예금을 키보드로 입력하여 대출한다. 은행은 저축자들이 맡긴 예금을 다른 누군가에게 대출하는 기관이 아니다. 이를 금융중개 기능이라 하는데, 금덩이를 저축으로 받은 다음, 다른 누군가에게 빌려주는 것처럼 생각하는 낡은 관념이다. 대출금이 다른 누군가의 저축이란 관념은, 앞의 금본위제적 사고와 똑같이, 돈을 물리적 실체를 가진 실물로 보는 관념이다. 만약 돈이 금이라면, 누군가 은행에 금덩이를 맡겨야, 그 금덩이를 다른 누군가에게 빌려줄 수 있다. 그러나, 현대에 통화가 금과 무슨 관련이 있단 말일까? 또한, 만약 이것이 사실이라면, 은행이 대출할 때마다, 은행의 대차대조표에서 고객의 예금(자산)이 감소한 것으로 기록해야 한다. 금을 빌려준 것이라면, 금이 더 이상 금고에 남아 있지 않음을 기록해야 하지 않을까. 은행의 재무 책임자에게 이렇게 말하면, 그/그녀는 비웃을 것이다.

민간은행의 통화공급

가계와 기업 대부분은 은행이 창조한 돈을 사용한다. 그런데 이 돈은 은행이 창조한 돈이다. 다른 누군가 공급한 적이 없기 때문이다. 경제학 교과서 대부분은 중앙은행만이 돈을 창조할 수 있고, 중앙은행이 창조한 돈을 민간은행에 건네주면, 그 돈이 민간 부문에 퍼져나간다고 설명한다. 매우 간단한 이유로 이는 전혀 사실이 아니다(의도적 거짓말?). 즉, 앞서 설명한 것처럼, 가계와 기업은 (전체 통화량에서 비중이 매우 작은 지폐와 동전을 제외하고) 중앙은행이 발행한 화폐, 즉 지급준비금을 본 적도 없기 때문이다. 지급준비금은 시중에 유통되지 않는다. 그런데 어떻게 가계와 기업이 지급준비금을 사용할 수 있단 말인가. 주류 경제학(자)은 지급준비금과 은행통화를 구분조차 하지 못한다.

우리가 사용하는 거의 모든 돈은 민간은행이 창조한다, 대출을 통해서! 이렇게 은행 통화가 증가하면, 은행 영업에 필요한 지급준비금 수요도 증가한다. 그 이유는, 앞서 설명한 것처럼, A은행에서 대출받는 사람이 B은행의 계좌로 이체를 요구하면, A은행은 지급준비금으로 이체해야 하기 때문이다. 하지만, 이런 지급준비금 제약은 은행이 크게 신경 쓸 일이 아니다. 지급준비금의 공급을 담당하는 중앙은행이 민간은행의 지급준비금 확대 요구를 거부할 수 없기 때문이다. 그래서 은행은 적당한 차주가 나타나 대출을 요청하면 우선 대출부터 하고, 필요한 지급준비금을 사후적으로 마련한다(이를 지급준비금의 내생적 공급이라 부른다).

이렇게 대출된 돈은 차주의 예금으로 나타나고, 차주는 이 예금을 다른 누군가에게 지불한다. 이것이 우리가 보는 돈이다. 즉, 은행이 대출하면, 민간이 사용하는 통화가 창조된다, 반대로, 대출자가 상환하면 그만큼 은행 통화가 감소한다. 이는 지급준비금의 창조 및 폐기와 같다. 돈은 이렇게 유동적으로 늘기도 하고, 감소하기도 한다. 통화는 희소하지도, 배제적이지도 않다.

대차대조표를 이용하면 이 모든 과정을 이해하기 더 쉽다. [표 1]을 통해 민간은행이 돈을 어떻게 창조하는지 살펴보자. 은행이 통화를 공급하는 첫 번째 단계에서, 우선 가계와 기업 등 민간 부문이 은행에 대출을 신청한다. 은행은 대출 신청자의 신용도를 평가한다. 은행이 대출을 승인하면, 대출이 이루어진다. 이를 실무적으로 설명해 보자(과정 ①). 은행이 대출을 승인하면, 차주의 계좌에 예금을 입금해 준다. 이 예금은 어디에서 왔을까? 통상의 설명처럼, 이는 누군가의 적금(저축자가 은행에 맡긴 돈)이 아니다. 은행이 키보드를 두드려 새로 입력한 숫자이다. 그 결과, 차주에게는 자산으로 은행예금이, 부채로 은행채무가 발생했다. 차주는 이 예금을 돈(은행통화)으로 사용한다(주택 구매, 인터넷 쇼핑 등). 다른 한편에서, 은행은 나중에 돈을 돌려받을 권리, 즉 대출채권이 자산으로 발생했고, 동시에 차주의 예금도 발생했다. 따라서, 은행은 대차대조표의 부채와 자산이 모두 증가한 것으로 '기록'한다. 요컨대, 통화는 수요에 따라 공급된다.

표 1　민간은행의 통화공급 과정

과정	가계와 기업		민간은행		중앙은행	
	자산	부채	자산	부채	자산	부채
①	은행예금 (+)10	은행채무 (+)10	대출채권 (+)10	예금 (+)10		
②			국채 (-)1		국채 (+)1	
			지준예금 (+)1			지준예금 (+)1
③	은행예금 (-)10	은행채무 (-)10	대출채권 (-)10	예금 (-)10		

이렇게 은행 대차대조표의 자산과 부채 양변에 하나씩 기록(입력)하는 일이 대출 과정의 전부이다. 이 예금은 어디에서 왔나? 은행이 새로 창조했다(즉, 키보드로 입력했다). 만약, 통상적인 관념처럼, 은행이 저축한 사람들의 예금을 빌려주는 것이라면, 은행의 부채(누군가 은행에 맡긴 예금)가 감소해야 한다. 그렇지만 그런 일은 절대 없다. 한국은행은 은행 포함 금융기관들의 대차대조표를 제출받아, 각 기관의 부채 항목을 합산해 통화량을 발표한다. (단, 부채의 종류는 다양한데, 이들을 유동성 정도에 따라 분류하고 합산하여 다양한 통화량 지표를 산출한다). 만약 대출이 저축한 사람이 맡긴 돈을 빌려주는 것이라면, 은행이 대출하더라도 통화량은 증가하지 않아야 한다. 하지만, 은행 대출이 늘어나면, 통화량이 증가했다고 발표한다. 예를 들어, 2020-21년 우리나라 아파트 투기 광풍이 불 때, 대출도 급등했고, 그 결과 통화량도 급등했다. 만약 은행이 누군가가 맡긴 예금을 아파트 구매자에게 대출한 것이라면, 대출이 늘어나더라도 통화량이 증가할 수 없다.

앞서 언급한 것처럼, 은행의 대출로 은행통화 공급이 증가하면 필요 지급준비금(표에서는 줄여서 '지준'으로 표기) 수요도 증가한다. 은행통화 증가는 은행의 금융 거래량의 증가를 의미하고, 이는 지급준비금으로 이루어지기 때문이다. 은행은 국채를 중앙은행에 매도하거나, 은행 간 자금시장에서 이 지급준비금을 빌리려 할 것이다. 중앙은행은 은행의 이러한 필요 지급준비금 수요를 충족시켜야 한다. 그렇지 않으면 타겟 금리(우리나라의 경우, 7일물 환매조건부증권(Repo, 레포) 금리)가[98] 기준금리 이상으로 급등하기 때문이

---

[98] 현대 통화정책은 중앙은행이 기준금리를 정하는 방식으로 시행된다. 그런데 기준금리란 그저 중앙은행이 임의로 정한 임의의 금리이지, 현실에 존재하는 금리가 아니다. 반면, 시장에는 매우 다양한 무수히 많은 금리가 존재한다. 그래서, 중앙은행은 '현실의 금리' 중 하나를 선택하여 자신이 목표로 하는 기준금리 수준으로 유지하려고 한다. 이 현실의 금리를 타겟 금리(target rate)라 부른다. 현재 한국은행은 7일물 레포 매각 금리를 타겟 금리로 활용한다. 한국은행이 기준금리를 공표하고, 실제로 7일물 레포 금리에 적용하면 민간은행과 금융기관은 이를 따를 수밖에 없다. 가령, 한국은행 금융통화위원회가 기준금리를 3.5%로 결정했다고 발표하면, 한국은행은 공개시장에서 7일물 레포

다. 지급준비금 부족이 심각할 경우, 금리가 급등할 뿐 아니라 금융시장 전체가 불안정해질 수도 있다. 이것이 지급준비금이 내생적으로 공급되는 이유이다.

[표 1]의 과정 ②는 은행이 자산으로 보유한 국채를 중앙은행에 매각하여 추가 필요 지급준비금(새로 창조한 예금의 10%라 가정)을 확보하는 경우를 보여준다. 우선 은행은 자산으로 보유하던 국채를 중앙은행에 매각한다. 따라서, 은행의 자산 중 국채가 감소하고, 중앙은행은 국채 자산을 보유하게 된다. 은행은 국채 매각 대금으로 지급준비금을 받고, 이 돈을 중앙은행에 예치한다. 따라서, 은행의 자산이 국채에서 지급준비금으로 바뀌었다. 중앙은행에는 은행의 국채 매각 대금이 예치되었고, 이를 중앙은행의 부채로 기록한다. 잠시 생각해보자. 중앙은행이 은행으로부터 국채를 매입하는 데 쓴 지급준비금(중앙은행 예금)은 어디에서 왔을까? 중앙은행이 자신의 전자장부(대차대조표)에 키보드로 입력해서! 이것을 지급준비금 '창조'라 부른다.

하지만, 시중에 국채가 계속 공급되지 않고 그 양이 고정되어 있다면, 은행이 국채를 매각하여 필요 지급준비금을 확보하는 방식은 장기적으로 유지될 수 없다. 은행 산업 전체로 보면, 경제성장에 발맞춰 모든 은행의 대출도 증가하므로, 지급준비금 수요는 점점 증가할 수밖에 없다. 경제가 성장함에 따라 통화 수요(은행예금, 즉 대출)가 증가하고 은행의 필요 지급준비금 수요도 증가하여, 결국 은행이 보유한 국채도 바닥난다. 은행이 시장에서 지급준비금을 빌리더라도, 담보로 활용할 국채가 필요다(관행적으로, 민간은행은 중앙은행으로부터 대출받지 않는다. 어떤 은행이 중앙은행으로부터 지급준비금

를 프라이머리 딜러에게 금리 3.5%로 매각한다. 무한정 그렇게 할 수 있다. 이는 민간은행과 금융기관이 한국은행에 7일 만기로 3.5%(연율)로 무제한 빌려줄 수 있다는 의미이다. 한국은행에 빌려주므로, 떼일 위험은 전혀 없다. 또한, 만기도 7일로 매우 짧으니, 대출 기간에 따른 위험도 거의 없다. 따라서, 민간 누구든 이보다 낮은 금리를 제시해서는 돈을 빌릴 수 없게 된다. 이것이 기준금리이고, 시장 최저 금리로 기능한다.

을 빌릴 경우, 해당 은행의 신용도를 의심받을 수 있기 때문이다). 따라서, 금융시장이 제대로 작동하기 위해 정부는 계속해서 국채를 공급해야 한다. 아래에서 자세히 설명하겠지만([표 2] 참조), 시중에 국채를 공급하는 경로가 정부의 적자 지출이다. 정부가 적자 지출을 하면, 은행은 국채를 얻게 되고, 이 국채를 중앙은행에 매각하여 지급준비금을 얻을 수 있게 된다.[99] 즉, 정부가 국채 발행을 오랫동안 거부하면, 은행 시스템 또한 유지될 수 없다. 이것이 국채와 정부 재정 적자의 본질이다.

요컨대, 중앙은행이 기준금리를 조절하는 통화정책 방식을 채택하는 제도적 배경에서, 국채는 필수적이다. 또한, 은행은 지급준비금이 부족해서 대출을 못하는 경우는 없다. 마지막으로, 중앙은행은 지급준비금을, 민간은행은 은행예금을 키보드를 두드려 창조하고, 공급한다. 다시 한번 강조하지만, 이는 이론이 아니다. 그저 현실에 대한 정확한 묘사이다.

이제 과정 ③을 통해 대출이 상환되는 과정을 살펴보자. 가계와 기업은 자신의 은행예금을 차감하여 대출금을 상환한다. 그 결과 민간 부문의 자산인 은행예금과 부채인 은행 대출채무 모두 감소한다. 은행에서는 이와 반대의 결과가 나타난다. 은행의 자산인 대출채권이 사라지고, 동시에 고객의 예금도 사라진다. 앞서 은행의 대차대조표에서 부채(대출채권 포함)를 합산하여 통화량을 산정한다고 설명했다. 따라서, 가계와 기업의 대출금 상환은 시중의 통화량을 감소시킨다.

99　현 제도 아래에서는 불가능하지만, 정부가 중앙은행으로부터 직접 차입하여 지출(overt monetary financing)하더라도 시중의 지급준비금은 증가한다. 이 경우의 문제는 중앙은행이 시중 지급준비금을 조절할 수단(국채)이 부족하다는 점이다. 정부가 중앙은행으로부터 직접 차입하면, 정부의 부채는 중앙은행 차입금이 되고, 국채를 발행하지 않기 때문이다. 따라서, 정부가 중앙은행으로부터 직접 차입하여 지출하는 경우, 시중의 지급준비금 조절을 위한 대안적 수단을 고안해야 한다. 이에 대해서 아래에서 자세히 설명한다(각주 106 또한 참조). 어쨌든, 지급준비금과 국채는 정부만이 공급한다.

정부의 재정 원리

이제 정부 재정의 유·출입 과정을 살펴보자. 이 연습에서는 정부의 적자 지출 과정을 살펴본다. 정부 재정의 성격을 더 극적으로 보여주는 사례이기 때문이다. 다음의 [표 2]를 자세히 살펴보자. 먼저 [표 2]의 과정 ①은 정부가 적자 지출을 위해 국채를 발행하는 과정을 보여준다. 정부는 중앙은행에 예금 계좌를 개설하고 있는데, 모든 재정의 유·출입은 이 계좌를 통한다. 현 제도는 정부의 한국은행 계좌 잔고가 부족하면 지출할 수 없도록 규정하고 있다. 따라서, 정부가 적자 지출을 하려면 우선 중앙은행 예금 잔고를 채워야 한다. 세입으로 발생한 정부예금이 부족한 경우 정부는 국채 발행을 통해서 정부의 한국은행 통장 잔고를 채운다.

정부가 국채를 발행하면 프라이머리 딜러들이 인수한다. 프라이머리 딜러는 주로 민간 대형은행으로 구성되어 있다(미국에서는 대형 증권사와 투자은행, 해외 대형 은행도 참여한다). 자금의 흐름을 살펴보면, 민간은행(프라이머리 딜러)은 중앙은행에 예금으로 보유하고 있던 지급준비금을 국채 인수 대금으로 정부에 지불한다.[100] 이로써 국채 발행이 마무리된다.

각 경제 주체별로 대차대조표의 변화를 확인해 보자(과정 ①). 우선 정부는 국채를 발행했으므로, 부채가 증가했다. 국채 발행 대금이 들어왔으므로 정부의 자산, 즉 지급준비금의 한국은행 예금도 증가한다. 민간은행에서

---

100 이 책에서 "이 지급준비금은 어디에서 왔는가?"라고 질문하고 답한다. 즉, 민간은행은 중앙은행에 예치해둔 지급준비금 예금으로 정부가 발행하는 국채를 매입하는데, 이 지급준비금 예금은 최초 어디에서 왔을까? 지급준비금은 민간은행 스스로 창조할 수 없는 돈이다. 지급준비금은 중앙은행만 발행한다. 그러므로, 이 지급준비금은 과거 언젠가 중앙은행이 발행했고, 어떤 경로를 통해 민간은행에 공급됐음이 분명하다. 그렇다면, 그 돈(지급준비금)은 어떻게 민간은행으로 흘러갔을까? 두 가지 가능성밖에 없다. 첫째, 중앙은행 대출. 하지만, 앞서 살펴본 대로, 이는 장기적으로 지속가능하지 않고, 현실에서도 민간은행의 중앙은행 대출은 흔한 일이 아니다. 둘째, 누군가 은행에 무료로 지급했다. 그것은 정부이다. 결론부터 말하자면, 민간은행이 보유한 국채와 지급준비금은 정부의 적자 지출 결과이다. 이 과정을 이 절에서 자세히 설명한다(각주 99 참조).

는 국채가 자산으로 들어왔고, 그에 상응하여 지급준비금 예금이 감소한다. 다른 말로, 민간은행의 자산 항목 중 지급준비금이 국채로 전환되었다. 일반적으로, 지급준비금에는 이자를 지급하지 않지만, 국채에는 이자를 지급한다. 이것이 민간은행이 국채를 인수하는 동기가 된다. 마지막으로, 한국은행의 경우, 자산에는 변화가 없고 부채의 구성만 변한다. 즉, 민간은행의 예금이 정부의 예금으로 전환된다.

여기서 한 가지 주목할 점은 본원통화량(지급준비금+지폐와 동전)이 감소했다는 사실이다. 정부가 중앙은행에 예치한 지급준비금은 본원통화로 계산하지 않는다(이는 한국은행 금융통계국으로 전화해서 문의하면 즉시 알려주는 사실이다). 따라서, 중앙은행의 부채 항목 중 민간은행의 지급준비금 예금이 정부의 예금으로 전환되면, 경제 전체의 본원통화량이 감소하는 것으로 나

표 2 정부의 적자 지출 과정

과정	민간 부문 (가계와 기업)		민간은행		한국은행		정부	
	자산	부채	자산	부채	자산	부채*	자산	부채
①			국채 (+)100 지준예금 (-)100			은행예금 (-)100 정부예금 (+)100	지준예금 (+)100	국채 (+)100
②			지준예금 (+)100			정부예금 (-)100 은행예금 (+)100	지준예금 (-)100	
③	은행예금 (+)100	자기자본 (+)100		민간예금 (+)100				
순증감	(+)100	(+)100	(+)100	(+)100	0	0	0	(+)100
④			국채 (-)100 지준예금 (+)100		국채 (+)100	은행예금 (+)100		
순증감	0	0	0	0	(+)100	(+)100	0	0

* 여기서 한국은행의 부채는 모두 '지급준비금'이다. 따라서, 은행예금은 '은행이 예치한 지급준비금', 정부예금은 '정부가 예치한 지급준비금'을 의미한다.

타난다. 즉, 국채 발행은 시중의 지급준비금을 감소시킨다. 일반적으로, 세금 납부처럼 민간이 정부에 금융 자산을 이전하면 통화량이 감소시킨다.

다음으로, 정부의 지출 과정을 확인해 보자(과정 ②와 ③). 예를 들어, 정부가 국채 발행을 통해 조달한 재정(지급준비금)을 가계와 기업에 지원금으로 지급한다고 가정하자. 정부는 중앙은행 예금으로 지출해야 한다. 그런데, 정부는 지급준비금을 가계와 기업에 직접 전달하는 것이 아니라, 민간은행을 통해서 그렇게 한다. 정부가 지출하는 돈은 지급준비금인데, 민간부문은 지급준비금을 사용할 수 없기 때문이다.

구체적으로 살펴보면, 정부는 중앙은행에 예치한 지급준비금을 (정부지원금 수령자가 거래하는) 민간은행에 우선 지급한다(과정 ②). 그 결과 정부의 한국은행 지급준비금 예금이 민간은행으로 이체된다. 즉, 정부의 지급준비금 예금이 감소하고 민간은행의 지급준비금 예금은 증가한다. 하지만, 이 지급준비금 소유주의 변화는 중앙은행 내부에서 벌어진다. 따라서, 중앙은행의 부채, 즉 지급준비금 총량에는 아무런 변화가 없다.

이제 민간은행은 정부를 대신하여 지원금을 민간 수취자에 전달한다(과정 ③). 하지만, 은행은 민간 부문에 '지급준비금'을 전달할 수는 없다. 대신, 은행은 수취자의 예금을 늘려주는 방식으로 지원금을 전달한다. 이때 수취자의 증가한 은행예금은 민간은행은 스스로 '새로' 창조한 돈이다. 실무적으로, 민간은행은 정부 지원금 수령 대상자의 계좌에 예금 잔고의 숫자를 입력하여 지급한다. 이렇게 증가한 예금은 은행이 창조한 돈, 즉 은행통화이다. 그 결과 민간 부문의 은행 예금(자산)이 증가하고, 이에 대응하여 대변의 순자산도 증가한다.

이 과정은 민간은행의 역할이 매우 중요함을 보여준다. 정부의 적자지출에 따른 민간은행의 대차대조표 변화를 보면(순증감 참조), 첫째, 적자지출로 민간은행에 이자를 지급하는 국채 자산이 증가했다. 은행의 지급준비금은 감소했다가 원래로 되돌아갔다. 즉, 국채 공급이 증가했다(각주 99

참조). 앞서 경제성장에 따라 대출과 필요 지급준비금 수요가 증가한다고 했다. 이제 은행은 증가한 필요 지급준비금을 이 국채를 중앙은행에 팔아서 조달할 수 있다. 다른 말로, 정부의 재정 적자는 금융 시스템의 유지에 필요한 필요 지급준비금을 공급하는 통로인 것이다. 둘째, 은행의 국채 자산에 대응하여 가계의 예금이라는 부채가 증가했다. 하지만, 이는 은행 스스로 무에서 창조한 돈이다. 달리 표현하면, 민간은행은 이자 수익을 올릴 수 있는 국채를 민간은행 스스로 창조한 예금과 교환했다.

이를 두고 '정부가 민간으로부터 돈을 빌린다'고 표현한다. 복잡한 절차를 모두 지우고 보면, 이는 은행이 이자가 지급되고 가장 안전한 자산인 국채를 스스로 창조한 돈으로 획득하는 과정이다. 이렇게 된 것은 민간 부문은 지급준비금을 사용할 수 없고, 오직 은행통화만 사용해야 한다는 제도 때문이다. 다른 한편으로, 이 제도로 인해, 정부는 적자 지출을 위해 은행에 이자를 지급해야 한다. 만약, 가계와 기업도 지급준비금을 사용할 수 있고, 정부가 중앙은행으로부터 빌려 민간에 직접 지급할 수 있다면(각주 99 참조), 정부는 국채 보유자에게 이자를 지급할 필요가 없다. 정부가 중앙은행으로부터 대출한다고 하더라도, 첫째 중앙은행도 국가 기구이고, 둘째 중앙은행이 정부에 빌려주는 지급준비금도 '무에서 창조'한 돈으로 중앙은행 운영비이외에는 별고의 비용이 발생하지 않으며, 셋째 중앙은행의 수익은 모두 정부 예산으로 귀속하기 때문이다.

정부의 이자 부담 문제는 매우 심각한 사안이다. 정부의 미래 재정 안정성 논의에서 핵심은 이자 부담이기 때문이다. 정부부채의 지속가능성 혹은 안정성이란 GDP 대비 정부부채 비율이 무한히 증가하지 않는 상태를 말한다. 잘 알려진 것처럼, 경제성장률이 정부가 부담해야 하는 국채 이자율보다 높으면, 정부부채는 지속가능하다.[101] 국채 발행 대신 중앙은행 대

이를 보이기 위해서는 다소 까다로운 차분방정식을 풀어야 한다. 수학적 증명은 전용복 저,

돌봄 사회 건설을 위한 통화시스템 - 현대화폐이론의 통화정책론 -

출이란 정부가 부담하는 이자율을 제로(0)로 만드는 방법이다. 정부의 국채 발행 및 이자 지급은 어떤 자연법칙과 같은 필연이 아니다. 인간이 만든 임의의 제도적 설계에 따른 결과이다.

지금까지 간단히 살펴본 정부의 적자 재정 지출의 과정과 결과의 특징을 정리하자. 첫째, 정부의 적자는 민간 부문의 흑자를 의미한다. 정부의 부채가 증가하면, 그만큼 민간 부문의 순자산이 증가한다. 반대로, 정부의 흑자는 민간 부문의 적자를 의미한다. 둘째, 정부의 재정 적자로 민간은행은 국채를 보유하고, 그로부터 이자 수익을 올린다. 그런데, 민간은행은 스스로 발행한 돈으로 이 국채를 획득했다. 셋째, 정부의 적자 지출은 시중의 통화량을 증가시킨다. 이는 은행의 부채 측면에서 민간 부문의 예금으로 나타나는데, 이 예금은 은행 스스로 창조한 돈이다. 이러한 결과가 가능한 이유는 민간은행이 통화를 창조할 수 있기 때문이다(각주 104 참조).

국채의 부도 가능성

국채 발행은 정부가 민간은행에 이자를 지급하는 '채무'를 진 것처럼 보이게 한다. 여기에 더해, 정부도 가계나 기업처럼 빚이 너무 많으면 파산한다는 관념을 추가하면, 국채를 과도하게 발행하면 정부가 파산할 수 있다는 경고가 나온다. 정부부채 증가는 위험하다는 말을 우리는 거의 매일 듣고 살아가고 있다(미국 달러는 기축통화라 괜찮지만, 원화는 기축통화가 아니라 우리나라는 더 위험하다는 둥, 정말 어이없는 논쟁과 혼란도 이 관념에서 출발한다).

하지만, 정부가 민간은행에 국채에 대한 이자를 지급하는 것이 필연은 아니다. 앞서 설명한 것처럼, 정부가 적자 지출할 때, 중앙은행으로부터 차입하여 지출하는 것도 한 가지 방법이다. 사고실험으로, 국채를 중앙은행이 모두 인수한다고 가정해 보자. 이는 정부의 적자 지출을 국채 발행 대신 중

2020. 『나라가 빚을 져야 국민이 산다: 포스트 코로나 사회를 위한 경제학』, 진인진, 256-261쪽 참조

앙은행 차입으로 충당하는 방법이다.

　[표 2]의 과정 ④는 정부의 국채 모두를 한국은행(중앙은행)이 인수하는 경우를 보여준다.[102] 한국은행은 민간은행으로부터 국채를 인수하고, 그 대금으로 지급준비금을 지급한다. 그 결과 민간은행의 자산 중 국채가 지급준비금으로 전환되어 한국은행에 예치되었다. 한국은행에는 정확히 이와 반대되는 결과가 나타난다. 즉, 민간은행이 예치한 지급준비금이 부채로 기록되고, 자산으로 국채가 증가한다. 여기서 한국은행이 지급한 국채 매입자금(지급준비금)은 한국은행이 '무에서 창조'한 돈이다. 그저 전산망에 연결된 키보드로 숫자를 입력했을 뿐이다. 따라서, 그 어떤 추가적 자금조달 비용도 발생하지 않는다. 이제 정부가 이자를 지급한다면, 국채를 보유하고 있는 한국은행에 지급해야 한다. 그런데, 한국은행은 벌어들인 수익 중 운영비를 제외하고 모두 정부에 이전해야 한다. 따라서, 국채 발행에 따른 정부의 이자 부담은 사라진다.

　이 사실이 가지는 가장 중요한 현실적 의미는, 국채가 부도날 가능성(보다 공포를 유발하는 말로는 '나라가 망한다')이란 중앙은행이 망할 가능성과 같다는 사실이다. 국채가 부도날 것 같으면, 중앙은행이 모두 인수하면 쉽게 해결되기 때문이다. 그렇다면, 중앙은행도 파산할 수 있을까? 의도적이지 않고는 불가능하다. 이유는 너무나 단순하다. 중앙은행은 키보드를 두드려 돈을 무한히 창조할 수 있기 때문이다.

　그렇다면, 왜 국채 발행을 고집할까? 결론부터 말하자면, 국채는 통화

102 　현재의 제도는 중앙은행이 정부로부터 국채를 직접 인수할 수 없도록 규정하고 있다. 하지만, 중앙은행이 민간은행으로부터 국채를 매입하는 일은 일상적으로 행해지는 공개시장운용 활동이다. 또한, 정부가 발행한 국채 절반 이상을 보유한 일본은행처럼, 중앙은행은 시중에서 국채를 대량으로 매입할 수 있다. 하지만, 중앙은행이 국채를 정부로부터 직접 인수하거나, 민간은행으로부터 인수하거나, 그 결과는 [표 2]의 과정 ④와 같다. 즉, 민간은행은 자산으로 지급준비금이 증가한다. 중앙은행은 국채(자산)와 지급준비금(부채)이 증가한다.

정책 수단으로 발행한다. [표 2]의 과정 ①에서와 같이 민간은행이 보유하던 지급준비금이 국채로 전환되면, 시중의 지급준비금이 감소한다. 시중에 지급준비금이 감소하면, 기준금리에 해당하는 타겟 금리에 상승 압력이 발생한다. 중앙은행은 목표로 하는 타겟 금리를 유지하기 위해 지급준비금을 공급해야 한다. 즉, 민간은행이 보유하는 국채 일부를 중앙은행이 다시 매수해야 한다. 반대로, 중앙은행이 국채를 모두 매수하면(과정 ④), 시중에는 지급준비금이 과잉 상태가 되고, 타겟 금리를 급락시킬 수 있다. 이를 억제하기 위해 중앙은행은 국채를 매도하여 초과 지급준비금을 흡수해야 한다. 이처럼 국채는 필수적인 통화정책 수단이다.[103]

　　이의 정책적 함의를 살펴보자. 가장 중요한 문제로, 정부의 국채 발행이 정부의 재정 안정성 논란을 일으킨다면, 국채 발행 대신 지급준비금 지출 비중을 늘리면 된다. 정부가 중앙은행으로부터 차입하여 지출하는 방법이다. 이렇게 하면 정부부채를 늘리지 않으면서도 적자 지출을 할 수 있다. 지급준비금도 중앙은행의 '부채'라 부르는데, 중앙은행 부채가 증가했다고 하여, 다른 말로, 중앙은행이 돈을 많이 찍어냈다고 해서, 중앙은행의 파산을 우려하는 주장은 없다.

　　이와 관련, 정부의 재정 적자를 중앙은행 차입으로 조달하는 정책을 '재정 적자의 화폐화'(monetization)라 부르고, 매우 위험한 정책으로 금기시한다. 그 이유는, 이것이 통화량을 증가시켜, 인플레이션을 유발할 수 있기

103　이는 한국은행이 통화안정화채권(흔히 '통안채'라 부름)을 발행하는 이유를 설명한다. 중앙은행이 자체 채권을 발행하고, 그것으로 국채 대신 공개시장운용에 활용하는 예는 선진국 중 한국은행이 유일하다. 우리나라 정부가 장기간 긴축재정을 고집해 오면서, 국채 발행량이 부족하기 때문이다. 즉, 한국은행의 통안채 발행은 정부가 과도하게 긴축재정정책을 지속해 왔음을 의미한다. 이와 유사한 사례가 1990년대 초 호주에서 벌어졌다. 당시 호주 정부가 과도한 재정긴축정책을 펴면서, 공개시장운용을 위한 국채가 부족해졌다. 이 상황에서 호주 중앙은행이 채권을 발행할지를 두고 논쟁이 벌어졌는데, 결국 (재정 적자와 무관하게!) 정부가 통화정책을 위해 국채를 추가 발행하기로 결정했다.

때문이라고 한다. 인플레이션과 관련하여, 이들은 국채 발행에 상대적으로 관대하다. 이들은 정부가 적자 지출을 하더라도, 국채를 발행하여 조달한 돈으로 지출하면, 시중의 통화량은 증가하지 않는다고 믿는다. 시중의 자금 일부를 일시적으로 빌렸다가 다시 돌려주는 행위라는 말이다('희소한 돈'이라는 관념). 지금까지의 논의를 상기하면, 이는 전혀 근거가 없는 난센스이다. 우선, 시중의 통화량이 증가한다고 그에 비례하여 인플레이션이 상승한다고 할 수 없다. 이 책의 제3장이 이 문제를 자세히 설명한다. 만약 통화량 증가가 인플레이션 압력을 높인다면, 은행들의 대출부터 규제해야 하지 않을까? 대출이야말로 직접적인 통화공급 아닌가. 인플레이션을 우려해 민간 은행의 대출을 규제한다는 말은 들어본 적이 없다.

둘째, 시중의 통화량 증가란 기준으로 보면, 국채 발행과 중앙은행 차입 모두 통화량을 증가시킨다. 국채를 발행하더라도, 통화량이 증가한다는 사실은 [표 2]의 과정 ③으로 확인했다. 즉, 국채든 지급준비금이든 모든 정부 지출은 통화량인 민간 부문의 은행예금을 증가시킨다. 정부가 적자 재정을 운영하면, 재정 조달 방법과 무관하게, 통화량은 증가한다. 따라서, 정부의 중앙은행 차입이 국채 발행보다 특별히 더 통화량을 증가시키고, 그래서 인플레이션을 유발할 가능성이 크다고 할 수 없다. 주류 경제학(자)이 이렇게 엉터리이다.[104]

앞서 정부가 중앙은행으로부터의 차입보다 국채 발행을 선호하는 이유를 설명했다. 그것은 시장의 지급준비금 공급량을 조절하고, 통화정책 수단을 제공하기 위함이다. 하지만, 이 또한 필연은 아니다. 통화정책 수단으

---

104 '국채 발행은 통화량을 증가시키지 않는다'는 망상은 이들이 통화를 금덩어리나 주화로 생각한다는 또 하나의 증거이기도 하다. 이 망상에서 국채 발행은 시중의 금덩이를 일시적으로 빌렸다가 지출을 통해 되돌려 주는 행위일 뿐이다. 이렇게 되면 시중에 금덩이의 양(통화량)이 불변 아닌가. 그러나, 현대 금융통화체제에서 통화는 금덩이가 아니다. 또한, 이들은 국채가 은행예금으로 변환되어 통화로 시중에 유통된다는 사실도 모른다. 화폐의 본질을 다룬 제1장의 설명, 즉 화폐는 실물이 아니란 사실이 현실적으로 이렇게 중요하다.

로서의 국채란 지급준비금 조절 수단이다. 따라서, 국채 외에 지급준비금을 조절할 대안을 고안할 수 있다면, 국채 발행 대신 중앙은행 차입을 이용할 수 있다. 한 가지 새로운 방안은 이미 우리나라를 포함하여 선진경제 대부분에서 시행되고 있다. 이 제도를 '지준부리제도'(interest on excess reserve: IOER)라 부르는데, 초과 지급준비금을 중앙은행에 예치하도록 하고, 그에 대한 이자를 지급하는 방법이다.[105] 초과 지급준비금에 이자를 지급하면, 민간은행은 이를 중앙은행에 예치하여 이자 수익을 올리려 한다.[106]

또 다른 대안으로, 간단히 법률을 제정하여 모든 초과 지급준비금을 중앙은행에 예치하도록 규제하는 방법이다. 이렇게 하면 지급준비금 조절 수단 자체가 더 이상 필요하지 않게 된다. 물론 이는 민간은행과 금융기관의 이익을 침해한다. 정부의 적자 지출에 따른 이자 수익을 얻을 수 없기 때문이다. 그들의 반대가 클 것이다. 다른 말로, 국채 발행과 중앙은행 차입 중 하나를 선택하는 문제는 경제적 문제가 아니라, 정치적 문제일 뿐이란

---

105 역사적으로 이 제도는 미국에서 2006년에 입법하여 2011년부터 효력이 발생하기로 되어 있었는데, 금융위기가 발생하자 2008년 10월 1일부터 비상 대응 차원에서 조기 시행했다. 양적완화 정책으로 발생한 초과 지급준비금을 흡수하기 위함이었다. 한국도 2010년 10월부터 '통화안정계정'이란 이름으로 이 제도를 도입했다. 지준부리제도 외에, 간단한 입법을 통해서도 초과 지급준비금을 회수할 수 있다. 즉, 은행의 의무 지급준비금 비율을 인상하는 식으로 법을 개정하면 된다.

106 미국 은행 및 금융기관들이 중앙은행(연준)에 예치한 총지급준비금은 2008년 글로벌 금융위기 발발 직전인 2008년 8월 겨우 458억 달러에 불과했다. 2008년 말 세계적으로 금융위기가 발발하자 연준은 세 번의 양적완화 정책으로 대응했다. 그 결과 금융기관들의 지급준비금 예치금이 2014년 9월 2조 8,145억 달러(약 61.5배)로 증가했다. 위험 자산(가령, MBS)을 연준에 팔고 그 돈을 연준에 예치해도 이자를 지급하는 정책이 시행되니, 금융기관들이 이를 마다할 이유가 없었을 것이다. 이후 연준의 지급준비금 수취액은 점차 감소한 후, 코로나 발생 이후 재개한 양적완화 정책으로 다시 급등하여, 2021년 11월 4조 1,800억 달러에 달했다. 2024년 6월 말 현재 이는 3조 3,800억 달러로 다소 감소해 있는 상태이다.

여기서 우리가 주목하는 점은 금융기관들이 중앙은행에 예치한 지급준비금에 지급하는 이자의 역할이다. 지급준비금에 대해서도 이자를 지급하자, 금융기관들에게 (단기) 국채와 지급준비금 사이에 아무런 차이가 없어졌다. 더구나, 양자의 금리 또한 기준금리 수준에서 거의 같다. 즉, 국채 대신 지급준비금에 이자를 지급하는 정책으로도 기준금리를 방어할 수 있다.

말이다.

　이로부터 국채의 가장 중요한 특징을 확인할 수 있다. 국채와 지급준
비금은 본질적으로 같은 것이다. 국채와 지급준비금 모두 무에서 창조되고,
상호 대체 가능하다. 발행 주체만 다를 뿐이다. 국채를 발행할지, 지급준비
금을 발행할지는 임의로 결정할 사항에 지나지 않는다. 시중의 지급준비금
과 국채 비율은 정책적 결정으로 변한다. 가령, 세계에서 정부부채 비율이
가장 높은 수준을 가장 오랫동안 유지하고 있는 일본에서는, 중앙은행(일본
은행)이 국채의 절반 이상을 보유하고 있다. 미국의 경우, 2008년 금융위기
이후 중앙은행(연준)이 국채를 대량으로 매수하면서, 시중에 엄청난 초과
지급준비금이 공급됐다(양적완화 정책이라 부른다). 현재에도 미국에서 지급
준비금은 시중의 필요보다 매우 초과한 상태이다. 요컨대, 중앙은행과 정부
는 시중의 국채와 지급준비금 비율을 임의로 정할 수 있다.

　정부가 적자 지출할 때, 중앙은행 차입 대신 국채를 선호하는 담론은
필연적으로 긴축적 재정 정책을 지지하게 만든다. 이 담론에 따르면, 정부
가 중앙은행에서 차입하여 지출하면, 정부부채 증가에 따른 이자 부담 악
화의 문제는 피할 수 있지만, 망국적 인플레이션 문제에 봉착할 수 있다. 이
딜레마 상황에서 최선은 선험적으로 정부가 재정 적자를 피하는 것뿐이다.
즉, 이 담론은 정부의 파산 위험(국채 발행의 경우)과 인플레이션(중앙은행 차
입의 경우) 사이에 양자택일을 강요한다. 이 딜레마를 피하려면 애초에 재정
적자를 일으키지 않아야 한다.

　하지만, 이 담론 구도는 2008년 글로벌 금융위기 이후 크게 손상되었
다. 우선 선진국 정부 대부분이 대규모 재정 적자를 기록했다. 또한, 양적완
화 정책으로 시중에 초과 지급준비금이 대량으로 증가했지만, 인플레이션
은 일어나지 않았다.[107] 거대한 재정 적자와 대규모 양적완화 정책의 결합

107　2022년 발생한 인플레이션의 원인으로 과도한 정부 지출을 지목하는 연구는 거의 없다. 글

은 정부의 적자 지출을 중앙은행 차입으로 조달한 것과 같다. 하지만, 인플레이션은 발생하지 않았다. 즉, 지금까지는 적극적 재정 정책을 취하는 과정에서 국가부도의 위험과 인플레이션 사이에서 양자택일을 강요받아 왔지만, 후자는 고려 사항이 아님이 입증된 것이다. 그런데도, 언론과 정책 결정자, 그리고 주류 경제학자는 여전히 이 담론을 옹호하고 재생산하고자 안간힘을 쓰고 있다.

요컨대, 정부의 재정 적자와 정부부채 증가가 걱정이라면, 국채 대신 지급준비금을 사용하면 된다. 물론, 제도를 변경해야 하지만, 제도 변경은 원리적 문제가 아니다. 정부는 중앙은행으로부터 직접 차입하여 지출할 수 있다. 이때 발생하는 기준금리 하락 압력을 상쇄하기 위한 대안은 얼마든지 고안할 수 있다.

이 결론이 왜 중요한가? 이 책의 핵심 주장 중 하나, 즉 정부는 재정적으로 제약되어 있지 않으므로, 재정건전성 담론은 거짓말이다는 점을 입증하기 때문이다. **기술적으로 가능하고, 유휴 자원이 존재하는 한, 돈이 없어서 못 할 일은 없다.**

이 책을 앞에 두고 진지한 토론이 벌어지길 기대한다. 이것이 이 책을 번역하여 소개하기로 결심한 이유이다.

로벌 공급망 붕괴, 원자재 가격 급등, 그리고 독점적 기업들의 과도한 이윤 추구 등이 최근 인플레이션의 주요 원인으로 지목된다.

색인

돌봄 사회 건설을 위한 통화시스템 – 현대화폐이론의 통화정책론 –

초판 1쇄 발행 | 2025년 4월 14일

지은이 | L. 랜덜 레이(L. Randall Wray)
옮긴이 | 전용복
편   집 | 배원일, 김민경
발행인 | 김태진
발행처 | 진인진
등   록 | 제25100-2005-000003호
주   소 | 경기도 과천시 관문로 92, 101-1818
전   화 | 02-507-3077-8
팩   스 | 02-507-3079
홈페이지 | http://www.zininzin.co.kr
이메일 | pub@zininzin.co.kr

ⓒ 전용복 2025
ISBN 978-89-6347-626-1 93320

* 책값은 표지 뒤에 있습니다.